CHRISTOPH HALSTRICK

Das Recht des Papiermacherhandwerkes im deutschsprachigen Raum in der Zeit von 1400 bis 1800

Schriften zur Rechtsgeschichte

Heft 48

Das Recht des Papiermacherhandwerkes im deutschsprachigen Raum in der Zeit von 1400 bis 1800

unter besonderer Berücksichtigung der Organisation der Papiermacher

Von

Christoph Halstrick

Duncker & Humblot · Berlin

CIP-Titelaufnahme der Deutschen Bibliothek

Halstrick, Christoph:
Das Recht des Papiermacherhandwerkes im deutschsprachigen Raum in der Zeit von 1400 bis 1800: unter besonderer Berücksichtigung der Organisation der Papiermacher / von Christoph Halstrick. – Berlin: Duncker und Humblot, 1990
(Schriften zur Rechtsgeschichte; H. 48)
Zugl.: Bonn, Univ., Diss., 1990
ISBN 4-428-07063-1
NE: GT

Fotoprint: Werner Hildebrand, Berlin 65
Printed in Germany

ISSN 0720-7379
ISBN 3-428-07063-1

Meiner Frau
gewidmet

Vorwort

Einleitend ist dem Verfasser daran gelegen, einigen Institutionen und ihren Mitarbeitern Dank zu sagen für deren Unterstützung, ohne die diese Arbeit womöglich nicht so zustandegekommen wäre, wie geschehen. An vorderer Stelle ist das Deutsche Museum in München und hier vor allem der u.a. für den Bereich Papier zuständige Herr Lutz Michel zu nennen. Insbesondere seiner Initiative war es zu verdanken, daß dem Verfasser mehrfach und für längere Zeit die Museumsbibliothek nahezu ungehindert und unbürokratisch zur Benutzung offenstand. Nur auf diese Weise war es möglich, die dort vorhandenen reichhaltigen papierhistorischen Bestände in vertretbarer Zeit durchzuarbeiten und das Notwendige daraus zusammenzustellen. Ein besonderer Dank geht auch an Herrn Dr. Wolfgang Schlieder, den Leiter der papierhistorischen Sammlung des Deutschen Buch- und Schriftmuseums der Deutschen Bücherei in Leipzig/DDR. Auf seine außerordentliche Mithilfe ging maßgeblich zurück, daß es dem Verfasser überhaupt gestattet war, innerhalb eines begrenzten einwöchigen Aufenthaltes in Leipzig an sämtliches soweit benötigtes Material zu gelangen. Wertvolle Anregungen gerade zu Beginn der Arbeit verdankt der Autor den Herren Dr. Günter Bayerl und Dr. Frieder Schmidt. Schließlich seien hier noch der Verband Deutscher Papierfabriken e.V. in Bonn und die Stiftung Zanders in Bergisch-Gladbach erwähnt. Beide Institutionen haben ebenfalls im Rahmen des Möglichen unterstützend zur Seite gestanden.

Vorrangig zu Dank verpflichtet ist der Verfasser jedoch seinem Doktorvater, Herrn Prof. Dr. Gerd Kleinheyer, der diese Arbeits stets ratgebend und verständnisvoll begleitet hat. Er gab auch den Anstoß zu der Beschäftigung mit dem vorliegenden Thema, dessen sich der Autor mit viel Interesse und Freude angenommen hat.

Bonn, 1990

Inhaltsverzeichnis

I. Einführung

Es erleichtert den Zugang zu den speziellen, mit dieser Arbeit beabsichtigten Untersuchungen der rechtlichen Beziehungen im Papiermacherhandwerk, wenn dabei gleichzeitig der allgemeine Werdegang dieses Gewerbezweiges und das ihn betreffende sonstige Zeitgeschehen mit in den Blick genommen wird. Dies soll an dieser Stelle zunächst geschehen. Der Verfasser hofft, damit gleichsam den Boden zu bereiten für die im Anschluß daran vorzunehmende Behandlung des hier an sich gestellten Themas.

1. Entwicklung der Papiermacherei

Das Papiermacherhandwerk ist in seiner Entwicklung in Deutschland vergleichbar und auch eng verzahnt mit demjenigen der Buchdrucker. Beide Handwerke hatten bei ihrer Entstehung keine Vorgänger, d.h. sie sind weder aus einem anderen Handwerk hervorgegangen, noch wiesen sie hinsichtlich ihres Gegenstandes entfernt Ähnlichkeiten mit anderen Handwerkszweigen auf. Der gebräuchliche Beschreibstoff vor dem Papier war in Europa das Pergament, das einen völlig anderen Herstellungsprozeß durchlief als das Papier. Geschrieben wurde ausschließlich mit der Hand, wohingegen die Drucktechnik noch gänzlich unbekannt war. Es handelte sich folglich um zwei vollkommen neuartige Handwerke. Die enge Beziehung beider Gewerbe resultiert daraus, daß das eine das Aufkommen des anderen überhaupt erst bedingte, und sie sich daraufhin dann gegenseitig in ihrer Entwicklung förderten. Ohne die Möglichkeit der Papierherstellung wäre es vermutlich nicht zur Entdeckung der Buchdrucktechnik gekommen, denn erst mit dem Papier stand den Druckern in ausreichendem und zudem erschwinglichem Maße die erforderliche Betriebsgrundlage zur Verfügung, genauso wie umgekehrt ohne die Buchdrucker später eine so rasche Verbreitung des Papiers nicht stattgefunden hätte.

Dabei folgte der Buchdruck der Papiermacherei in Europa zeitlich vergleichsweise schnell auf dem Fuße. Die zweite Hälfte des 13. Jahrhunderts gilt als Beginn der eigenständigen abendländischen Papiererzeugung, die in Italien in Fabriano in der Mark Ancona ihren Ausgang nahm (1). Knapp 100 Jahre später gelangte die Papiermachertechnik nach Frankreich, wo eine Papiermühle bei Troyes als die älteste gilt (2). Eine gesicherte Nachricht von der ersten Papierherstellung auf deutschem Boden geht auf das Jahr 1390 zurück. In der Zeit ließ der Nürnberger Kaufmann Ulman Stromer die Gleißmühle an der Pegnitz in der Reichsstadt Nürnberg in eine Papiermühle umbauen (3). Er bediente sich hierzu neben einiger lombardischer auch deutscher Hilfskräfte, die das Papiermacherhandwerk vermutlich aber ebenso in Italien erlernt hatten.

Gleichwohl ist schon früher Papier, wenn auch nur in geringen Mengen, in Europa in Gebrauch gewesen. Verläßliche Daten über die Papierverwendung sind jedoch nur vereinzelt vorhanden. So datiert die erste auf Papier geschriebene Papst-Bulle bereits aus dem Jahre 849, und Mitte des 11. Jahrhunderts ist in Sizilien, Mitte des 12. Jahrhunderts in Norditalien und Anfang des 13. Jahrhunderts in Frankreich erstmals Papier verwandt worden (4). Das Papier hat zu dieser Zeit aus dem arabisch-islamischen Raum über das maurisch besetzte Sizilien und Spanien den Weg nach Europa gefunden. Die Araber beherrschten das Papiermachen schon längere Zeit. Sie hatten es sich vermutlich um die Mitte des 8. Jahrhunderts (751) in Samarkand von gefangengenommenen Chinesen zeigen lassen, die wiederum als die eigentlichen Erfinder des Papiers gelten. Der kaiserliche Hofbeamte Ts'ai Lun soll bereits im Jahre 105 n.Chr. aus dem Bast des Maulbeerbaumes, zusammen mit Hanf, Hadernlumpen und Fischernetzen Papier hergestellt haben; doch inzwischen sind sogar chinesische Papiere aus der Zeit um 100 bis 200 Jahre v.Chr. gefunden worden (5). Nach Deutschland gelangte zunächst überwiegend Papier aus Italien. So besteht etwa auch die nach Thiel älteste Handschrift Deutschlands auf Papier aus dem Jahre 1246 aus Papier dieser Provenienz (6). Doch wird man von einer nennenswerten Ausbreitung des Papiers im deutschsprachigen Raum erst ab dem 14. Jahrhundert sprechen können.

---

(1) Schlieder, S. 75; Böhme/Viefhaus, S. 25; Zuman, S. 3; Jaffé, S. 5

(2) Böhme/Viefhaus, S. 25; Zuman, S. 4

(3) Bayerl I, S. 69; Schlieder, S. 86

(4) Siehe Angaben bei: Bayerl/Pichol, S. 44

(5) Bayerl I, S. 41 ff.; Schlieder, S. 63 ff.; Böhme/Viefhaus, S. 20 f.

(6) Thiel, S. 109; siehe auch: Jaffé, S. 6

Von dieser Zeit an dauerte es nur noch annähernd 100 Jahre, bis man in Europa, speziell in Deutschland, erstmals Experimente in Richtung Buchdruckerei anstellte, die schließlich im Jahre 1440 in die Entdeckung der Drucktechnik durch Gutenberg mündeten.

Stellt man in Rechnung, welch verheerenden Einschnitt mit all seinen negativen Auswirkungen auf das gesellschaftliche, wirtschaftliche und geistige Leben das dazwischenliegende 14. Jahrhundert gebracht hatte, in dem fast zwei Drittel der Bevölkerung Europas durch Pest und Hunger dahingerafft wurde, so wird die zeitliche Dimension dieser bedeutenden Fortentwicklung im Bereich der Kommunikation erst recht bewußt. Dabei war die Erfindung der Buchdruckerei nicht einmal die einzige herausragende technische Leistung in dieser Zeit. Entscheidende Innovationen hatte es etwa auch bei der Energieausnutzung durch Optimierung der Mühlenmaschinerien und der Förderungstechniken im Bergbau gegeben. Daneben wurden Verbesserungen in der Metallgewinnung und -verarbeitung erzielt, welche nicht nur das Währungswesen beeinflußten, sondern in Verbindung mit der gleichfalls erfolgten Einführung des Schießpulvers vor allem die gesamte Kriegsführung von Grund auf veränderten (7). Ganz allgemein ist festzustellen, daß die im vorliegenden Zeitraum zwischen dem 14. und 16. Jahrhundert verstärkt voranschreitende Technisierung immer mehr die individuelle Handarbeit ablöste und einer organisierten und arbeitsteiligen Produktionsweise die Bahn brechen half. Doch nicht nur das produzierende Gewerbe, auch der Handel erlebte in dieser Zeit einen bis dahin ungekannten Aufschwung. Äußerlich war dies an den aufkommenden Hansestädten in Norddeutschland und etwas später an dem Aufblühen so bedeutender Fernhandelsstädte wie Nürnberg, Ravensburg, Regensburg und Augsburg deutlich ablesbar. Den Anstoß zu dieser gesamten Entwicklung gab die allmähliche Loslösung der Menschen aus den ausschließlich agrarisch geprägten, ländlich feudalen Verhältnissen und die daraufhin einsetzende und schließlich im 13. Jahrhundert zur vollen Blüte gelangende Urbanisierung ("Stadtluft macht frei"). Die mittelalterliche Gesellschaft erlebte mit dieser Phase in Verbindung mit dem damit einhergehenden technisch-gewerblichen Innovationsschub einen Umbruch, der insoweit zu Recht den herkömmlicherweise hierin gesehenen Anbruch der Neuzeit markiert.

Das soeben umrissene technisch-ökonomische und gesellschaftliche Umfeld stand dem neu aufkommenden Papiermacherhandwerk als solchem grundsätzlich nicht im

(7) Bayerl/Pichol, S. 42 f.

Wege, im Gegenteil, es konnte diesem Gewerbe nur förderlich sein und hat ihm letztlich wohl in der Tat den Weg zu seiner Verbreitung geebnet. Hiervon zu unterscheiden ist jedoch die Beurteilung der Situation der Professionsangehörigen selbst, die sich als Vertreter einer vorher nicht dagewesenen Handwerkssparte ihren Platz in der Gesellschaft noch verschaffen mußten.

Diese Gesellschaft war in den Anfängen der Papiermacherei in Deutschland zu Beginn des 15. Jahrhunderts noch weitgehend mittelalterlich geprägt. Es zählte in ihr nicht der einzelne und seine individuelle Leistung, sondern allein die durch Geburt festgelegte Zugehörigkeit zu einem Stand vermittelte dem Individuum seinen politischen, rechtlichen und sozialen Status. Diese für jeden vorgegebene Einordnung in das Gesellschaftsgefüge war jedoch nur das eine. Besonders in den Städten war darüber hinaus noch etwas von dem genossenschaftlichen Zug des älteren germanischen Rechts zu spüren, der maßgeblich die Entstehung der verschiedenen ständischen Korporationen mitbestimmt hatte (8). Das Eingebundensein in eine derartige Gemeinschaft Gleichstehender und Gleichgesinnter bedeutete speziell für den städtischen Gewerbetreibenden zunächst Schutz und Nahrungssicherung. Darüber hinaus ermöglichte ihm die Korporationszugehörigkeit jedoch in der Regel überhaupt erst, der bürgerlichen Rechte und Freiheiten teilhaftig zu werden, genauso wie er umgekehrt die mit der Ausübung seines Gewerbes verbundenen Pflichten und Lasten nur im Rahmen eines Verbandes erfüllen konnte (9). Der Handwerksstand hatte sich aus diesen Gründen schon frühzeitig zu Zünften zusammengeschlossen und vermochte sich sogar in einzelnen Städten in den sogenannten Zunftkämpfen über das regierende Patriziat zu erheben oder wenigstens an der Stadtregierung zu beteiligen (10).

Als das Papiermacherhandwerk in Deutschland auf den Plan trat, waren diese Entwicklungen jedoch bereits weitgehend abgeschlossen. Die eigentliche Blütezeit der Zünfte lag ebenfalls schon in der Vergangenheit, und das Zunftwesen war nunmehr in Stagnation, wenn nicht gar im langsamen Niedergang begriffen. Zu diesem Absinken der Bedeutung der Zünfte hatte nicht zuletzt auch der sich immer deutlicher vollziehende technisch-gewerbliche Wandel dieses Zeitabschnittes beigetragen. In dem so geprägten Gesellschaftssystem des ausgehenden Mittelalters mußten nun

---

(8) Sonntag, S. 6; Planitz, S. 2

(9) Fischer, S. 15f., 20; vgl. dazu auch Definition des Zunftbegriffes bei: Ennen, S. 3, Fn. 3

(10) Auf eine detaillierte Untersuchung der keineswegs eindeutig feststehenden Entstehungsursachen der mittelalterlichen Zunft kann hier verzichtet werden, da diese Frage für das erst später aufgekommene Papiermacherhandwerk ohne Relevanz wäre

die Papiermacher versuchen sich zu etablieren. Hierbei stand zunächst einmal ihr Bemühen um Anerkennung der Papiermacherei als eines eigenständigen und nach damaliger Auffassung vor allem "ehrbaren" Berufs- bzw. Handwerkszweiges im Vordergrund. Den Papierern kam dabei zweifelsohne zustatten, daß ihr Handwerk auf einem ganz einzigartigen und zudem kaum zu durchschauenden, gleichsam wundersamen Produktionsvorgang beruhte, der wertlose und schmutzige Kleiderlumpen in reines, weißes Schreibpapier verwandelte. Darauf gründend und vornehmlich in der Absicht, sich so von den übrigen Handwerkern abzugrenzen, bezeichneten sich die Papierer selbst gerne als Künstler, was seinen Niederschlag auch in verschiedenen Kirchen- und Ratsbüchern der damaligen Zeit gefunden hat. Dort ist ihren Namen zuweilen der Zusatz "kunsterfahrene Meister" u.ä. beigefügt (11). Auch in einem Nürnberger Manuskript aus dem Jahre 1725 mit dem Titel "Beschreybung aller Handtwerker sambt deren Gebräuch und Herkommen, so in der Heiligen Reichsstadt Nürnberg wohnhaft" heißt es in diesem Sinne: "Die Pappirer im Nürnberger gebieth halten es alle miteinander; nennens eine Kunst, seyn der Rüg als andere Handwerck nit unterworfen" (12). Ansonsten ist im Schriftum auch häufiger von der "weißen Kunst" im Gegensatz zu der "schwarzen Kunst" der Buchdrucker die Rede, ebenso von der "freien Kunst" der Papiermacher. Letzteres ist wohl einfach als Hinweis auf die weitestgehende Ungebundenheit der Papiermacher in bezug auf das gewerbliche Zunftwesen zu verstehen, was es im Laufe der Arbeit noch näher zu untersuchen gilt. Hingegen erscheint das Herstellen eines Zusammenhanges insoweit zu den sogenannten "septem artes liberales", wie sie an den Universitäten gelehrt wurden, nicht schlüssig (13). Zwar läßt sich für die Universität von Paris immerhin nachweisen, daß hier die Papiermacher zumindest anfangs, wie im übrigen seit jeher auch die Pergamenter, "suppôts", also Mitglieder, waren und unmittelbar dem Rektor unterstanden (14). Doch fehlt es an jeglichen sicheren Anhaltspunkten dafür, daß die Papiermacherei in Deutschland ein sozusagen akademisches Gewerbe darstellte (15).

Mit dem allmählichen Verschwinden der Skepsis gegenüber dem neuen Beschreibstoff Papier, vor allem aber in Folge der stetig zunehmenden Schriftlichkeit zunächst in den Kanzleien der Städte, der Landesherren und der Geistlichkeit, dann aber mit

---

(11) v. Hößle, "Hl. röm. Reich", S. 3 ff.; Petzold, in Zellstoff und Papier (1974), S. 90 (89)
(12) Marabini, S. 12
(13) So aber für die Universität Basel: Geering, S. 333; dagegen zu Recht: Piccard, "Basel", S. 158
(14) Bockwitz, S. 14
(15) Siehe Piccard, "Basel", S. 158

der Belebung des Handels, des Gewerbes und der Wissenschaft auch in diesen Bereichen, stieg der Papierverbrauch immer stärker an. Im Jahre 1231 hatte Kaiser Friedrich II. noch ausdrücklich den Gebrauch des Papiers für Notariatsurkunden an Stelle des haltbareren Pergamentes verboten, und erst 1549 erlaubte der Augsburger Stadtrat, allerdings auch nur aus Kostengründen, die Verwendung von Papier für Gerichtsurkunden (16). Einhergehend mit der stärkeren Nachfrage erhöhte sich die Papierproduktion, was entsprechend auch die Zahl der Papiermühlen in Deutschland ansteigen ließ. Sie siedelten sich anfänglich hauptsächlich in unmittelbarer Nähe der großen süddeutschen Fernhandelsstädte an. Nach Bayerl existierten im gesamten Deutschen Reich um das Jahr 1450 nur etwa 9 Mühlen, während sich ihre Zahl um das Jahr 1600 schon auf etwa 242 erhöht hatte (17). Dies brachte naturgemäß einen bedeutenden Anstieg der Beschäftigtenzahlen in der Papiermacherei mit sich, und so mag denn auch immer mehr das Bedürfnis nach Konsolidierung und Schutz dieses neuen Berufs- und Gewerbezweiges gewachsen sein. Verhaftet in dem oben angedeuteten genossenschaftlichen Denken und Fühlen der Zeit strebte man einen irgendwie gearteten organisatorischen Zusammenschluß sämtlicher Professionsangehörigen an, für den einheitliche berufs- und gewerbeordnende Regeln gelten sollten. Im Rahmen dessen kam es den Papiermachern ganz besonders auf eine exakte Definition ihres Berufsbildes an. Damit sollte einerseits eine eindeutige Abgrenzung zu anderen Handwerksberufen und, was viel aktueller war, zu ungelernten, professionslosen Arbeitskräften erreichbar werden, aber andererseits sollten damit auch die Beziehungen untereinander geklärt werden, was vor allem eine klare Festlegung der verschiedenen Arbeitsgebiete auf einer Papiermühle erforderte. Schließlich drangen die Betreiber der Papiermühlen noch auf Regelungen allgemeingewerblicher, d.h. vornehmlich die Produktqualität und den Wettbewerb betreffender Art.

Von all dem waren freilich der Fernhandelskaufmann Ulman Stromer und seine 12 dienstverpflichteten Papiermacher an der Wende des 14. zum 15. Jahrhundert noch weit entfernt. Stromer, der im übrigen das Papiermacherhandwerk nie selbst erlernt hatte, nahm seinem die Papiermühle leitenden Angestellten Jörg Tirmann den Treueeid ab, für keinen anderen als für ihn, Ulman Stromer und seine Erben, Papier zu machen und niemanden im Papiermachen zu unterweisen oder einem anderen bei dessen Mühlenbau zu helfen. Als sich zwei seiner italienischen Papiermacher weiger-

(16) Thiel, S. 110 f.
(17) Bayerl I, S. 599

ten, ein drittes Mühlrad zu errichten und sogar versuchten, ihm durch nachlässige Arbeit ihren Willen aufzuzwingen, verbrachte Stromer sie einfach in den Turm zu Nürnberg und "verschloß sie in ein Kämmerlein", bis die Gesellen schließlich nachgaben (18).

Angesichts solcher rüden Methoden der Papiermühlenbetreiber ist es ohne weiteres vorstellbar, daß die ersten Bestrebungen in der Papiermacherschaft zur Schaffung einer eigenen Berufs- und Gewerbeordnung von den Gesellen ausgegangen sind. Eindeutige Informationen hierüber liegen allerdings nicht vor. Lediglich die älteste erhaltene Papiermacherordnung aus dem Jahre 1527 (19) läßt einen gewissen Überhang an Regelungen von Belangen der Gesellen erkennen, ohne sich hierauf jedoch zu beschränken. Diese Ordnung hatten sich die Papiermacher Reutlingens gegeben, die dort mit den Papierern einiger umliegenden Orte einen bruderschaftlichen Verband bildeten, der ausweislich der Ordnung durchaus den Charakter einer herkömmlichen Gewerbezunft hatte. Dies wird noch besonders deutlich durch einige Zusatzartikel aus dem Jahre 1603, die mit der ursprünglichen Satzung mitzulesen sind (20). Ein derart enger organisatorischer Zusammenschluß bestand auch unter den Papiermachern der stark deutsch besiedelten Stadt Krakau in Polen. Hier existierte eine Papiermacherordnung aus dem Jahre 1546 (21), die allerdings grundsätzlich Gültigkeit für das gesamte Königreich Polen besaß. Diese Ordnung wies inhaltlich in weiten Teilen Übereinstimmungen mit den Reutlinger Artikeln auf und trug darüber hinaus lediglich den besonderen lokalen Bedingungen der Krakauer Papierer Rechnung.

Die zünftlerischen Organisationsstrukturen der Reutlinger und Krakauer Papiermacherverbände entsprachen indes keineswegs den Verhältnissen in der übrigen Papiermacherschaft des deutschsprachigen Raumes. Wie noch zu zeigen sein wird, fällt es schwer, hierbei überhaupt von einer einheitlichen Organisation zu sprechen. In einigen Städten hat es ein Zusammengehen der Papierer mit anderen Gewerbezünften gegeben, was nach der jeweiligen konkreten Situation zu einer mehr oder minder starken organisatorischen Eingliederung in diese geführt hat. Der bei weitem überwiegende Teil der deutschen Papiermacher ist dagegen selbst in diesem weiteren

(18) Ulman Stromer, "Püchel von meim geslechet und von abentewr" (1390), Kap. 31

(19) Datierung nach Piccard, "Memmingen", S. 245, Fn. 30; v. Hößle, "Württemberg", S. 6

(20) Beide Ordnungen abgedruckt bei: Sporhan-Krempel, "Reutlingen", S. 2-7 und 66-69; Wiedergabe im Anhang der vorliegenden Abhandlung

(21) Übersetzung der Ordnung ins Deutsche von T. Schulte, abgedruckt in: Papiergeschichte (1952), S. 38-40 (36), mit weiteren Anmerkungen von T. Schulte; Wiedergabe im Anhang

Sinne zünftlerisch vollkommen ungebunden gewesen, was aber nicht heißt, daß deshalb unter ihnen überhaupt kein Zusammenhalt mit organisatorischen Formen bestanden hätte. Unter den Papiermachern hatten sich vielmehr im Laufe der Zeit aufgrund Gewohnheit gewisse ungeschriebene Regeln herausgebildet, denen sich grundsätzlich sämtliche Professionsangehörigen unter Einschluß auch der anderweitig zünftlerisch Gebundenen verpflichtet fühlten. Über die Einhaltung der Ordnung wachte eine eigene Gerichtsbarkeit, die im Grunde jede einzelne Papiermühle für ihren Bereich ausübte. Die auf dieser gemeinsamen Grundlage geschaffene Verbindung aller deutschen Papiermacher mußte schon wegen ihrer nahezu reichsweiten Ausdehnung nach außen hin zwangsläufig lose sein. In bezug auf den inneren Zusammenhalt aber stand dieser Verband, jedenfalls anfangs, als die Einheit des Papiermacherhandwerkes insgesamt noch gewahrt war, den Gewerbezünften in nichts nach.

Die wichtigste Quelle des für alle Papiermacher geltenden Brauchtums stellen die "Gebräuche derer Papiermacher wie solche üblich, und in K.K. auch Preußischen und übrigen Deutschen Staaten nur mündlich erhalten werden" (22) dar. Hierbei handelt es sich in Wahrheit um eine private Niederschrift des Papiermachers Carl Friedrich Braun von der Papiermühle Kühnheyde im Erzgebirge mit Datum um das Jahr 1796 (23). Wie schon aus dem Titel deutlich wird, durften diese "Gebräuche" an sich immer nur im Wege mündlicher Überlieferung weitergetragen werden. Der Grund hierfür leuchtet zunächst nicht ohne weiteres ein. Ihn entsprechend einzelner Stimmen im Schrifttum allein darin zu sehen, daß die Papierer im allgemeinen etwas Geheimnisumwittertes umgeben hätte (24), greift wohl zu kurz. Der Gesichtspunkt der Geheimhaltung kann lediglich mit der Begründung angeführt werden, daß das Brauchtum geltendem Recht widersprach, was ausweislich der seit 1530 regelmäßig ergangenen Reichsabschiede zur Abstellung der Mißbräuche im Handwerk (25) in weiten Teilen auch tatsächlich der Fall war. Doch traf dies auf andere Handwerke in noch stärkerem Maße ebenfalls zu, was diese nicht davon abhielt, ihre Ordnungen gleichwohl schriftlich niederzulegen. Der Grund für das Mündlichkeitsprinzip liegt meines Erachtens daher einfach darin, daß es unter den Papiermachern anfangs zunächst gar keine einheitlichen und allgemeingültigen Gewohnheiten und Gebräuche gegeben hat, die

(22) Nach einem Manuskript von Hermann Steinlin, herausgegeben von den Asten'schen Filztuchwerken, Stolberg, 1934, S. 13-34; Wiedergabe im Anhang

(23) Vgl. A. Schulte, in Nachschrift zu "Gebräuchen", Stolberg, 1934, S. 47

(24) Bockwitz, S. 20; Thiel, S. 137

(25) Vgl. dazu: Proesler, Anhang C, S. 1-81

man hätte aufschreiben können. Erst allmählich mit Zunahme der Mühlendichte etwa ab Mitte des 16. Jahrhunderts scheinen bestimmte Observanzen zu einer ständigen und verbreiteten Übung gelangt zu sein. Von dieser Zeit an hat es dann, wahrscheinlich aufgrund der dezentralen Organisation der Papiermacher, einfach an der nötigen Eigeninitiative gefehlt, die herausgebildeten Regeln einmal zusammenfassend niederzuschreiben. Von daher blieb es bei der bis dahin praktizierten mündlichen Überlieferung, die den "Gebräuchen" den Nimbus des Geheimnisvollen und damit wohl auch einer besonderen Wirksamkeit verlieh. Soweit bekannt, ist von diesem Grundsatz aber zumindest in einem Fall eine Ausnahme gemacht worden. Im Jahre 1686 verfaßten die Papiermacher einer bestimmten Region Deutschlands, vermutlich in Schlesien, eine eigene Ordnung, die sie auch schriftlich festhielten (26). Sie gleicht ihrem Regelungscharakter und Inhalt nach wesentlich den "Gebräuchen" und ist von daher als wichtige Ergänzung dazu anzusehen. Dies gilt nur eingeschränkt für eine weitere Papiermacherordnung, die im Jahre 1656 im Namen Kaiser Ferdinands III. erlassen wurde (27). Bei dieser 5 Artikel umfassenden Ordnung handelte es sich eigentlich um ein besonderes Privileg, das einem einzigen Papiermacher namens Sebastian Haupt aus Graz auf dessen Ersuchen hin erteilt wurde. Dieses Privileg sollte zudem ausdrücklich nur für des Kaisers "Fürstenthümer und Landen", also für die habsburgischen Erblande, Gültigkeit besitzen. Gleichwohl fand es allgemeine Beachtung, vornehmlich aber bei den Papiermachern Süddeutschlands (28). Einen gewissen Aufschluß über die Verfassung der Papierer gibt schließlich auch noch ein Protokoll aus dem Jahre 1753, das eine Nürnberger Behörde von der Befragung einiger Papiermacher aus dem näheren Umkreis der Stadt über deren Ordnung angefertigt hat (29).

Sämtliche zuvor genannten Papiermacherstatuten beanspruchten in gleicher Weise Geltung sowohl für die Meister als auch für die Gesellen. Auch die Organisationen erstreckten sich ohne Unterschied auf alle Papiermacher unabhängig von deren Berufsstand. Dies war in den sonstigen Gewerbezünften nicht immer der Fall. Häufig waren dort lediglich die Meister Vollmitglieder, während die Gesellen allenfalls dem Schutz der Zunft unterstellt waren. Hinzu kam, daß auch dort die Gesellen, ebenso

(26) Abgedruckt in: "Das Papier. Eine Berufschronik" (1935), S. 31-39; Datierung auch daher; Wiedergabe im Anhang

(27) Abgedruckt u.a. bei: Wehrs, S. 482-487 und Leupold (Beyer), 2. Teil, S. 61 f.; Wiedergabe im Anhang

(28) Thiel, S. 139

(29) Abgedruckt in: Papier-Zeitung (1889), S. 2220; Wiedergabe im Anhang

wie in aller Regel die Papierergesellen auf der Papiermühle, fest in die Haus- und Werkstattgemeinschaft ihres Meisters eingebunden waren. Seit etwa der Mitte des 15. Jahrhunderts ist nun zu konstatieren, daß sich die Gesellenschaft aus diesen verschiedenen Benachteiligungen und Abhängigkeiten zu befreien begann, was sich nach außen hin schließlich in der Bildung eigenständiger, zum Teil mächtiger Gesellenbruderschaften zeigte (30). Ein wichtiger Beweggrund für diese Emanzipationsbestrebungen war nicht zuletzt, daß die Gesellen immer weniger die Möglichkeit sahen, einmal selbst zum Meisterrecht zu gelangen, weswegen sie sich dereinst noch bereitwillig den Meistern "zugesellt" hatten (31).

Obwohl die Situation im weitestgehend unzünftlerisch geprägten Papiermacherhandwerk grundsätzlich eine andere war, stellte sich hier das Gesellenproblem in ganz ähnlicher Weise. Auch hier trat zunehmend eine Entfremdung zwischen Meistern und Gesellen ein, in deren Gefolge die Gesellen immer häufiger und schneller bereit waren, gegen die Papiermachermeister und Mühlenbetreiber aufzubegehren und sich diesen entgegenzustellen. Als wirksamste Waffe im Rahmen der reichsweiten Organisation stand ihnen hierfür der Boykott einer Papiermühle zur Seite, indem sie geschlossen die Arbeit niederlegten und so den Mühlenbetreiber um seinen Verdienst brachten. Das Papiermacherhandwerk hat insoweit keineswegs eine Sonderrolle eingenommen, vielmehr hat es solche Erscheinungen in nahezu allen anderen Handwerken gleichfalls gegeben (32). Dies läßt den Schluß zu, daß die Ursache der Gesellenrebellionen weniger in den spezifischen Zuständen der zünftlerischen Handwerksorganisationen und den daraus erwachsenden Konflikten mit den Gesellen zu suchen ist. Statt dessen scheint diese Entwicklung eher allgemeiner Ausdruck der sich entweder laufend verschlechternden oder sich nur ungenügend verbessernden wirtschaftlichen und sozialen Situation der Gesellen sowie ihrer konkreten Arbeitsbedingungen in den Betrieben gewesen zu sein. Von diesen Problemen blieb auch das Papiermachergewerbe nicht verschont.

Es ist leicht vorstellbar, daß die zunächst noch auf einen gerechten Interessenausgleich zwischen den Beteiligten bedachten Papiermacherbräuche im Zuge ihrer extensiven, häufig willkürlichen und opportunistischen Anwendung hauptsächlich durch die Gesellen immer mehr zu Mißbräuchen verkamen. Nun hat die Papierma-

---

(30) Adler, S. 100 ff.; Breuer, S. 40 ff.; Neuburg, S. 93

(31) Vgl. Adler, S. 93, Fn. 2; Breuer, S. 46

(32) Vgl. Wissell II, S. 222-246

cherschaft dieser dem gesamten Gewerbezweig abträglichen Entwicklung nicht nur tatenlos zugesehen. Man kam des öfteren auf regionaler Ebene zu gemeinsamen Versammlungen zusammen, um dort die jeweils anstehenden Probleme zu beraten und gegebenenfalls Lösungen zu erarbeiten. Weil auf sie später noch näher eingegangen wird, seien an dieser Stelle beispielhaft die Tagung verschiedener süddeutscher und sächsischer Papiermacher in Kaufbeuren 1561 und die Versammlung einer Reihe Papierer aus Franken, Schwaben und Bayern in Augsburg 1700 erwähnt. Als Ergebnis beider Konvente gelangte man zu einem regelrechten Ordnungsentwurf, so in Augsburg zu dem im Wortlaut vorliegenden "Projekt einer formalen Handwerksordnung" (33). Den Verfassern kam es darin insbesondere darauf an, die als schädlich erkannten Vorrechte der Gesellen entweder ganz zu beseitigen oder wenigstens auf ein erträgliches Maß zurückzuführen.

Sowohl den Kaufbeurer als auch den Augsburger Ordnungsentwurf legte man dem Kaiser zu Bestätigung vor, doch ist eine Reaktion hierauf seitens der Reichsregierung bzw. des Reichstages nicht erfolgt. Über die Gründe läßt sich im nachhinein nur mutmaßen. Möglicherweise sah man zu einem reichsweiten Vorgehen gegen die Papiermacher keinen Anlaß, oder man erachtete sich hierfür als nicht zuständig. Beides ist jedoch schon deshalb unwahrscheinlich, weil spätestens seit 1669 Verhandlungen auf dem Reichstag zu Regensburg über ein allgemeines Reichsgesetz zur Regelung des Handwerkwesens, insbesondere zur Abschaffung der dort herrschenden Mißbräuche, stattgefunden hatten, und zwar weil man zu der Erkenntnis gelangt war, daß der allenthalben vorangeschrittenen interlokalen Machtsphäre der Handwerkszünfte und -verbände durch landespolizeiliche Gewalt allein eben nicht mehr beizukommen war (34). Die Verhandlungen mündeten schließlich in das Reichsgutachten vom 3.3.1672, das inhaltlich bereits weitgehend identisch war mit dem dann am 16.8.1731 von Kaiser Karl VI. sanktionierten Reichsschluß zur Abstellung der Mißbräuche bei den Handwerkszünften (35). In einem eigenen Abschnitt (1672: 13, 8; 1731: XIII, 8) wird hierin speziell auf die bei den Papiermachern eingerissenen Mißbräuche eingegangen, was zeigt, daß diese durchaus ernst genommen und hinsichtlich ihres Ausmaßes und ihrer Bedeutung seitens des Reiches offenbar sogar relativ hoch veranschlagt worden sind. Deshalb muß eher angenommen werden, daß

---

(33) Abgedruckt u.a. bei: Wehrs, S. 440-455 und Leupold (Beyer), 2. Teil, S. 106-109

(34) Proesler, S. 13 f.; Adler, S. 105 ff.

(35) Abdruck bei: Proesler, Anhang C, S. 35-43 und S. 54-70; Wissel III, S. 110-128; v. Hößle, "Württemberg", S. 7

die Ordnungsentwürfe der Papierer inhaltlich so einseitig ausgerichtet waren, daß sich der Kaiser aus sachlichen Gründen zu einer Konfirmation nicht in der Lage sah. Nicht anders haben dies auch eine Reihe fränkischer Papiermachermeister gesehen, als sie auf einem Konvent in Nürnberg im Jahre 1701 in bezug auf die kaiserliche Bittschrift ihrer in Augsburg versammelten Kollegen den Beschluß faßten, "das Begehrn zu weiterem Bedacht zu nehmen, gestaltig man nöthig befindet, die angegebenen Handwerkhsarticuln etwas genauer zu examiniren ob dadurch denen herrschaftlichen Juribus nicht zu nahe getreten werde" (36).

Im Zuge des Merkantilismus und als Folge der Erstarkung der territorialen Gewalten nach dem Ende des 30-jährigen Krieges sind dann vermehrt Aktivitäten einzelner Landesregierungen, allen voran Preußen und Österreich, in Richtung der Förderung auch des Papiermachergewerbes unternommen worden. So entstand in Preußen nach umfänglichen Facherkundungen bei den Papiermachern im Jahre 1745 ein "Entwurf einer Papiermüllerordnung für die Churmark Brandenburg" (37), der inhaltlich übereinstimmend 1760 auf sämtliche königlich-preußischen Chur- und Reichslande ausgedehnt wurde (38). Diese Entwürfe waren im wesentlichen an die schon bestehenden übrigen preußischen Handwerksordnungen, die sogenannten "Generalprivilegia" (39), angelehnt. Doch hat es der preußischen Regierung offenbar zu einer Vorreiterrolle im Deutschen Reich in bezug auf eine umfassende Neuregelung des Papiermacherhandwerkes letztlich an Mut gefehlt, denn es ist in der Folgezeit bei den obigen Entwürfen geblieben. Man befürchtete in Preußen eine Isolierung der inländischen Papierer von den übrigen im Deutschen Reich, welche, wie man glaubte, der eigenen Papiermacherei eher geschadet hätte (40). Immerhin erging in Preußen im Jahre 1765 dennoch ein Edikt, mit dem eine Verbesserung der Papierqualität und eine Vereinheitlichung der Papierformate erreicht werden sollte (41). Entschlossener in der Umsetzung der neuen Gewerbepolitik war man da schon unter Kaiserin Maria Theresia in Österreich, die 1754 zunächst für Nieder- und Oberösterreich und dann

(36) Vgl. v. Hößle, "Augsburg", S. 20

(37) Abgedruckt u.a. bei: Wehrs, S. 455-475 und Bergius, S. 285-294

(38) Ein eigener Druck befindet sich in der Bibliothek der Hansestadt Lübeck unter der Signatur: Hist. 4° 3091$^{\text{all 13}}$

(39) Siehe dazu: Fischer, S. 31 ff.

(40) Bergius, S. 285, Fn. b

(41) Siehe Beyerling, S. 28; Bergius, S. 296 f., Fn. b

1756 für die übrigen habsburgischen Erblande eine "Professions- oder Papier-Erzeugnis-Ordnung" erließ (42). Diese Ordnung räumte rigoros mit den Mißbräuchen bei den Papiermachergesellen auf und schrieb die Errichtung von Zünften mit Hauptlade vor. Gleichzeitig kam es zum Erlaß einer "Ordnung, Nach welcher in Hinkunft mit Erzeugung Des in denen Kaiserl.-Königl. Erb-Landen zu verfertigenden Papiers fürzugehen, und sothane Fabricatur einzurichten seyn wird" (43), die genaue Vorschriften über die anzuwendende Technik bei der Papierherstellung enthielt. Aber auch in Österreich hat sich trotz dieser in Kraft gesetzten Ordnungen an den Zuständen im Papiermachergewerbe, insbesondere an der Gesellenproblematik dort, grundlegend nichts geändert, so daß die Gewerbepolitik Maria Theresias insoweit als gescheitert zu betrachten ist (44).

2. Gegenstand und Ziel der Arbeit

Gegenstand der vorliegenden Arbeit ist das Recht des Papiermacherhandwerkes in Deutschland. Der Begriff Recht umschreibt allerdings einen sehr weiten Bereich und würde hier im Grunde alle denkbaren rechtlichen Beziehungen erfassen, die im Papiermachergewerbe bestanden haben. Einen derartigen Anspruch auf Vollständigkeit kann und will die Arbeit aber nicht erheben. Vielmehr soll sich hier von vornherein auf den Kernbereich des Papiermacherrechts, d.h. auf das Handwerksrecht im eigentlichen Sinne innerhalb dieses Gewerbes, konzentriert werden. Allein hieraus bezieht die Aufgabenstellung auch ihren besonderen Reiz, da eine umfassende papierhistorische Untersuchung gerade dieses Themenkomplexes bisher noch nicht vorliegt.

Im Mittelpunkt der Arbeit steht die Organisation der deutschen Papiermacher. Hierbei wird es ganz besonders darauf ankommen, die unterschiedlichen Organisationsformen und -strukturen in der handwerklichen Papiermacherschaft im einzelnen herauszuarbeiten, um sodann die sich daraus ergebenden rechtlichen Beziehungen der Papiermacher sowohl untereinander als auch zur jeweiligen Organisation aufzeigen zu können. Von überragendem Interesse ist dabei die schon angesprochene reichsweite Organisation der Papierer, die in keinem anderen Handwerk eine Ent-

---

(42) Die Ordnung für Böhmen von 1756 ist abgedruckt bei: Wehrs, S. 476-482; Bergius, S. 297-298

(43) Abgedruckt bei: Bogdán, in Papiergeschichte (1964), S. 9-16

(44) Thiel, S. 144 ff.; ders., "Steiermark", S. 17 ff.

sprechung hatte. Trefflich bemerkte deshalb Krünitz in seiner "Ökonomisch-technologischen Encyklopädie" aus dem Jahre 1807: "Diese eben erwähnte Papiermacherzunft stellt dem aufmerksamen Beobachter ein außerordentliches Gewerbe von einer bloß gesellschaftlichen Verbindung dar, die einzig in ihrer Art ist, und nur in wenigen Stücken einer anderen Zunft gleicht, und schon deswegen die Untersuchung eines Gelehrten verdiente" (45). Die von Krünitz angemahnte Behandlung der genannten Thematik ist bis heute nicht erfolgt. Diese Lücke versucht die vorliegende Arbeit zu schließen. Dies macht es aber auch erforderlich, auf das materielle Berufs- und Gewerberecht der Papiermacher ausführlich einzugehen. Allein die Wahrung der gemeinsamen beruflichen und gewerblichen Ordnung war Anlaß und Ziel des Zusammenschlusses der Papiermacher zu einem dementsprechend strukturierten Verband. Die Darstellung der Organisation mitsamt der Berufs- und Gewerbeverfassung gibt somit ein vollständiges Bild von dem Handwerksrecht der Papiermacher. Die sich darüber hinaus noch stellenden rechtlichen Fragen im Zusammenhang mit der Papiermacherei betreffen lediglich Randgebiete des Papiermacherrechts. Zu nennen sind hier etwa die Bereiche Mühlen- und Wasserrecht, Wasserzeichenrecht und das Lumpensammelrecht. Ein umfängliches Eingehen auf diese Rechtsfragen würde das mit der Arbeit an sich verfolgte Anliegen zu sehr in den Hintergrund treten lassen. Außerdem würden diese Ausführungen nur ein mehr oder minder zusammenhangloses Anhängsel bilden, da sie ohne Bezug zu der hier vorrangig interessierenden Problematik der Organisation und der Berufs- und Gewerbeordnung der Papierer blieben. Soweit die vorstehend genannten besonderen Rechtsfragen nicht am Rande mitbehandelt werden, sollen sie daher ganz ausgeblendet bleiben.

Die Arbeit stützt sich im wesentlichen und in erster Linie auf die vorhandenen Papiermacherordnungen als Primärquellen und leitet unmittelbar aus diesen ihre Ergebnisse ab. Insoweit verwendet sie also die Reutlinger und Krakauer Ordnung, die "Gebräuche", die schlesische Ordnung und das Privileg Kaiser Ferdinands III. Eine wichtige Ergänzung hierzu ist noch das Nürnberger Protokoll von der Befragung einiger Papiermacher über ihre Ordnung. Im Grunde erschließen sich auf der Grundlage dieser Ordnungen bereits zum überwiegenden Teil die Rechtsfragen, die sich im Bereich des Verbands- sowie Berufs- und Gewerberechts der Papiermacher stellen. Zugleich erschöpft sich der Regelungsinhalt der Papiermacherordnungen aber auch in der Behandlung dieser Problemkreise.

(45) Krünitz (Teil 106), S. 570

Zur gelegentlichen Vervollständigung und insbesondere zur Interpretation der aus den Ordnungen hervorgehenden Aussagen ist daher die einschlägige Literatur heranzuziehen. Allerdings ist dieses Material insgesamt äußerst rar. Am ergiebigsten ist noch die ältere Literatur, die sich jedoch zumeist in bloßen Beschreibungen von Einzelsachverhalten verliert, ohne das Papiermacherhandwerk von seiner rechtlichen Seite her einmal wirklich umfassend aufzuarbeiten. Beispielhaft ist hierzu das Werk von Georg Friedrich Wehrs "Vom Papier, den vor der Erfindung desselben üblich gewesenen Schreibmassen, und sonstigen Schreibmaterialien" aus dem Jahre 1789 zu nennen, und weiterhin die jeweiligen Abhandlungen über das Papierhandwerk von Jacob Leupold (Matthias Beyer) in "Theatrum machinarium molarium oder Schauplatz der Mühlenbaukunst" aus dem Jahre 1735, von Johann Heinrich Ludwig Bergius in "Neues Policey und Cameral Magazin" aus dem Jahre 1778 und von Johann Georg Krünitz in "Ökonomisch-technologische Encyklopädie" aus dem Jahre 1807.

In dem jüngeren papierhistorischen Schrifttum ist eine Behandlung der hier interessierenden Fragestellungen so gut wie nicht anzutreffen. Ohnehin ist zu beklagen, daß die papiergeschichtliche Forschung im allgemeinen, gemessen an der herausragenden Bedeutung des Papiers für die kulturelle Entwicklung der Menschheit, wohl eher ein Schattendasein führt. Dies zeigt sich nicht zuletzt auch in der relativ geringen Zahl wissenschaftlicher Schriften oder sonstiger seriöser Publikationen zum Thema Papiergeschichte. Eine gewisse Ausnahme stellen aus letzter Zeit lediglich die zahlreichen Beiträge von Günther Bayerl dar, und hier insbesondere seine 1987 erschienene Dissertation "Die Papiermühle. Vorindustrielle Papiermacherei auf dem Gebiet des alten deutschen Reiches - Technologie, Arbeitsverhältnisse, Umwelt". Mit dieser Arbeit hat Bayerl eine umfassende und detaillierte Untersuchung der Produktionsverhältnisse in einer Papiermühle und der damit zusammenhängenden technischen und ökonomischen Fragen unternommen. Diese Arbeit besticht allein schon wegen der außerordentlichen Fülle des für sie zusammengetragenen Materials. Aufgrund dessen verschafft sie einen hervorragenden Einblick in das handwerkliche Papiermachergewerbe, dem in Zukunft wohl kaum noch etwas sachlich Neues hinzuzufügen sein wird. Im Rahmen des Themas behandelt Bayerl auch eine Reihe rechtlicher Fragen betreffend vor allem das Lumpensammeln, die Wassernutzung und den Mühlenbau. Da diese Bereiche die vorliegende Arbeit weitgehend ausklammert, soll insoweit auf die entsprechenden Ergebnisse von Bayerl verwiesen werden (46).

---

(46) Siehe Bayerl I, S. 370-397, 398-476 und 559-565

Ansonsten ist aus dem einschlägigen jüngeren Schrifttum noch auf die Dissertation von Wolfgang Schlieder aus dem Jahre 1963 hinzuweisen, die unter dem Titel "Zur Geschichte der Papierherstellung in Deutschland von den Anfängen der Papiermacherei bis zum 17. Jahrhundert" erschienen ist. Hier stehen gleichfalls Fragen der Produktion in einer Papiermühle im Vordergrund, allerdings geht Schlieder in einem eigenen Kapitel auch auf das Brauchtum der Papierer ein. Nur erfährt der Wert gerade dieser Ausführungen zum Teil erhebliche Einschränkungen durch eine auffallend ideologisch gefärbte Betrachtungsweise des in der DDR ansässigen Autors, dessen Arbeit von der Ost-Berliner Humboldt-Universität als Dissertation angenommen worden ist. Auch wenn insoweit vieles als überflüssiges Beiwerk einfach hinweggedacht werden kann, so verstellt anderes wiederum doch in erheblichem Maße den Blick auf die tatsächliche Problemlage der Papiermacher in ihrer Zeit. Die übrige Literatur mit teilweisem Bezug zum Papiermacherrecht besteht im wesentlichen aus einer Vielzahl kürzerer Abhandlungen, die zu einem Großteil lediglich die spezielle Situation der Papiermacher einer bestimmten Region schildern. Hervorzuheben sind hier nur die zahllosen Publikationen von Lore Sporhan-Krempel, Gerhard Piccard, Victor Thiel, Alfred Schulte und nicht zuletzt Friedrich von Hößle. Ohne Zweifel haben sich diese Autoren mit ihren Veröffentlichungen um die Erforschung des Papiermacherhandwerkes in besonderer Weise verdient gemacht. Allerdings darf das Maß an Wissenschaftlichkeit derartiger Beiträge auch nicht zu hoch eingeschätzt werden, namentlich dann nicht, wenn diese von Heimatkundlern oder gar von Papiermachern selbst stammen. Eine ernsthafte historische Auseinandersetzung mit den Verhältnissen im Papiermachergewerbe ist von dieser Seite aus kaum zu erwarten. Vielmehr neigen diese sich zumeist aus Liebhaberei der Papiergeschichte widmenden Personen allzusehr dazu, das Handwerk eher unkritisch und verherrlichend zu betrachten. Hiervon sind im übrigen auch die soeben namhaft gemachten Autoren nicht in jedem Fall frei.

Auf der Grundlage der vorhandenen Primärquellen und der in dem weiteren Quellenmaterial dokumentierten Forschungsergebnisse läßt sich im Rahmen der gestellten Aufgabe ohne weiteres zu fundierten Aussagen über die rechtlichen Beziehungen im Papiermacherhandwerk gelangen. Auf eine eigene Quellenforschung mit dem Ziel der Gewinnung neuer historischer Tatsachenerkenntnisse kann hier daher weitestgehend verzichtet werden.

II. Formen und Strukturen der Papiermacherorganisation

Eine einheitliche Aussage über die Organisation der Papiermacher läßt sich für den gesamten deutschsprachigen Raum nicht treffen. Vielmehr finden sich verschiedenartige Organisationsformen, die von vereinzelten zünftlerisch abgeschlossenen Verbindungen bis zu der umfassenden losen Gemeinschaft des Großteils der deutschen Papiermacher reichen. Die Darstellung dieser letzten Form wird auch den Schwerpunkt dieser Arbeit ausmachen, ohne dabei allerdings die wichtigsten anders strukturierten Sonderausprägungen ganz außer Acht zu lassen. Sie sollen an den Beginn der nachfolgenden Untersuchungen gestellt werden.

1. Lokaler, enger Verband der Papiermacher

Für zumindest zwei Städte läßt sich eine zünftlerische Organisation der Papiermacher aufzeigen. Es sind dies die Städte Reutlingen und das polnische Krakau, wobei letztere unter Erweiterung der eigentlichen Grenzziehung der vorliegenden Arbeit deshalb in die Untersuchung miteinbezogen wurde, weil in Krakau seit Beginn der dortigen Papiermacherei um die Wende des 15./16. Jahrhunderts überwiegend Papiermacher aus dem deutschsprachigen Raum, wie aus Württemberg, dem Elsaß und der Schweiz, als Gründer von Papiermühlen oder als Papiermachermeister in Erscheinung treten. Überhaupt war in dieser grenznahen Stadt auch allgemein ein starker deutscher Einfluß festzustellen (1).

a) Papiermacherordnungen für Reutlingen und Krakau

Für Reutlingen liegt eine Papiermacherordnung aus dem Jahre 1527 vor (2), die damit gleichzeitig die älteste bekannte deutsche Papiererordnung überhaupt ist. Dazu

---

(1) Ptasnik, in Papiergeschichte (1953), S. 62 ff., mit Anm. von T. Schulte

(2) Auf sämtliche im Anhang wiedergegebenen Papiermacherordnungen wird im folgenden nicht jeweils erneut verwiesen

gehören noch einige Zusatzartikel aus dem Jahre 1603, die gem. Art. 13 gleichwertig neben den alten Artikeln Gültigkeit besitzen sollten. Die Papiermacherordnung für Krakau stammt aus dem Jahre 1546 (3) und wurde sogar vom polnischen König Sigismund I. gegeben.

Beide Ordnungen sind durchaus als typische Zunftsatzungen zu bezeichnen. Einschränkend ist insoweit jedoch zu sagen, daß es nicht Aufgabe dieser Arbeit sein kann, im einzelnen und abschließend zu der umstrittenen Frage der Anforderungen an eine mittelalterliche Gewerbezunft Stellung zu beziehen (4). Statt dessen sollen im weiteren nur die wesentlichen, nach diesseitiger Auffassung aber unabdingbaren Merkmale einer Zunft zum Maßstab der Untersuchungen des Reutlinger und Krakauer Verbandes und der jeweiligen Ordnungen genommen werden, dies nicht zuletzt auch deshalb, um so überhaupt zu eindeutigen Ergebnissen zu gelangen. Ohnehin beinhalten die vorliegenden Statuten für Reutlingen und Krakau, nicht anders als die meisten Zunftsatzungen, nur in beschränktem Maße Aussagen über die rechtlichen Voraussetzungen einer Zunft. Die Zunft soll daher einfach definiert werden als eine gewerbliche Körperschaft mit eigener Verbandspersönlichkeit, organischer Gliederung, dem Recht der Selbstverwaltung in zumindest eigenen Angelegenheiten und dem Ziel der Interessenverfolgung ihrer Mitglieder (5). Wie im folgenden gezeigt werden kann, erlauben beide Ordnungen insoweit eine hinlänglich sichere positive Feststellung des Zunftcharakters der Verbände. Von daher kann es auch nicht darauf ankommen, daß etwa die Reutlinger Papierer selbst zuweilen von einer "Bruderschaft" sprachen (6), was im übrigen ohnehin nur ein Synonym für "Zunft" war (7).

b) Rechtssubjekte mit eigener Rechts- und Handlungsfähigkeit

Es läßt sich aus den Ordnungen herauslesen, daß beide Verbände grundsätzlich als solche Rechts- und Handlungsfähigkeit besessen haben, also insofern als eigenständige juristische Personen angesehen werden können. Nach dem Handwerksjuristen Adrian Beier etwa und folgend der sogenannten Konzessionstheorie erlangten die-

---

(3) Der Text gliedert sich leider nicht in einzelne Artikel, so daß im folgenden eine pauschale Bezugnahme auf die Wiedergabe im Anhang erfolgt

(4) Vgl. Meinungsstand hierzu und verschiedene Zunftdefinitionen bei: Raiser, S. 49 ff. und 57 ff.

(5) Ähnlich: Eberstadt, S. 296, iVm. v. Loesch, Bd. I, Einl., S. 42

(6) Sporhan-Krempel, "Reutlingen", S. 2; v. Hößle, "Hl. röm. Reich", S. 4; siehe auch: Jaffé, S. 5

(7) Vgl. dazu: Eberstadt, S. 129 ff., 150; Keutgen, S. 170, unter Hinweis auf "Wörterbuch der Volkswirtschaft", Bd. II, S. 977

Handwerksverbände ihre Rechtsfähigkeit allerdings erst mit obrigkeitlicher Genehmigung, ohne die ein Zusammenschluß zu einer Zunft mit ihren vereinzelten öffentlich-rechtlichen Hoheitsbefugnissen sogar überhaupt unzulässig sein sollte (8).

Derartige Genehmigungen sind sowohl den Reutlinger- als auch den Krakauer Papierern erteilt worden, und zwar in Reutlingen von dem Bürgermeister und Rat der Stadt (Art. 14) und in Krakau sogar vom polnischen König. Art. 14 Abs. 2 der Reutlinger Ordnung von 1527 lautet insoweit: "Dise obgeschribne Ordnung / ist durch bit und anhalten des gemeinen Handtwercks / von den Ersamen vnd Weisen Burgermeistern vnd Rhat zu Reütlingen bekrefftiget vnd zugelassen / auf Mittwoch vor Reminiscere / vnd nachmals von Meistern vnd Gesellen angenommen auf den Palmtag". In der Krakauer Ordnung heißt es an entsprechender Stelle: "In der Erkenntnis, daß die hier aufgeführten Artikel dem Papiermacherhandwerk zum Vorteil gereichen und daß sie, wie bei anderen Handwerksbetrieben, in ein Regulativ gebracht werden müssen, bestätigen, billigen und ratifizieren Wir (König Sigismund I.) sie in all ihren Punkten, Artikeln und verschiedenen Kapiteln, und Wir verordnen, daß sie in Unserem Königreich und Unseren Besitzungen überall, soweit sie der Verfassung und den öffentlichen Gesetzen nicht zuwiderlaufen, die Kraft einer verbindlichen und dauernden Satzung haben sollen".

Die Verselbständigung der Verbände zu eigenen Rechtssubjekten trat zunächst in ihrer Loslösung von den Mitgliedern hervor, und zwar in der Weise, daß ein Wechsel der Mitglieder auf den Bestand der Verbände als solche grundsätzlich keinen Einfluß hatte. Inwieweit die Verbände nun darüber hinaus tatsächlich als eigenständige Rechtssubjekte auftreten konnten, d.h. selbst Träger von Rechten und Pflichten waren, läßt sich anhand der Ordnungen freilich nur äußerst zurückhaltend beurteilen. Allenfalls mittelbar erschließt sich dies aus der Beschreibung der Aufgaben des Vorstandes. Er brachte den Gesamtwillen des Verbandes nach außen hin zum Ausdruck, was etwa Art. 1 der Reutlinger Ordnung von 1527 wie folgt formuliert: "... vnd was dieselbigen (der Vorstand) zu Nutz / Notturfft vnd Frommen / des Handtwercks / handlen vnd fürnemen / mit verwillgung vnd wissen gemeiner Gesellschaft / dem soll gelebt vnd nachkommen werden". Ähnlich lautet die Krakauer Ordnung an der entsprechenden Stelle: "... und sie (der Vorstand) werden gewissenhaft für alles in der Zunftgemeinschaft sorgen, und was sie zum Besten der Gemeinschaft mit Zustimmung der Meister und Gesellen bestimmt haben, das muß gelten und endgültig sein".

---

(8) Vgl. Weichs, S. 35 f. (Fn. 11), unter Hinweis auf die Schriften von A. Beier

Dies läßt erkennen, daß das Handwerk, d.h. die Gemeinschaft der Papierer, durchaus in Form einer eigenständigen juristischen Person am Rechtsleben teilnahm.

c) Organe

Um als juristische Person handeln zu können, bedurfte es bestimmter Verbandsorgane. Dies waren für den Reutlinger und Krakauer Verband der Vorstand und die Mitgliederversammlung.

aa) Vorstand

Dem Vorstand oblag als leitendem Organ in beiden Papiererverbänden die Führung der wesentlichen Verbandsgeschäfte. Die Befugnisse des Vorstandes waren insoweit jedoch keineswegs unumschränkt, sondern zumeist handelte dieser im unmittelbaren Zusammenwirken mit der Zunftversammlung.

Bei den Reutlinger Papierern bestand eine sonderbare Zweiteilung hinsichtlich der Person des Vorstandes. Nach Art. 1 der Ordnung von 1527 wählten auf der einen Seite die Gesellen aus ihren Reihen jährlich drei Verordnete, und Art. 1 der Zusatzordnung von 1603 spricht dann auf der anderen Seite noch von einem erwählten "Vater". Über die Person des "Vaters" und sein gesellschaftsrechtliches Verhältnis zu den drei Verordneten gibt die Reutlinger Ordnung indes keinen näheren Aufschluß. Zu vermuten ist aber, daß der "Vater" von seiten der Meister gestellt wurde. Dies legt zunächst schon seine Betitelung nahe und darüber hinaus die Tatsache, daß der soweit bekannte "Vater" Hans Klemm, der dem Reutlinger Verband seit 1589 in dieser Funktion vorstand, ebenfalls Papiermachermeister war (9). Vollständig signierte er die Schreiben im übrigen mit "Vater, den meistern und gesellen der Bruderschaft" (10). Dies könnte darauf hindeuten, daß der "Vater" die drei Verordneten an der Spitze des Reutlinger Verbandes im Laufe der Zeit vollkommen abgelöst hatte, jedenfalls soweit der Vorstand den Verband nach außen vertrat. Für eine derartige Machtverschiebung zugunsten der Meister fehlt es jedoch an weiteren Anhaltspunkten. Die gesamte Ordnung vermittelt dagegen viel eher den Eindruck, daß in Reutlingen zwischen Meistern und Gesellen eine grundsätzliche Gleichberechtigung bestanden hat. Demgemäß heißt es auch eingangs der Reutlinger Statuten: "Zuwissen, dass zu

(9) Siehe Sporhan-Krempel, "Reutlingen", S. 20, 23, unter Berufung auf die "Papiererakten" des Reutlinger Stadtarchives (S. 13)

(10) Sporhan-Krempel, a.a.O., S. 23

fürstandt / auffgangs / vnd mehrung des gemeinen Handtwercks der Bapyrer / habend allhie zu Reutlingen / Meister / mitsampt Gesellen / des obgenannten Handtwercks / sich vereint / dise Ordnung und Artickel gesetzt". Naheliegender ist nach alldem daher, daß der "Vater" und die drei Verordneten sich die leitenden Funktionen innerhalb des Verbandes nach bestimmten Kompetenzbereichen geteilt haben.

Art. 1 der Reutlinger Statuten von 1527 regelt zunächst nur allgemein die Zuständigkeit der drei Verordneten hinsichtlich der Vornahme von Handlungen für das Handwerk insgesamt (11). Im weiteren konkretisiert die Ordnung deren Aufgaben aber auf einige spezielle Bereiche, die einen augenfälligen Bezug zu Belangen der Gesellen aufweisen. Dies wird insbesondere an den Artt. 6 bis 9 (1527) erkennbar, die den Verordneten die Vermittlung von Arbeitsstellen für die neuankommenden Gesellen und die Überwachung der aus Anlaß der Arbeitsaufnahme abzuhaltenden "Gesellenschenke" zuwiesen. Im Rahmen der Arbeitsvermittlung für die zuwandernden Gesellen hatten die drei Verordneten nach Art. 9 (1527) auch denjenigen, die etwa aus Krankheit keine Arbeit finden konnten, bei deren Ersuchen an Meister und Gesellen um eine Spende behilflich zu sein. Auf den "Gesellenschenken" mußte gem. Art. 6 (1527) wenigstens einer der Verordneten ständig anwesend sein und für einen friedlichen und geordneten Verlauf der Veranstaltung sorgen. Im übrigen besaßen die drei Verordneten gem. Art. 5 (1527) bei bestimmten Vergehen der Gesellen Jurisdiktionsgewalt, und nach Art. 11 (1527) waren sie schließlich für die Einsammlung sämtlicher Anstands- und Strafgelder zuständig.

Die verbleibenden Führungsaufgaben innerhalb des Reutlinger Verbandes nahm wohl der "Vater" wahr. Ausdrücklich nennen die Artt. 1 bis 3 der Zusatzordnung von 1603 aber nur die Einberufung und Leitung der Zunftversammlung, die im Verantwortungsbereich des "Vaters" lag.

In Krakau hatten die Papierergesellen nach der Verbandssatzung jedes Jahr zwei ältere Gesellen, die sogenannten Altgesellen, einstimmig aus ihrer Mitte für den Vorstand zu erwählen. Die Altgesellen waren grundsätzlich für die Besorgung aller Verbandsangelegenheiten zuständig. Konkret kam ihnen zu, für eine ordnungsgemäße Durchführung der "Gesellenschenken" sowie für die Einforderung und Verwahrung der Gelder in der Lade und für eine angemessene Auszahlung an Kranke und

---

(11) Siehe Zitat, S. 31

Bedürftige zu sorgen (12). Im Zusammenhang mit der Aufbewahrung der Schlüssel zur Lade wird in der Satzung allerdings gesagt, daß gewählte Vorstandsmitglieder ein Altgesell und ein Obermeister seien. Die Bezeichnung Obermeister findet sich jedoch ansonsten nicht wieder, es ist vielmehr immer nur von den "älteren Gesellen" bzw. den "Altgesellen" die Rede. Durchaus möglich, wenngleich auch nicht sehr wahrscheinlich ist, daß der Obermeister einer der "älteren Gesellen" war, was jedoch kaum mit seiner Amtsbezeichnung in Einklang zu bringen wäre. Deshalb könnte auch hier an eine Aufgabenteilung zwischen einem Vertreter der Meister und einem der Gesellen gedacht werden. Doch mangelt es hierfür an jeglichen Hinweisen, so daß jedes Weitere reine Spekulation bliebe.

Auf die Aufgaben der Vorstände beider Verbände in bezug auf das Finanzwesen ist an dieser Stelle noch gesondert hinzuweisen. Beide Verbände verfügten jeweils über eine eigene Zunftlade, in die sämtliche eingehenden Gelder flossen. Dies waren neben den Aufnahmegebühren in erster Linie die zahlreichen Anstands- und Strafgelder, welche einen Großteil des Kassenbestandes ausgemacht haben werden. Aus der Lade wurden die Zunftausgaben bestritten, wozu nicht nur diejenigen zu charitativen Zwecken gehörten, sondern auch diejenigen, die zur Begleichung der Kosten der gemeinsamen Zunftveranstaltungen notwendig waren. Die Führung und Verwaltung der Lade, und damit des Vermögens der Verbände, oblag grundsätzlich dem Zunftvorstand, d.h. in Reutlingen den drei Verordneten und in Krakau den zwei Altgesellen. Sie hatten für die Einbringung der Gelder in die Lade zu sorgen und nahmen auch die laufenden Auszahlungen daraus vor.

Die zentrale Vorschrift hierüber in der Reutlinger Ordnung von 1527 ist Art. 11. Ausdrücklich wird hier den drei Verordneten untersagt, jemandem in finanzieller Hinsicht etwas zu schenken oder nachzulassen. Ihre Befugnisse hinsichtlich des Kassenwesens waren auch darüber hinaus keineswegs unbeschränkt, was zunächst schon die Bestimmung des Art. 11 a.E. ausdrückt, wonach das Geld die Meister und den "zedel", d.h. das Kassenbuch bzw. die Abrechnung, die Gesellen haben sollten. Diese Kompetenzaufteilung erschwerte zwar einerseits die Kassenführung, doch ermöglichte sie andererseits zweifellos eine gewisse Kontrolle des tatsächlichen Kassenbestandes durch die Meister, was unter Inkaufnahme der Nachteile offenbar als notwendig erachtet wurde. Eine weitere Einschränkung der selbständigen Finanzverwaltung durch den Vorstand beinhaltet Art. 11 schließlich auch noch insoweit, als

---

(12) Vgl. auch Anm. 7 zu Krakauer Papiermacherordnung von T. Schulte, in Papiergeschichte (1952), S. 40 (36)

sämtliche Verwendungen der Gelder nur mit Wissen und Wollen der gesamten Zunft erfolgen durften. Die Zunftmitglieder mußten also erst jeder Geldausgabe zustimmen, bevor diese wirksam vorgenommen werden konnte. Des weiteren hatte der Vorstand gem. Art. 11 den Meistern und Gesellen der Zunft jährlich Rechenschaft über Einnahmen und Ausgaben abzulegen, zu welchem Zweck er eine Abrechnung zu erstellen hatte. Nimmt man alles zusammen, so blieb an sich kaum noch Raum für ein eigenverantwortliches Tätigwerden des Vorstandes in Finanzangelegenheiten. Dies ist aus Gründen der Gewährleistung einer ehrlichen Kassenführung aber augenscheinlich bewußt hingenommen worden.

Die Krakauer Ordnung räumte demgegenüber dem Vorstand einen größeren Freiraum ein. Die Altgesellen konnten beispielsweise zur Unterstützung notleidender Kollegen Gelder aus der Lade zahlen, ohne dazu in jedem Einzelfall unbedingt der vorherigen Zustimmung der Zunft zu bedürfen. Im übrigen waren sie der Satzung nach nur den Gesellen gegenüber zur jährlichen Rechnungslegung über die ein- und ausgegangenen Gelder verpflichtet, obwohl die Lade an sich eine gemeinsame Kasse der Meister und Gesellen war. Auf die vorgeschriebene Verteilung der beiden Ladenschlüssel auf den Altgesellen und den Obermeister wurde bereits hingewiesen. Möglicherweise wollten sich die Krakauer Meister mit Hilfe dieser Konstellation ähnlich wie in Reutlingen eine gewisse Einflußnahme auf die Kassenführung sichern.

bb) Mitgliederversammlung

Bei den meisten Verbandsgeschäften war eine unmittelbare Beteiligung der Zunftmitglieder notwendig. Dies galt nicht nur für den speziellen Bereich der Kassenführung, sondern beide Ordnungen legten darüber hinaus generell fest, daß den Maßnahmen des Vorstandes lediglich dann Gültigkeit für die Zunft und ihre Mitglieder zukommen sollte, wenn und soweit sie mit Zustimmung bzw. Einwilligung aller erfolgt waren. Die entsprechenden Stellen der Reutlinger (Art. 1 (1527)) und Krakauer Ordnung, die diesen Sachverhalt zum Ausdruck bringen, wurden oben bereits im Wortlaut wiedergegeben (13). Danach muß davon ausgegangen werden, daß eine mit Vertretungsmacht ausgestattete Geschäftsführungsbefugnis des Vorstandes mit Wirkung für und gegen den Verband als solchen bzw. die Gesamtheit seiner Mitglieder im Grundsatz nicht bestanden hat. Vielmehr benötigte der Vorstand für jedes Geschäft das Einverständnis der Verbandsmitglieder. Allerdings legt die entsprechende

(13) Siehe Zitate, S. 31

Formulierung in Art. 1 der Reutlinger Satzung von 1527 ("mit verwilligung vnd wissen gemeiner Gesellschaft") die Vermutung nahe, daß etwa bei laufenden, gewöhnlichen Geschäften auch eine nachträgliche Bestätigung durch die Gesellschaft ausreichend war, wenn in Einzelfällen nicht sogar nur eine Informationspflicht des Vorstandes hinsichtlich der getätigten Geschäfte den Mitgliedern gegenüber bestand. Gleichwohl bedeutete dies eine nicht unerhebliche Verschiebung der Handlungsbefugnisse von dem Organ des Vorstandes auf die Mitgliederversammlung, die dadurch zum letztlich entscheidenden Zunftorgan wurde. Ausführendes Organ blieb aber trotzdem stets und allein der Vorstand.

Zur Teilnahme an den Zunftversammlungen waren sämtliche Verbandsmitglieder, also Meister und Gesellen, gleichermaßen berechtigt und verpflichtet. Grundsätzlich besaß jeder von ihnen dort die gleiche Stimmberechtigung, jedenfalls ergibt sich insoweit nichts Gegenteiliges aus den vorliegenden Ordnungen. Mangels anderweitiger Bestimmungen muß weiterhin auch davon ausgegangen werden, daß die Beschlüsse der Versammlungen zumindest im Normalfall mit einfacher Stimmenmehrheit gefaßt wurden.

Als überhaupt wenig ergiebig in bezug auf die Beschreibung der Form und Aufgaben des Zunftorgans Mitgliederversammlung erweist sich vor allem die Krakauer Satzung. Ausdrücklich behandelt sie lediglich die Zusammenkunft von Meistern und Gesellen aus Anlaß der Freisprechung eines Lehrjungen zum Gesellen. Hierzu bestand für alle Erscheinungspflicht, widrigenfalls ohne Unterschied 4 Groschen zu zahlen waren. Auftretende Streitigkeiten untereinander wurden, soweit möglich, sogleich durch den Vorstand, gegebenenfalls mit Unterstützung einiger sogenannter "rechtschaffener Meister", beigelegt und mit einer Strafe geahndet. Es steht zu vermuten, daß es daneben sehr wohl auch noch andere Handwerksversammlungen der Krakauer Papierer gegeben hat, die zur Erledigung aktueller Zunftangelegenheiten auch kurzfristig zu einem außerordentlichen Termin anberaumt werden konnten. Die Krakauer Ordnung schweigt sich indes hierüber aus.

Für Reutlingen stellen dies Artt. 1 und 2 der Zusatzordnung von 1603 mit wünschenswerter Klarheit fest. Der "Vater" berief gem. Art. 1 grundsätzlich nach eigenem Ermessen sämtliche Verbandsmitglieder, d.h. Meister und Gesellen, zur festgesetzten Stunde zusammen. Es bestand für alle Erscheinungspflicht, doch konnte der "Vater" einzelne auch beurlauben. Wer an einem Feiertag über eine Viertelstunde und an einem Werktag über eine halbe Stunde zu spät kam, mußte ohne Ansehung seines

Berufsstandes 1 Schilling Heller Strafe zahlen. Es konnte darüber hinaus auch ein jeder andere Papierer, der nicht einmal der Zunft angehören mußte, vom "Vater" verlangen, daß dieser das Reutlinger Papiermacherhandwerk zusammenkommen ließ. In einem solchen Fall mußte von dem Betreffenden im voraus ein gewisser Geldbetrag entrichtet werden, der bei Zunftangehörigen 4 1/2 und bei Zunftfremden 7 Schilling Heller betrug, Art. 2. Diese letztere Vorschrift enthält im übrigen noch Bestimmungen über den ordnungsgemäßen Ablauf der Versammlungen, wozu vor allem gehörte, daß die Parteien sich gegenseitig ausreden lassen und sich zuhören sollten. Art. 7 (1603) verordnet zudem noch eine strikte, strafbewehrte Geheimhaltungspflicht für jeden Teilnehmer hinsichtlich desjenigen, was auf den Versammlungen besprochen und entschieden wurde. Nach Art. 9 (1603) waren schließlich jegliche Streitereien während der Zusammenkünfte bei Strafe untersagt.

Eine Zunftversammlung eigener Art war die "Gesellenschenke". Der eigentliche Zweck dieser Veranstaltung war die Begrüßung und Beköstigung eines neueingetroffenen Gesellen, nachdem dieser bereits 14 Tage am Ort gearbeitet hatte. Ihm wurde dann in feierlicher Form ein Trank "ausgeschenkt" (14). Dies sah sowohl die Reutlinger Satzung von 1527 in Art. 6 als auch die Krakauer Ordnung vor. Beide Satzungen bestimmten zudem, daß auf diesen Zusammenkünften eine Umfrage unter den Teilnehmern gehalten wurde, bei der jeder verpflichtet war zu erklären, ob und gegebenenfalls was er gegen einzelne aus der Gesellschaft, namentlich gegen den neuen Gesellen, vorzubringen hatte. Die vorgetragenen Anschuldigungen wurden dann von der Versammlung besprochen und abgetan. Diesen Ablauf regelte für Reutlingen Art. 7 (1527). Ergänzend hierzu ordnete Art. 4 (1603) noch eine Bestrafung des fremden Gesellen für den Fall an, daß dieser in den 14 Tagen vor seinem "Geschenk" Nachteiliges über einen aus der Gesellschaft kundtat und darüber dann in dem "Geschenk" selbst schwieg. Zum Erscheinen auf der "Gesellenschenke" waren Meister und Gesellen verpflichtet. Dies ist jedenfalls unmißverständlich der entsprechenden Strafvorschrift des Art. 6 der Reutlinger Statuten aus dem Jahre 1603 zu entnehmen, die ausdrücklich für Meister und Gesellen gleichermaßen das Nichterscheinen sanktioniert. In Art. 6 der ursprünglichen Ordnung aus dem Jahre 1527 war dagegen der Teilnehmerkreis mit der Formulierung "all so auff dem Handtwerck dienen" noch nicht in der Weise klar umgrenzt. Jeder Teilnehmer der "Gesellenschenke" hatte obligatorisch einen sogenannten "Schenkschilling" zu zahlen. Weigerte sich jemand oder erschien gar nicht zu der Versammlung, so hatte er gem. Art. 6 (1603)

(14) Vgl. hierzu: Wissell I, S. 329, 337 f.; A. Schulte, in Sondernr. aus Wochenblatt für Papierfabrikation (1933) S. 5

zusätzlich noch eine Strafe von 3 Pfennig verwirkt, was eine Verschärfung gegenüber der Strafe von nur einem Pfennig nach Art. 6 der alten Ordnung bedeutete.

Die Papiermacherversammlung war, wie bereits angedeutet, innerhalb der Verbände in Krakau und Reutlingen keineswegs ein Organ mit nur administrativen Aufgaben, sondern sie war auch und vor allem Trägerin der eigenen Gerichtsbarkeit. Dabei handelte es sich im wesentlichen um eine Strafgerichtsbarkeit, mittels derer auf die Einhaltung der Rechtsordnung gedrungen werden konnte und sollte. Hierüber wird in einem eigenen Kapitel noch ausführlich die Rede sein (15). An dieser Stelle soll aber bereits auf die wenigen insoweit bestehenden Spezifika der zünftlerischen Verbindungen in Krakau und Reutlingen gesondert hingewiesen werden, nicht zuletzt auch deshalb, weil hierdurch erst deren einzigartige Struktur vollständig erkennbar wird.

Die Reutlinger Artikel von 1527 (Artt. 3 und 10), aber insbesondere die Zusatzartikel von 1603 (Artt. 4 bis 9) enthalten eine Reihe von Strafvorschriften, und in ihnen ist jedesmal eine Strafe nach der Erkenntnis des Handwerkes vorgesehen. Aus dieser und ähnlichen Formulierungen (16) kann nur der Schluß gezogen werden, daß grundsätzlich die Gemeinschaft aller Reutlinger Papierhandwerker, und damit die Mitgliederversammlung, zur Entscheidung berufen war. Für Einzelfälle war hingegen eine Delegierung auf ein anderes Verbandsorgan, nämlich den Vorstand, erfolgt, und zwar ausdrücklich in Art. 5 der ursprünglichen Ordnung von 1527, der denjenigen Gesellen, der wissentlich bei einem ungelernten Meister arbeitete, mit einer Bestrafung nach der "dreier geordneten Erkanntnuss" bedrohte. Hier lag die Strafkompetenz also offenbar allein bei den drei Verordneten, wobei als Abgrenzungskriterium zu derjenigen der Zunftversammlung nur wieder die Nähe zu Belangen der Gesellen, die ja überhaupt kennzeichnend für das Tätigwerden der Gesellenverordneten war, angeführt werden kann.

Eine ähnlich dezidierte Regelung über die Gerichtsbarkeit enthält die Krakauer Ordnung nicht. Hier wird lediglich speziell die Ahndung von Streitigkeiten auf der Freisprechungsversammlung erwähnt, die von dem Vorstand entweder allein oder erforderlichenfalls unter Mitwirkung einiger Meister vorgenommen wurde. War eine Beilegung des Streites auf diesem Weg nicht erreichbar, dann sollten die örtlichen

(15) Siehe Kap. III.

(16) Vgl. etwa Art. 3 (1527): "dem gemeinen Handtwerck zu straffen", Art. 10 (1527): "bey den Peenen vnd Straffen / so ein gemein Gesellschaft für gut ansicht fürnimpt vnd bestimpt" und Artt. 4, 5, 7 (1603): "nach erkanntnus des handwerckhs"

Rechtsprechungsbehörden angerufen werden. Schließlich besaßen die Altgesellen auf den "Gesellenschenken" eine eigene Strafgewalt. Inwieweit daneben der Zunftgemeinschaft als ganze gerichtliche Aufgaben zufielen, wird aus der Ordnung nicht deutlich. Indes kann gerade mit Blick auf den Reutlinger Verband und auf das sonstige Brauchtum der Papiermacher davon ausgegangen werden, daß derartige weitere Zuständigkeiten sicherlich bestanden haben.

d) Selbstverwaltungsbefugnis

Die Papiermacherverbände in Krakau und in Reutlingen besaßen beide das Recht der Selbstverwaltung, d.h. sie konnten ihre Angelegenheiten ohne Einmischung oder gar Bevormundung durch die staatliche Obrigkeit soweit selbst regeln. Diese Befugnis ist freilich in keiner der Ordnungen ausdrücklich so festgelegt worden, sondern erschließt sich vielmehr erst aus dem Gesamtzusammenhang einer Reihe verschiedener Einzelbestimmungen.

Sichtbarstes und zugleich wesentlichstes Zeichen dieser Selbstverwaltungsbefugnis war die Innehabung einer weitgehend autonomen Gerichtsbarkeit in bezug auf diejenigen Angelegenheiten, die in irgendeiner Weise den eigenen Rechtskreis der Papierhandwerker betrafen. Auch dies wird an keiner Stelle der Ordnungen extra ausgesprochen, was sich allein daraus erklärt, daß der Besitz des Autojurisdiktionsrechtes für die Zünfte der nachmittelalterlichen Zeit bereits zu einem solch selbstverständlichen Rechtsgut geworden war (17), daß man vielfach auf eine ausdrückliche Normierung in den Zunftsatzungen verzichtete. Dies traf allemal auf einen so relativ späten Zeitraum wie das 16. Jahrhundert zu, in dem die vorliegenden Statuten aus Reutlingen und Krakau entstanden waren. Demgemäß gehen auch diese Ordnungen stillschweigend davon aus, daß den Papiererverbänden die Ausübung der Gerichtsbarkeit grundsätzlich in eigener Verantwortung zustand.

Hiergegen spricht nicht, daß man sich gelegentlich gleichwohl bewußt der Unterstützung der Obrigkeit, d.h. des Rates oder einer anderen örtlichen Behörde, bediente. Sporhan-Krempel führt einige Streitfälle der Reutlinger Papiererbruderschaft aus dem 16. Jahrhundert an, die dies dokumentieren (18). In einem Fall griff dabei der Rat auf Anzeige der Reutlinger Papierer direkt ein und belegte einen Papiermacher wegen eines Satzungsverstoßes mit Gefängnis, einer Strafe, die der Verband naturge-

---

(17) Wissell II, S. 178

(18) Sporhan-Krempel, "Reutlingen", S. 16-23

mäß nicht in der Lage war zu verhängen. In einem anderen Fall nahmen auf Bitten der Reutlinger Papierer mehrere Ratsherren an der Zunftversammlung teil, die über einen Papiermacher zu Gericht saß. Irgendwelche Mitwirkungsrechte standen ihnen hierbei laut Verbandssatzung allerdings nicht zu. Demgegenüber räumte die Krakauer Satzung ausdrücklich die Möglichkeit der Anrufung der örtlichen Gerichtsbehörden ein, und dies sogar bei rein verbandsinternen Streitigkeiten. Jedoch durfte die Obrigkeit nicht von vornherein eingeschaltet werden, sondern erst nachdem feststand, daß man selbst mit den eigenen gerichtlichen Instrumentarien nicht zu einer endgültigen Beilegung der Sache gelangen konnte. Hier war also die Ortsobrigkeit durchaus als eine Art Oberinstanz anerkannt (19), wohingegen sie von den Papiermachern Reutlingens allenfalls zur Unterstützung ihrer ansonsten streng autonomen Gerichtsbarkeit herangezogen wurde.

Zur Selbstverwaltungsbefugnis der beiden Verbände gehörte auch, daß ihnen in gewissem Umfang Satzungsautonomie zustand, die es ihnen erlaubte, für sich eigene Regeln aufzustellen. Allerdings erlangten diese erst ihre endgültige Verbindlichkeit mit obrigkeitlicher Genehmigung, was jedoch an der im Grundsatz bestehenden Rechtssetzungsbefugnis nichts änderte. Die Satzungen Reutlingens und Krakaus sind formal durch Beschluß auf einer konstituierenden Versammlung sämtlicher ihrem beabsichtigten Geltungsbereich angehörigen Papiermacher zustandegekommen, wobei aber zu berücksichtigen ist, daß diese Satzungen sicher zuvor schon weitestgehend gewohnheitsrechtlich in Übung gestanden haben werden. Es hat daher nicht eine eigentliche Rechtssetzung stattgefunden, sondern lediglich eine schriftliche Fixierung einer im wesentlichen bereits bestehenden Observanz. Die Einleitungen beider Ordnungen geben diesen Sachverhalt deutlich wieder. Die erforderliche Zustimmung zu den von den Papierern vorgelegten Ordnungen seitens der Obrigkeiten ist jeweils erteilt worden, was am Schluß der Statuten ausdrücklich vermerkt wurde (20).

Im Ergebnis als hilfreich, wenn nicht gar als notwendig für die Verwirklichung des Rechtes auf Selbstverwaltung erweist sich schließlich noch die Tatsache, daß sich beide Papiermacherverbände gemäß ihrer Ordnungen ausschließlich selbst durch Beiträge und Strafgelder ihrer Mitglieder finanzierten. Dies und das Vorhandensein eines geordneten Finanzwesens überhaupt sicherten ihnen eine weitgehende Unabhängigkeit gegenüber Einmischungen von außen.

---

(19) Vgl. insoweit auch Anm. 8 zur Krakauer Papiererordnung, von T. Schulte, in Papiergeschichte (1952), S. 40 (36)

(20) Siehe Zitate, S. 31

e) Zwangsverband

Nicht ganz zweifelsfrei läßt sich anhand der Ordnungen die Frage entscheiden, ob es sich bei den Papiermacherverbänden in Reutlingen und Krakau um Zwangsinnungen gehandelt hat. Die sich daran anschließende Frage lautet dann noch, ob und inwieweit das Attribut des Zwanges überhaupt für die Charakterisierung einer Körperschaft als Zunft erforderlich ist (21). Es ist indes nicht das Anliegen dieser Arbeit, abschließend zu der zuletzt aufgeworfenen Frage nach der Notwendigkeit der Innehabung von Zwangsrechten durch die Zünfte Stellung zu nehmen und in diese Richtung nähere Untersuchungen des Zunftwesens anzustellen. Dies würde auch den Rahmen der Arbeit sprengen. Gleichwohl soll im folgenden kurz in das Problem des Zwangscharakters der Zünfte eingeführt werden, um im Anschluß daran überhaupt fundierte Aussagen über die entsprechenden Verhältnisse des Krakauer und Reutlinger Papiererverbandes treffen zu können.

aa) Allgemeines zum Zunftzwang

Die Behandlung des sogenannten "Zunftzwanges" nimmt in den Darstellungen des Zunftwesens zwar regelmäßig einen zentralen Stellenwert ein, doch nicht immer gelangt man dabei zu einer klaren und einheitlichen Bestimmung des Inhaltes dieses Begriffes (22). Allzuviele Deutungsversuche haben sogar eine regelrechte Sprachverwirrung erzeugt, die eher dazu geeignet ist, den Kern des Problems des Zunftzwanges zu vernebeln oder gar ganz zu verdecken, als ihn genügend deutlich zu machen. Der Begriff des Zunftzwanges läßt sich nur zutreffend und zugleich verständlich erklären, wenn man dabei von vornherein seine Zielsetzung miteinbezieht, denn selbstverständlich war er nicht Selbstzweck, sondern die Zunft verfolgte mit ihm ganz bestimmte Interessen (23). Diese Interessen waren naturgemäß solche wirtschaftlicher Art, denn die Zunft war nun einmal zuallererst ein Verband von Gewerbetreibenden. Im Ergebnis war es den Zünften darum zu tun, zum einen die Stabilität ihres jeweiligen Gewerbes als ganzes zu wahren und zum anderen vor allem für ein hinlängliches Auskommen jedes einzelnen Gewerbetreibenden zu sorgen (24). Der Verwirklichung dieser Zielvorstellungen diente der Zunftzwang, der damit zunächst einmal in forma-

(21) Dafür etwa: v. Below, S. 274 f.; Merbach, S. 1, 6; dagegen etwa: Eberstadt, S. 250 ff., 253; Schmoller, S. 384 ff.

(22) So auch: Sonntag, S. 11

(23) Keutgen, S. 190; Sonntag, S. 11

(24) Ähnlich: Sonntag, S. 12; v. Loesch, Bd. I, Einl., S. 54

ler Hinsicht die rechtliche Handhabe war, mittels derer dem entsprechenden Zunftwillen die nötige Geltung verschafft werden konnte (25). Nun waren die ins Auge gefaßten Ziele aber auf vielerlei Wegen zu erreichen, mit der notwendigen Folge, daß auch der Zunftzwang nicht einheitlich ausgeübt wurde. Er trat vielmehr je nach konkret beabsichtigtem Zweck in ganz unterschiedlichen Formen auf, was sich insbesondere darin zeigte, daß die angewandten Zwangsmittel variierten. Insofern verbieten sich auch starre Erklärungsmuster etwa in dem Sinne, der Zunftzwang habe allein in einem Beitritts-, Mitgliedschafts- oder Beitragszwang bestanden (26). Dahingehende Zwangsrechte waren nur ein, wenn auch wichtiges Element des Zunftszwanges. Im übrigen war Inhalt dieser Zwangsmittel weniger, möglichst viele nur deshalb zum Eintritt in die Zunft zu bewegen, um so in den Genuß reichlicher Eintrittsgelder zu gelangen (27). Jedenfalls von seiner ursprünglichen Intention her sollte der Beitritts- bzw. Mitgliedschaftszwang aber sehr wohl zu einer Stärkung der Zunft im allgemeinen beitragen, mit dem Ziel, eine umfassende Einflußnahme auf die in dieser Weise zur Unterwerfung unter die Zunft gezwungene Handwerkerschaft ausüben zu können (28). Später trat dann zunehmend der Gedanke der Ausschließung in den Vordergrund, der sich zunächst in Verboten und vielfältigen Beschränkungen der gewerblichen Betätigung für diejenigen äußerte, die außerhalb der Zunft standen (29). Nicht selten werden derartige Maßregelungen in den Zunft- und Gewerbeordnungen auch direkt ausgesprochen. Hier ging es also primär darum, einzelne Personen vom Markt fernzuhalten. Der Beitritts- bzw. Mitgliedschaftszwang bestand dann darin, daß die Berechtigung zur Ausübung des Handwerkes zwingend von dem Eintritt in eine Zunft abhängig war. Wollte man die Zahl der Handwerker auf das gewünschte Maß be-

---

(25) Eberstadt, S. 254 f.

(26) So aber ausdrücklich: v. Loesch, Bd. I, Einl., S. 65, Fn. 1, der sogar jede andere Bedeutungsbeimessung als Sprachmißbrauch bezeichnet und alle übrigen Formen des Zunftzwanges lediglich als Wirkungen und Zwecke des Beitrittszwanges qualifiziert; ähnlich: Keutgen, S. 189 f.; vgl. ansonsten hierzu noch: v. Gierke, S. 361 f.; Neuburg, S. 110 f.; Kötzschke, S. 586 f.; Weisser, S. 118; Mickwitz, S. 160; Eberstadt, S. 250; v. Below, S. 274 ff., 281, der dem Beitrittszwang selbst nur formale Bedeutung zumißt und sämtliche darüber hinausgehende Abwehrbefugnisse als materiellen Zunftzwang bezeichnet

(27) Dies aber noch für die älteren Zünfte bejahend: v. Below, S. 281; Eberstadt, S. 253; Schmoller, S. 385, der deshalb auch treffender von einem "Steuer- und Dienstzwang" spricht; wie hier: Sonntag, S. 26

(28) v. Loesch, Bd. I, Einl. S. 65; v. Gierke, S. 362; v. Below, S. 274 f., der insoweit vor allem auf die Ausübung der Gerichtsbarkeit und die Durchführung von Warenkontrollen durch die Zünfte hinweist; vgl. auch noch: Hof, S. 80

(29) Neuburg, S. 112; Kötzschke, S. 586 f.; Hof, S. 75 ff.

schränken, so brauchte man seitens der Zunft folglich nur die Eintrittsbedingungen entsprechend zu verschärfen oder gar die Zunft ganz zu schließen (30).

Das Bestreben der Zünfte war im Endeffekt auf Ausschließung unbequemer Konkurrenz von innerhalb der Stadt ebenso wie von auswärts gerichtet, denn hiervon versprach man sich am ehesten eine Hebung der eigenen wirtschaftlichen Situation (31). Dies ließ sich aber nicht nur mit dem Mittel des Mitgliedschaftszwanges und des hiermit korrelierenden Arbeits- und Verkaufsverbotes für die Unzünftigen erreichen. Daneben standen noch weitere Zwangsmittel zu Gebote, die es gleichfalls ermöglichten, zum Nutzen der Zunftangehörigen den Zugang einzelner Warenanbieter, aber auch von Waren selbst zum städtischen Markt zu verhindern oder wenigstens zu erschweren. Derartige weitergehende Zwangsbefugnisse waren etwa Besichtigungsrechte der Zünfte hinsichtlich der zum Verkauf zuzulassenden Waren, Einfuhrverbote für fremde Waren ("Bannmeilenrecht") sowie der Ausschluß einzelner Mitbewerber von der Teilhabe an den Verkaufsplätzen auf den Märkten (32). Es spricht nichts dagegen, diese Zwangsrechte ebenfalls unter den Begriff des "Zunftzwanges" zu subsumieren. Sie waren gleichwertig neben dem Beitrittszwang stehende rechtliche Instrumentarien, die ebenso auf die Sicherung eines geregelten und gleichmäßigen Warenabsatzes im Interesse der Zunftmitglieder gerichtet waren, wobei deren jeweilige Anwendung letztlich nur von der augenblicklichen Zweckmäßigkeit abhängig war (33).

Aus all dem läßt sich aber noch nichts dafür herleiten, daß die Innehabung von Zwangsrechten auch zum Wesen einer jeden Zunft gehörte. Allerdings ist davon auszugehen, daß für die wohl überwiegende Anzahl der Zünfte zumindest der späteren Zeit jedenfalls ein Beitrittszwang bestanden hat, diese Zünfte mithin den Status

(30) Hof, S. 81, 89 ff.

(31) v. Below, S. 281 ff.; Hof, S. 81 ff. und S. 114 ff.; Neuburg, S. 112 ff.; Keutgen, S. 192; Sombart, S. 79

(32) Siehe hierzu und wegen weiterer Beschränkungen: Neuburg, S. 112 ff.; v. Below, S. 282 ff.; Schmoller, S. 384 ff.; v. Gierke, S. 362 f.; Göttmann, S. 100 ff.; Hof, S. 114 ff.

(33) So: Sonntag, S. 12, der in diesem Sinne, im Anschluß an Schmoller, S. 384 ff., 388, den Zunftzwang je nach Form und Anwendungsbereich in einen persönlichen (S. 24 ff.), einen sachlichen (S. 21 ff.), einen örtlichen (S. 63 ff.) und einen regalistischen Zunftzwang (S. 70 ff.) einteilt; ihm folgend: Ennen, S. 88 f. und Göttmann, S. 100 ff.

eines Zwangsverbandes besessen haben (34). Die Berechtigung zur Ausübung des Zunftzwanges folgte in aller Regel aber erst aus einer ausdrücklichen obrigkeitlichen Gestattung, wenn nicht zuweilen der Zunftzwang von der Obrigkeit aufgrund Rechtsgewohnheit auch stillschweigend anerkannt wurde (35). Mit der Verleihung öffentlich-rechtlicher Zwangsrechte traten die Zünfte aus dem Bereich des Privatrechts heraus und wandelten sich von einem bloßen Verein zu einer Körperschaft des öffentlichen Rechts. Dies bedeutete, daß sie nunmehr quasi hoheitlich gegenüber den Genossen und vor allem den Nichtgenossen auftreten konnten (36). Doch nicht alle Zünfte erlangten auf diese Weise einen umfassenden Zunftzwang oder Teilrechte hiervon, entweder weil sie gar nicht darum nachsuchten oder weil ihnen der Zunftzwang von der Stadtobrigkeit aus bestimmten Gründen ausdrücklich versagt bzw. nur zum Teil gewährt wurde (37). Gerade hieran zeigt sich, daß eine Zunft durchaus auch ohne die Verleihung öffentlich-rechtlicher Zwangsbefugnisse als solche bestehen und funktionieren konnte, so daß es insgesamt nicht gerechtfertigt erscheint, von dem Zunftzwang als einem unerläßlichen Wesensmerkmal der Zunft zu sprechen (38).

bb) Beitrittszwang in Reutlingen und Krakau

Unter Berücksichtigung der vorstehend erarbeiteten Erkenntnisse ist der Reutlinger Papiererverband als ein Zwangsverband zu bezeichnen. Art. 10 der Ordnung aus dem Jahre 1527 bestimmt insoweit unmißverständlich, daß ein jeder, der in Reutlingen das Papiermacherhandwerk ausüben wollte, der Gesellschaft beitreten und das Eintrittsgeld hierfür zahlen mußte. Im übrigen verpflichtete er sich damit natürlich auch, die Zunftstatuten einzuhalten. Man kann somit in Reutlingen von einem Beitritts- bzw. Mitgliedschaftszwang sprechen oder anders ausgedrückt, den Reutlinger Papierern stand die Befugnis zur Ausübung eines persönlichen Zunftzwanges gegenüber ihren Handwerkskollegen zu. Art. 10 ihrer Ordnung von 1527 drückt dies wie folgt aus: "Wölcher hie auff dem Handtwerck dienen will / der soll erstmals acht

---

(34) v. Below, S. 275; Kötzschke, S. 586; Schmoller, S. 384; Sonntag, S. 24 f.; a.A. wohl: Eberstadt, S. 251, 253

(35) So: Sonntag, S. 14; Gothein, S. 382; vgl. auch: v. Below, S. 274 und insbesondere ders., "Die Entstehung der dt. Stadtgeschichte", S. 71 ff., nach dem die Zunft "ein unter Sanktion der Gemeindegewalt errichteter Zwangsverband" ist; insoweit relativierend: v. Loesch, Bd. I, Einl., S. 56 f.

(36) Schmoller, S. 384; v. Below, S. 276; Sonntag, S. 10, 14; v. Gierke, S. 361 ff.

(37) Siehe am Beispiel Köln für die Zünfte der Lederzurichter, der Altschuhmacher und Gürtler: v. Loesch, Bd. I, Einl., S. 66 f. und Sonntag, S. 56 f.; wegen weiterer Beispiele: Eberstadt, S. 251 ff.; siehe ansonsten auch: Kötzschke, S. 587 und v. Below, S. 277, die je nach Grad des verliehenen Zunftzwanges entweder von einem "milderen" oder "schärferen" Zunftzwang sprechen

(38) So aber: v. Below, S. 274; wie hier: Eberstadt, S. 253

Pfennig in die Gesellschaft geben / vnd darzu mit seiner Trew an Ayds statt globen vnd verheissen / die Stuck vnd Artickel hierin begriffen / zuhalten / den zugeleben vnd nachzukommen bey den Peenen vnd Straffen / so ein gemein Gesellschaft für gut ansicht fürnimpt vnd bestimpt." Ergänzend hierzu verbietet noch Art. 12 (1527) die Treibung des Handwerkes all denjenigen, die die Satzung nicht einhalten, womit die mit dem Beitritts- bzw. Mitgliedschaftszwang intendierte Ausschließungstendenz zusätzlich klar zum Ausdruck gebracht wird. Wörtlich heißt es dort: "Wölcher der Ordnung nit nachkommen noch die satzung halten wölt / der soll hinweg geschickt / vnnd allhie auff dem Handtwerck zu dienen nit zugelassen werden".

In gewisser Weise widersprüchlich regelt diesen Sachverhalt die Krakauer Ordnung. Dort ist nirgends von einem Zwangsverband die Rede oder davon, daß ein jeder Papiermacher der Zunft beitreten mußte, wenn er seinem Beruf nachgehen wollte. Im Gegenteil legt die Formulierung im Zusammenhang mit der Lehrlingsfreisprechung, die den Lehrling zu einem Gesellen machte und wodurch erst die Berechtigung zur Aufnahme in die Zunft entstand, eher die Vermutung nahe, als handelte es sich in Krakau um einen freiwilligen Verband, dem sich der Geselle nur anzuschließen brauchte, wenn er es wollte. Der Neugeselle wurde nämlich lediglich von den Altgesellen "gefragt", ob er die Zunftsatzung annehmen und sie mittels Eides bekräftigen wolle. Jeder, der der Satzung zustimmte, sollte zwei polnische Groschen in die Lade geben. Dem Wortlaut zufolge scheint mithin prinzipiell ein Wahlrecht bestanden zu haben, doch deutet ansonsten nichts in der Ordnung darauf hin, daß ein Papiermacher in Krakau tatsächlich ohne weiteres sein Handwerk betreiben konnte, ohne in die Zunft einzutreten. Dies mag wohl als eine Selbstverständlichkeit gegolten haben, so daß es nicht extra in die Satzung aufgenommen worden ist. Wenn allerdings der König am Ende der Ordnung alle Papiermacher eindringlich und unter Strafandrohung zur Befolgung dieser Ordnung anhält, so gibt er damit doch immerhin mittelbar zu verstehen, daß es Ausnahmen von der Zunftzugehörigkeit gerade nicht geben sollte. Die entsprechende Stelle lautet: "Diesen Satzungen sollen Meister und Gesellen jetzt und immer sich unterwerfen; sie sollen sich ja nicht unterstehen, diese Satzungen im ganzen oder teilweise auch nur im geringsten zu übertreten oder zu verletzen, bei Strafe von 100 Goldstücken guten und richtigen Gewichtes, wovon die Hälfte in unsere Staatskasse, die andere in ihre Zunftgemeinschaft durch den Übeltäter ohne Gnade wird bezahlt und geleistet werden müssen".

f) Einzugsgebiet der Verbände und Geltungsbereich der Ordnungen

Zum Schluß der Untersuchung der Papiermacherverbände in Reutlingen und in Krakau sollen noch die Angaben über deren Einzugsgebiete weiter präzisiert werden. Damit steht dann gleichzeitig der genaue Geltungsbereich der beiden Papiermacherordnungen fest.

Die Reutlinger Ordnung äußert sich hierüber nur undeutlich. In der Einleitung findet sich zunächst nur der Hinweis, daß sich Meister und Gesellen des Papiermacherhandwerkes in Reutlingen versammelt hätten, um diese Ordnung zu beschließen (39). Genehmigt wurde die Satzung dann gem. Art. 14 Abs. 2 (1527) vom Bürgermeister und Rat der Stadt Reutlingen (40). Trotzdem waren die Zunft und ihre Statuten nicht nur auf das nähere Stadtgebiet beschränkt, sondern beanspruchten Geltung auch für einen darüber hinausgehenden örtlichen Bereich. Art. 14 Abs. 1 (1527) sagt dies eindeutig: "Es sollen auch alle die obbestimpten Artickel gehalten werden / hier zu Reütlingen vnd andersswo". Wieweit das Einzugsgebiet reichte, sagt die Ordnung indes nicht. Hierüber geben aber die "Papiererakten" des Reutlinger Stadtarchives nähere Auskunft (41). Daraus ergibt sich, daß der Reutlinger Papiererbruderschaft auch die Papierer der benachbarten Städte Urach, Rottenburg am Neckar sowie Esslingen angehörten (42). Sie waren ebenso wie die Reutlinger der Zunftordnung unterworfen, was schon daraus folgt, daß die "Papiererakten" gerade von einem langjährigen Streit berichten, der seinen Ausgang wegen eines Ordnungsverstoßes durch einen Esslinger Papierer namens Enderis Mickh genommen hatte (43). Die Reutlinger Papiermacherordnung hat somit durchaus eine gewisse regionale Verbreitung erfahren. Allerdings blieb sie auch streng auf diesen ihren unmittelbaren Geltungsbereich beschränkt. Weder schlossen sich weiter entfernt liegende Papiermühlen aus dem Umkreis von Reutlingen der Zunft an, noch fand das "Modell Reutlingen" mit seiner zünftlerisch engen Organisationsstruktur sonstwo bei den Papiermachern des deutschsprachigen Raumes eine entsprechende Nachahmung. Die Reutlinger Papierer nahmen vielmehr gegenüber ihren übrigen Kollegen eine Sonderstellung ein, die immer wieder Anlaß zu Argwohn gab. Vor allem die Abgeschlossenheit der Reutlinger Papiererschaft, die sich maßgeblich darauf gründete, daß man sich allein der eigenen Ordnung verpflichtet fühlte und insoweit das bei allen anderen Papier-

---

(39) Siehe Zitat S. 32 f.

(40) Siehe Zitat S. 31

(41) Vgl. Angaben bei: Sporhan-Krempel, "Reutlingen", S. 18

(42) Sporhan-Krempel, a.a.O., S. 18-23

(43) Ebenda

machern geltende Brauchtum weitgehend ignorierte, führte zu der ablehnenden Haltung der anderen. Die Reutlinger Papierer machten ihre Angelegenheiten stets nach ihren Regeln unter sich aus und erkannten dabei die von den außenstehenden Werkstätten reklamierte Kompetenz nicht an. Demgemäß verweigerten sie auch die Teilnahme an den diese Dinge behandelnden Konventen der übrigen Papierer, was zu immer neuen Auseinandersetzungen mit den Reutlingern führte (44).

Hinzuzufügen ist schließlich noch, daß die "Papiererakten" vom Jahre 1603 an, d.h. mit dem Datum der Zusatzartikel, nichts mehr über die Reutlinger Papiermacherzunft und deren Ordnung mitteilen. In der Tat steht daher zu vermuten, daß sich der Verband in den darauffolgenden Jahren infolge des Verschwindens der meisten ortsansässigen Papiermühlen im Laufe des 30-jährigen Krieges von selbst aufgelöst hat (45).

Die bis hierhin als Krakauer Papiermacherordnung angesprochene Zunftsatzung von 1546 war in Wahrheit eine solche mit Geltung für das gesamte Königreich Polen. Der König hatte nämlich in ihr ausdrücklich verordnet, "daß sie (die Zunftartikel) in Unserem Königreich und Unseren Besitzungen überall ... die Kraft einer verbindlichen und dauernden Satzung haben sollen". Dementsprechend waren beispielsweise laut Satzung grundsätzlich auch sämtliche polnischen Papiermacher zur Teilnahme an den Freisprechungsfeierlichkeiten verpflichtet. Indes soll es weiter bei der Bezeichnung Krakauer Papiererordnung verbleiben, wozu zunächst schon deshalb eine gewisse Berechtigung besteht, als Krakau auch den Schwerpunkt der polnischen Papierfabrikation bildete. Allein 11 der 35 polnischen Papiermühlen im 16. Jahrhundert waren in Krakau und der näheren Umgebung angesiedelt (46). Die Krakauer Papiermacherschaft umfaßte zu dieser Zeit etwa 150 Papierer (47). Im übrigen kann davon ausgegangen werden, daß auch das eigentliche Zunftleben vornehmlich in Krakau unter der Ägide der dort so zahlreich ansässigen deutschstämmigen Papiermacher stattgefunden hat. Die besondere Bedeutung Krakaus in bezug auf die Papiermacherordnung und den Verband tritt schließlich noch dadurch hervor, daß die drei am Anfang der Ordnung namentlich aufgeführten Papiermühlenbesitzer, denen hier-

---

(44) Vgl. hierzu: Sporhan-Krempel, "Reutlingen", S. 21 f.
(45) Sporhan-Krempel, a.a.O., S. 25
(46) Ptasnik, in Papiergeschichte (1953), S. 65 u. 67 (62)
(47) Karpinski, in Papier-Zeitung (1936), S. 560

durch ein lebenslanges Privileg auf Weiterbetreibung ihrer Betriebe eingeräumt wurde, sämtlich Krakauer Bürger (deutscher Herkunft) waren (48).

2. Verbindung der Papiermacher mit anderen Gewerbezünften

Es existieren eine Reihe von Nachrichten darüber, daß sich die Papiermacher einzelner Städte fachfremden Zünften angeschlossen oder wenigstens zu diesen in einem engeren Verhältnis gestanden haben. Nicht weiter behandelt werden soll an dieser Stelle allerdings die bereits eingangs dieser Arbeit angesprochene Affinität der Papierer zu den Künstlern, die vereinzelt auch zu einem Anschluß an eine Künstlervereinigung geführt haben mag (49); Gegenstand der nachfolgenden Untersuchungen sind vielmehr ausschließlich die verschiedenen Verbindungen des Papiermacherhandwerkes mit anderen Gewerbezünften.

In einer derartigen Verbindung konnten naturgemäß nur die wenigen Papiermacher in den Städten stehen, denn für alle anderen kam ein Anschluß an eine städtische Zunft von vornherein aus räumlichen Gründen schon nicht in Frage. Auffällig oft ist ein Zusammengehen der Papiermacher mit fachfremden Zünften in süddeutschen Städten zu beobachten. Dies muß indes nicht unbedingt als Hinweis auf ein entsprechendes süddeutsches Spezifikum aufgefaßt werden, sondern versteht sich einfach als eine zwangsläufige Folge der insgesamt erheblich größeren Konzentration von Papiermacherbetrieben im Süden als im Norden Deutschlands. In Ravensburg (50) etwa und ebenso in Lindau (51) gehörten die Papierer zur Schneiderzunft, während sie in Wangen (52) bei den Schuhmachern zu finden waren. In Freiburg (53) dagegen zählten sie zunächst zur Krämer- und später dann zur Gerberzunft. Verbindungen zur Krämerzunft bestanden auch in anderen Städten, so insbesondere in Basel, wo sich

---

(48) T. Schulte, in Papiergeschichte (1952), S. 38 u. 40 Anm. 2, 3, (36)

(49) So: v. Hößle, "Hl. röm. Reich", S. 5, für das Gebiet Bologna; Rudel, in Central-Blatt für deutsche Papierfabrikation (1864), S. 81

(50) Sporhan-Krempel, "Ravensburg", S. 70 ff.

(51) Sporhan-Krempel, "Lindau", S. 31 f.

(52) Sporhan-Krempel, "Wangen", S. 1622

(53) Zeltner, S. 20, 28

die Papiermacher der Krämerzunft "Zum Safran" angeschlossen hatten (54). Krämerverbindungen gab es außerdem noch in Memmingen (55), Reutlingen (56) und Heilbronn (57).

a) Verwaltungstechnische Zuordnung

Man hat sich nicht in allen der soeben aufgezählten Beispielsfälle eine vollkommene tatsächliche und rechtliche Inkorporation der Papiermacher in die unterschiedlichen Gewerbezünfte vorzustellen. Häufig sind die Namen der Papiermacher lediglich geschlossen als Anhang bei den Namen der Mitglieder der jeweiligen anderen Zunft in den städtischen Waffen- und Steuerlisten aufgeführt (58), zum Teil dann noch mit dem ausdrücklichen Zusatz in bezug auf die Papierer "nit zünfftig" (59). Soweit keine weiteren Anhaltspunkte vorhanden sind, die auf eine wirkliche Eingliederung der Papierer in die andere Zunft hindeuten, muß davon ausgegangen werden, daß es sich hierbei lediglich um eine formale verwaltungstechnische Zuordnung gehandelt hat, der sich die Papierer nicht einmal unbedingt bewußt gewesen sein müssen. Sie diente den Stadtbürokraten letztlich nur zur einfacheren und zuverlässigeren Registrierung der Papiermacher im Rahmen der Wehrerfassung und Steuererhebung (60). Dies gilt nicht zuletzt für Reutlingen, wo die Papiermacher bei den Krämern aufgeführt wurden, obwohl sie dort, wie gesehen, auch eine eigene Zunft bildeten, deren Ordnung ihnen ja sogar vom Rat bestätigt worden war. Offenbar waren die Reutlinger Papierer aber unter ihrem eigenen Verband noch nicht genügend in Erscheinung getreten, so daß man es seitens der Verwaltung einfach bei der seit jeher gehandhabten Zusammenfassung von Krämern und Papiermachern beließ.

b) Besondere Verbindung zur Krämerzunft am Beispiel Basels

Die Zuordnung zu den Krämern konnte auch Ausdruck eines besonderen Schutzverhältnisses sein, in dem sich u.a. die Papierer speziell zur Kaufmannszunft befunden

(54) Piccard, "Basel", S. 140 ff.
(55) Piccard, "Memmingen", S. 243, Fn. 22
(56) Schlieder, S. 134; v. Hößle, "Württemberg", S. 4; Sporhan-Krempel, "Lindau", S. 31 f.
(57) v. Hößle, "Württemberg", S. 4
(58) Für Ravensburg etwa: Sporhan-Krempel, "Ravensburg", S. 70 f.
(59) Zeltner, S. 22
(60) Sporhan-Krempel, "Lindau", S. 31; dies., "Wangen", S. 1622

haben. Eine solche besondere Beziehung weist etwa Voigt für verschiedene kleinere Handwerke in Trier nach, die aufgrund ihrer zu geringen Anzahl von Meistern am Ort keine eigene Zunft errichten konnten und sich statt dessen gemeinsam in einem sogenannten "Geschenkteramt" zusammenschlossen, das wiederum der Krämerzunft einverleibt, "geschenkt" war (61). Ähnlich lagen auch die Verhältnisse in anderen deutschen Städten (62), so daß es durchaus vorstellbar ist, daß derartige Beziehungen genauso zwischen Papierern und Krämern bestanden haben. Dies nicht zuletzt unter Berücksichtigung der Tatsache, daß die Papiermacher an einem Ort in aller Regel gleichfalls nicht die notwendige personelle Stärke zur Errichtung einer eigenen Zunft erreicht haben (63). Weisser zählt die Papierer deshalb auch ausdrücklich zu den "freien" Handwerkern, die keine eigene Zunft gebildet hätten (64).

Ein enges und ausgeprägtes Verhältnis der Papiermacherschaft zur Krämerzunft bestand in Basel. Die Verbindung dieser beiden Gewerbe läßt sich somit besonders gut am Beispiel der dortigen Situation beleuchten, zumal mit dem Werk von Geering (65) auf eine detaillierte Schilderung der Baseler Stadtgeschichte zurückgegriffen werden kann, die gerade auf die hier interessierenden gewerblichen Zusammenhänge maßgebliches Gewicht legt.

Die Anfänge der Papiermacherei in Basel gehen auf die erste Hälfte des 15. Jahrhunderts zurück (66). Davor war man hier ausschließlich auf den Import von Papier angewiesen gewesen (67). Dieser Import lag, wie der aller übrigen Waren auch, im wesentlichen in den Händen der Kaufleute der Zunft "Zum Safran", mit Ausnahme

(61) Voigt, S. 50 f.

(62) Vgl. Birkenmeyer, S. 36

(63) In Freiburg existierte z.B. immer nur eine Papiermühle, vgl. Zeltner, S. 20 ff.

(64) Weisser, S. 117

(65) "Handel und Industrie der Stadt Basel. Zunftwesen und Wirtschaftsgeschichte bis zum Ende des 17. Jahrhunderts", Basel, 1886

(66) Geering, S. 288, 313 ff.

(67) Geering, S. 334

nur des Handels mit Tuch, der allein der Zunft "Zum Schlüssel" zustand (68). Von Beginn der Papierfabrikation an wurden nun eine Reihe von Baseler Papierern bei der Krämerzunft "Zum Safran" aufgeführt (69), doch beileibe nicht alle. Nach einer Rechnung gehörten bis zum 16. Jahrhundert gleichbleibend etwa ein Viertel der Baseler Papiermacher der Safranzunft an (70). Der Rat hatte ihnen fakultativ den Eintritt in fünf verschiedene Zünfte angeboten, ohne sie zunächst streng einer bestimmten zuzuweisen. Sie konnten die Einzünftung genauso gut ganz ablehnen (71), was die Mehrzahl von ihnen ja auch tat. Ganz wenige waren außerdem noch in der Schlüsselzunft eingeschrieben (72).

Die Stellung der Papierer innerhalb der Safranzunft entsprach aber offenbar nicht derjenigen eines Vollmitgliedes. Im Jahre 1508 wurde ihnen z.B. vom Rat ausdrücklich die Geltendmachung des Zunftzwanges gegenüber einem Drucker untersagt (73). Doch beruhte dies zum großen Teil mit darauf, daß für die Drucker gleichfalls kein Eintrittszwang in die Safranzunft bestand (74). Darüber hinaus nahmen die Papierer auch nicht an den Unterstützungsleistungen der Armen- und Krankenkasse der Krämerzunft teil, was sich für sie vor allem seit Mitte des 16. Jahrhunderts spürbar nachteilig auswirkte. Erst als sich die wirtschaftliche Lage der Papiermacher in Basel weiter verschlechterte, ging man im Jahre 1770 von ihrer Seite an die Einrichtung einer eigenen Hilfskasse (75). Trotz allem hatten die Papiermacher für die Aufnahme

(68) Geering, S. 34, 83, 288

(69) Geering, S. 334

(70) Siehe Piccard, "Basel", S. 154

(71) Geering, S. 334; Piccard, "Basel", S. 147, der deshalb die Baseler Papierer insgesamt auch als "nicht zünftig" ansieht, eben weil die Ausübung ihres Handwerkes zumindest bis zu Beginn des 17. Jahrhunderts den Beitritt in eine der Zünfte Basels nicht notwendig voraussetzte

(72) Geering, S. 287 u. 318, nennt zwei der bedeutendsten Baseler Papiererfamilien, nämlich die der Halbisen und Gallizianen; ebenso: Piccard, "Basel", S. 147; vgl. noch Eintrittrödel für die Safran- und Schlüsselzunft bei Geering, S. 315 f.

(73) Geering, S. 334

(74) Geering, S. 334

(75) Geering, S. 540

in die Safranzunft die üblichen 4 Gulden (76) als Eintrittsgeld zu bezahlen, was natürlich die Frage nach den Beweggründen für einen solchen Zunftkauf aufwirft (77). Die Antwort hierauf ist aber wohl nicht einfach darin zu finden, daß die Papiermacher auf diese Weise das Recht auf den Verkauf der von ihnen selbst gefertigten Waren innerhalb der Stadt zu erlangen suchten (78). Dieser Erklärungsversuch muß schon deshalb scheitern, weil den Handwerkern in Basel ebenso wie in fast allen deutschen Städten ein derartiges Verkaufsrecht seit jeher als ein eigenes Recht zustand, ohne daß es dafür noch eines besonderen Beitrittes in eine Krämerzunft bedurft hätte. Dem Handel der Kaufleute kam es demnach nur zu, die Lücken zu füllen, die das Handwerk darüber hinaus noch ließ, und dies waren vornehmlich die Einfuhr und der Verkauf solcher Waren, für die es keine heimische Produktion gab (79). Freilich hat es von seiten der Krämerschaft des öfteren Bestrebungen gegeben, den Handwerkern ihr Vertriebsrecht auf ihre Eigenprodukte in einer Stadt streitig zu machen und sie ihres Vorrechtes zu entsetzen (80), doch weist die gewerbepolitische Entwicklung Basels insgesamt eher in die umgekehrte Richtung. Hier brachte es nämlich die Vormachtstellung des Handwerkes in der Zeit vom 14. bis zum 17. Jahrhundert mit sich, daß die Handwerker vermehrt in die den Kaufleuten an sich zustehenden Betätigungsfelder eindrangen. Dabei machten sich die Handwerker vor allem die auf den Verkaufsmessen herrschende Freizügigkeit zunutze und übernahmen im Zuge dessen nicht nur die Beschaffung von Roh- und Hilfsstoffen, sondern auch den gewerbsmäßigen

---

(76) Nach Piccard, "Basel", S. 147, entsprach dies umgerechnet ca. DM 800,--, heute wohl eher DM 1.000,--

(77) So mit Recht auch: Piccard, "Basel", S. 147

(78) So aber: Piccard, "Basel", S. 147 f., 155 f.

(79) Für Basel: Geering, S. 63, 138 f., 231, 340 ff., wo sich allerdings einzelne Handwerke, etwa die Leinenweber, das Verkaufsrecht auch mit den Krämern teilten (Geering, S. 251); für Trier: Voigt, S. 34 ff., 45 f.; allgemein: v. Below, S. 323 ff.; Wissell II, S. 292; Göttmann, S. 130 ff.; Herold, S. 45 u. 57; Neuburg, S. 109 f.

(80) Für Basel: Geering, S. 255 ff. und für Baden-Baden: Gothein, S. 437 f., jeweils zum Streit der Schneider mit den Krämern; für Trier: Voigt, S. 44, zum Streit der Strumpfweber mit den Krämern; allgemein: Herold, S. 57 f.

Handel mit fachverwandten Fertigwaren und schließlich sogar mit Waren aller Art (81). Weiterhin wirkte sich für die Krämer in Basel nachteilig aus, daß ihr Importgeschäft hinsichtlich einer bestimmten Ware automatisch verdrängt wurde, sobald sich ein dementsprechendes Handwerk in der Stadt neu auftat. Aufgrund der Belastung mit zusätzlichen Transportkosten vermochten die Importkaufleute ihre Waren nun nicht mehr zu einem konkurrenzfähigen Preis anzubieten (82).

Für die Handwerker Basels bestand somit jedenfalls in bezug auf die Wahrnehmung des Vertriebsrechtes für ihre Erzeugnisse innerhalb der Stadt grundsätzlich keine Veranlassung, sich neben ihrer Gewerbezunft auch noch in eine der Handelszünfte einzukaufen. Soweit eine solche Doppelzünftigkeit, die im übrigen in Basel im Gegensatz zu vielen anderen deutschen Städten statthaft war, in Einzelfällen gleichwohl bestanden hat, mußten hierfür andere Motive ausschlaggebend gewesen sein. Gewerbliche Absichten konnten hierbei, wie gesehen, lediglich insoweit eine Rolle gespielt haben, als der Handwerker eine Ausweitung seiner eigentlichen Geschäftstätigkeit anstrebte und dabei in Kollision mit Zuständigkeitsbereichen der Krämer geriet (83). Ansonsten versprachen sich die Handwerker einfach eine Besserstellung in politischer (84) und gesellschaftlich-sozialer Hinsicht (85), zu der ihnen die Doppelzünftigkeit verhelfen sollte.

Eine Doppelzünftigkeit im eigentlichen Sinne konnte bei den Papierern freilich nicht bestehen, da sie eine eigene Gewerbezunft gar nicht besessen haben. Dies ändert gleichwohl nichts an der Feststellung, daß die Safranzünftigkeit der Papierma-

---

(81) Geering, S. 51, 227 ff., 340 ff., der diesen Vorgang treffend als Erhebung der Handwerker zu "Gewerbsleuten" charakterisiert

(82) Geering, S. 138 f.; siehe auch: Bechtel, S. 159 f.

(83) Vgl. hierzu noch: Voigt, S. 51, der hinsichtlich der Einverleibung der kleineren Handwerke in das Trierer Krämeramt ("Geschenkteramt") auch darauf hinweist, daß die einzelnen Handwerker auf die Erlangung des Rechtes zur Führung eines regelrechten Kramladens mit allerhand fremden Waren vielfach sogar existenziell angewiesen waren, da sie sich von ihrer unbedeutenden handwerklichen Tätigkeit allein nicht zu ernähren vermochten. Im übrigen zeigt er auch noch eine ganz andere Tendenz auf, die vereinzelt dazu geführt hat, daß sich vor allem bessergestellte Handwerker immer mehr von der "mühseligen Art der Nahrung mit der eigenen Hände Fleiß" abwandten und sich statt dessen ausschließlich dem "bequemeren" Erwerb aus Handelstätigkeiten widmeten und auch der Krämerzunft beitraten (S. 40 f.)

(84) Geering, S. 45, der die Zugehörigkeit etwa des Papierers Heinrich Halbisen zur Safranzunft u.a. darauf zurückführt, daß dieser dadurch Ratsherr werden konnte

(85) Geering, S. 334, der dies dem Kauf der angesehenen Schlüsselzunft (neben der Safranzunft) durch die Papiererfamilie Gallizianen zugrundelegt

cher entgegen Piccard nicht im Zusammenhang mit dem Verkauf der eigenen Erzeugnisse innerhalb der Stadt gestanden haben kann, denn den Papierern war dieser Handel, ebenso wie allen anderen Baseler Handwerkern, ohne weiteres auch so zugelassen (86). Piccard stützt seine Ansicht im wesentlichen darauf, daß die beitretenden Papierer ausnahmslos Mühlenbesitzer bzw. -pächter oder Papiermachermeister gewesen seien, also alles Personen, die in irgendeiner Weise näher mit dem Warenverkauf befaßt waren (87). Indes erscheint schon diese Qualifzierung der Papierer für sich zweifelhaft und ist zudem nicht durchgängig nachvollziehbar, zumal sie des öfteren nur auf Vermutungen Piccards beruht (88). Sicher ableiten läßt sich dagegen aus den lediglich sporadisch erfolgten Zunftkäufen nur, daß der Eintritt in die Krämerzunft "Zum Safran" grundsätzlich freigestellt war. Es schlossen sich ihr daher naturgemäß auch nur solche Papiermacher an, die eine gehobene bzw. leitende Position bekleideten, einfach deshalb, weil nur diese sich den Zunftkauf überhaupt leisten konnten. Diese Feststellung allein sagt aber noch nichts über die Gründe aus, weshalb nun die arrivierteren Baseler Papiermacher die Mitgliedschaft in der Safranzunft erwarben. Tatsächlich werden sich die Motive der Papierer wohl kaum von denjenigen der übrigen safranzünftigen Handwerker Basels unterschieden haben. Den Papiermachern ging es also ebenfalls schlicht um die Erlangung einer politisch und gesellschaftlich gehobeneren Stellung in der Stadt oder konkret um eine Erweiterung oder gar gänzliche Verlagerung ihrer bisherigen Gewerbeaktivitäten in solche händlerischen Bereiche, die allein den Safranzünftigen vorbehalten waren. Überhaupt nur so erklärt sich auch die Zugehörigkeit mancher der Papiermacher zur Schlüsselzunft, der, von den Doppelzünftigen abgesehen, an sich nur Kaufleute angehörten, die mit Tuchwaren handelten (89). Die hiervon abweichende Argumentation Piccards, der von der Schlüsselzunft allgemein als einer Zunft der (Fern-) Kaufleute spricht, die der Papierer, nachdem er es zu etwas gebracht hatte, kaufte, weil er sie brauchte, ist somit in diesem Punkt schon im Ansatz nicht zutreffend (90).

---

(86) Geering, S. 230 f., der die Situation Basels insoweit mit der in Trier, Straßburg und Ulm gleichsetzt

(87) Piccard, "Basel", S. 148 ff.

(88) Siehe Piccard "Basel", S. 153 f.

(89) Geering, S. 83, 249

(90) Vgl. Piccard, "Basel", S. 147

Symptomatisch für den Gang der Entwicklung zur Krämerzünftigkeit der meisten Baseler Papierer scheint mir das Beispiel des Papiermachers Heinrich Halbisen zu sein, der als erster zu Beginn des 15. Jahrhunderts einen Papiermühlenbetrieb in Basel gründete (91). Halbisen war ursprünglich Kaufmann und trat in dieser Funktion sowohl der Schlüssel- als auch der Safranzunft bei (92). Erst später entschloß er sich dann zu der Aufnahme einer eigenen Papierfabrikation, wozu ihn zweifellos die Erwartung eines höheren Verdienstes bewogen haben wird, denn als Produzent konnte er das Papier weit günstiger anbieten, als ihm dies als Krämer über den Weg des kostenträchtigen Importes möglich war (93). Halbisen ist also seinerzeit in die Krämerzunft eingetreten, weil er Krämer war und mit importierten Waren, und zwar nicht nur mit Papier, handeln wollte. Diese Krämerzünftigkeit hat er dann später auch als Papiermacher beibehalten. Seiner Papiermühle folgten bald weitere, und deren Betreiber schlossen sich ebenfalls, soweit sie nicht schon Mitglieder waren, hauptsächlich der Safranzunft an. Hierdurch wollten sie des Schutzes und der Vorteile dieser Zunft teilhaftig werden. Als ehemalige Zunft der Papierimporteure bot sich die Safranzunft für sie besonders an, so daß sie sich mit der Zeit fast zwangsläufig auch zu einer Zunft für die Baseler Papiermacher entwickelte, jedenfalls für diejenigen von ihnen, die sich zu ihr bekannten und auch das erforderliche Eintrittsgeld hierfür aufbringen konnten (94). Konkrete Absichten sind dann mit dem Zunfteintritt wahrscheinlich gar nicht mehr unbedingt verbunden worden; wenn nicht sogar nur Prestigegründe ausschlaggebend waren, so schloß man sich der Zunft einfach deshalb an, um nicht hinter der Konkurrenz aus den eigenen Reihen zurückzustehen, und um zu verhindern, daß den anderen einseitig irgendwelche Vergünstigungen aus ihrer Mitgliedschaft erwuchsen.

Die vorstehend angestellten Überlegungen über die Gründe der Einschreibung mancher der Baseler Papierer in die Krämerzunft "Zum Safran" können natürlich nur solange Gültigkeit beanspruchen, wie nicht der Zunftbeitritt verpflichtend vorgeschrieben war. Doch genau dies trat im Jahre 1601 ein, als alle Papierer Basels für

---

(91) Geering, S. 287 ff.

(92) Geering, S. 287, Fn. 2, wonach Halbisen's Hauptzunft jedoch die Safranzunft der Krämer war

(93) Geering, S. 231 f.

(94) Vgl. Geering, S. 231 f., der dies insgesamt als eine "organische Entwicklung" bezeichnet, sich dabei jedoch nicht nur explizit auf das Papiermacherhandwerk bezieht, sondern auf alle Handwerke, für die die Safranzunft sonst noch Sammelbecken war (siehe Aufzählung S. 228)

leibzünftig erklärt wurden (95) und womit sich die freiwillige Geldzünftigkeit in eine generelle Zwangszünftigkeit umwandelte. Dies mag einerseits als Konsequenz aus der zunehmend sich verschlechternden materiellen Lage der Papierer in Basel erfolgt sein (96). Andererseits wollte man mit der obligatorischen zünftlerischen Eingliederung aber sicher ebenso der anhaltenden berufsorganisatorischen Separierung der Papierer und den sich daraus entwickelnden negativen Erscheinungen entgegenwirken (97).

c) Sonstige Verbindungen mit Gewerbezünften

In einigen Städten sind die Papierer auch Verbindungen mit anderen Gewerbezünften eingegangen. Irgendwelche zwingenden Zuordnungskriterien sind hierbei nicht ohne weiteres auszumachen. Den Papiermachern stand, wie im übrigen den meisten unzünftigen Handwerkern, die sich einer Zunft anschließen wollten, grundsätzlich frei, welcher Zunft sie beitreten wollten (98). Die Eingliederung des Freiburger Papiermachers in die Gerberzunft ab dem Jahre 1587 (zuvor wurde er in den Steuerbüchern noch bei den Krämern geführt) erklärt sich vielleicht daraus, daß dessen Papiermühle in der Nähe der Gerberwerkstätten lag und daß zudem allgemein zwischen dem Papiermacher- und Gerberhandwerk eine gewisse fachliche Verknüpfung bestand. Die Hautabfälle der Gerber dienten den Papierern nämlich u.a. zur Aufbereitung des zum Papiermachen notwendigen Leimes (99). Die Zugehörigkeit der Ravensburger Papiermacher zur Schneiderzunft beruhte wahrscheinlich einfach darauf, daß diese die größte und bedeutendste Gewerbezunft der Stadt war (100).

Es läßt sich nicht immer sicher feststellen, ob jeweils eine vollkommene Inkorporation der Papiermacher in die fremde Zunft vorgelegen hat. An sich waren derartige gemischte Zünfte in Deutschland nichts Ungewöhnliches. Zu solchen Verbindungen fanden sich nicht nur fachverwandte Handwerke zusammen, sondern es existierten auch sogenannte "buntscheckige Versammlungen aller möglichen Handwerke", wie etwa diejenigen der Hutmacher, Spinnerinnen, Bereiter, Tuchscherer, Färber, Lane-

(95) Vgl. Piccard, "Basel", S. 157, unter Hinweis auf Koelner, S. 92
(96) Siehe hierzu: Renker, S. 119
(97) Piccard, "Basel", S. 156 f.; davon im nachfolgenden Abschnitt 3.
(98) Weisser, S. 117
(99) Zeltner, S. 29
(100) Sporhan-Krempel, "Ravensberg", S. 70

rer und Schlichter in Frankfurt seit 1377 (101). Jeder Angehörige einer solchen Mischzunft war grundsätzlich vollwertiges Mitglied. Dies wird auch auf die meisten Papiermacher zugetroffen haben (102). Speziell ergibt sich dies für Ravensburg aus einer Reihe von Beschwerden der dortigen Schneider beim Rat über die Papierer im 17. Jahrhundert. Sie führten z.B. Klage darüber, daß sich die Papiererlehrjungen entgegen der Schneiderzunftsatzung nicht in die Schneiderzunft einschreiben ließen und dieser auch das Einschreibegeld nicht zahlten, wogegen die Papierer allerdings anführten, daß dies bisher nur freiwillig geschehen sei und außerdem ihren Bräuchen in anderen Städten widerspräche (103). Der Rat gab in dieser Sache den Schneidern Recht, was zeigt, daß die Papiermacher offenbar eben doch mehr als nur formal der Schneiderzunft unterstellt waren. Dies wird auch in einem weiteren Fall deutlich, in dem der Rat ebenfalls zugunsten der Schneider entschied. Hierbei ging es um den Papierer Daniel Dorn, der einen Kramladen unterhielt, obwohl dies die Schneiderzunftsatzung verbot. Dorn beugte sich schließlich dieser Satzung (104). Somit spricht einiges dafür, daß die Ravensburger Papiermacher Vollmitglieder der Schneiderzunft waren. Dasselbe trifft auf den einzigen Papierer in Freiburg zu, dem im Jahre 1587 vom Rat zur Auflage gemacht wurde, zünftig zu werden, und der daraufhin ebenso wie seine Nachfolger Mitglied der Gerberzunft wurde (105).

Die deutschen Papiermacher sind also, wie dies am Beispiel einzelner Städte gezeigt werden konnte, mancherorts durchaus "zünftig" gewesen und genossen von daher die wesentlichen Vorrechte einer Zunft, genauso wie sie in deren Pflichten eingebunden waren. Nur hat es sich dabei um Zünfte anderer Gewerbe gehandelt, sieht man von Reutlingen und Krakau einmal ab. In die fremden Gewerbezünfte waren die Papierer zwar mehr oder minder eingegliedert, aber letztlich werden sie in ihnen organisatorisch doch stets eine abgegrenzte, geschlossene Gruppe gebildet haben. Auch wenn sie den für sie fremden Zunftordnungen unterworfen waren, so ging das Bestreben der Papiermacher eher dahin, ihre Angelegenheiten möglichst außerhalb dieses Zunftrahmens selbständig für sich zu regeln (106). Eine vollkommene Vereinnahmung durch andere Gewerbezünfte ist bei den stets auf ihre Eigenarten und Einzigartigkeiten bedachten Papierer in aller Regel auf äußerste Ablehnung gestoßen. Man

(101) Siehe Angaben bei: Ennen, S. 29 f., mit weiteren Beispielen

(102) Vgl. Weisser, S. 117

(103) Zu allem: Sporhan-Krempel, "Ravensburg", S. 71 f.

(104) Sporhan-Krempel, a.a.O., S. 71

(105) Zeltner, S. 28

(106) Vgl. dazu: Weisser, S. 117

wollte sich innerhalb der Zunft immer einen gewissen Freiraum bewahren. Bezeichnend ist in diesem Zusammenhang daher eine Aussage der Ravensburger Papierer, die sie in dem soeben erwähnten Streit über das Aufdingen der Lehrjungen machten: Sie, die Papierer, verachteten zwar die Zunftvorgesetzten nicht, "wollen aber Ir sach allein haben" (107).

3. Reichsweiter, loser Verband der Papiermacher

Über die bisher geschilderten speziellen Fallgestaltungen hinaus, ist für die bei weitem überwiegende Zahl der Papiermacher im deutschsprachigen Raum eine eigentliche Zünftigkeit nicht feststellbar.

Dazu lagen für das Papiermacherhandwerk schon nicht die notwendigen äußeren Bedingungen vor. Die engen Strukturen eines körperschaftlich verfaßten Verbandes wie der Zunft konnten sich immer nur in den Zentren eines Gewerbes entwickeln, wo es eine genügende Zahl von Gewerbetreibenden gab und wo sich die Märkte befanden, auf denen die hergestellten Waren abgesetzt werden konnten. Dies waren regelmäßig die Städte. Die Papiermühlen des deutschsprachigen Raumes standen aber nur sehr selten in näherer Berührung zu den Städten. Vielmehr findet man sie zumeist abseits der Städte, einzeln über das Land verstreut, lediglich mit einer gewissen Konzentration in Süddeutschland. Die wenigen Ausnahmen bildeten so bedeutende Handelsstädte, wie etwa Nürnberg mit ca. 13 Papiermühlen während des 17. und 18. Jahrhunderts, Ravensburg mit ca. 6 Mühlen vom 15. bis 19. Jahrhundert und nicht zuletzt Reutlingen mit ca. 7 Mühlen im Laufe des 16. Jahrhunderts (108). Die Wahl der abgelegenen Standorte rührte dabei zweifellos daher, daß nur an bestimmten wenigen Orten optimale Bedingungen für die Papierproduktion herrschten, d.h. Betriebswasser in ausreichender Menge und sauberer Qualität zur Verfügung stand und der Mühlenbetrieb auch sonst mit seinen zum Teil nicht unerheblichen Lärm-, Geruchs- und Schmutzemissionen ungehindert vonstatten gehen konnte (109). Diese Vorgaben brachten es sogar häufig mit sich, daß nicht einmal unter den benachbarten Papiermühlen einer Region ein engerer persönlicher Kontakt aufrechtzuerhalten war. War unter diesen Umständen auch ein Zusammenwachsen der Papierer in einzelnen Gegenden oder gar reichsweit zu einem Verband mit zünftlerischem

(107) Sporhan-Krempel, "Ravensburg", S. 72
(108) Angaben nach: Bayerl I, S. 547-552 und Bayerl II, S. 639-674
(109) Schlieder, S. 133; Bayerl I, S. 348 ff.

Gepräge nahezu ausgeschlossen, so haben sie sich doch eine Organisation aufgebaut, die in vielem einer Zunft gleichkam und sogar zu einem vergleichsweise starken Zusammenhalt untereinander geführt hat. Dieser Verband umfaßte grundsätzlich sämtliche deutschen Papiermacher. Dementsprechend war er insgesamt auch nur lose strukturiert. Er verfügte etwa nicht über gemeinsame Organe, die für die Gemeinschaft handeln und diese vertreten konnten. Von einer Selbstverwaltung kann deshalb an sich ebenfalls nicht gesprochen werden, denn dies hätte gerade solche körperschaftlichen Einrichtungen vorausgesetzt. Nicht einmal eine eigene Kasse bzw. Lade haben die Papierer in irgendeiner Form besessen. Die Grundlage des reichsweiten Papiermacherverbandes war lediglich ein in weiten Teilen gemeinsames und einheitliches Brauchtum und eine eigene Gerichtsbarkeit, die für eine Aufrechterhaltung dieser gewohnheitsrechtlichen Ordnung sorgen sollte.

a) Regelwerk

Das verbindende Element der Papiermacher, das ihr Gewerbe nach außen überhaupt erst mehr oder minder als eine Einheit erscheinen ließ, war ihr gemeinsames Brauchtum. Dieses umfassende Regelwerk verkörperte das Recht des Papiermacherhandwerkes mit Gültigkeit für nahezu das gesamte Deutsche Reich. Es hatte lediglich insofern unbedeutende Abweichungen zu verzeichnen, als es vereinzelt gewisse spezifische Ausprägungen erfahren hat. Da es ein für die Organisation der Papierer entscheidendes Strukturmerkmal war, gilt es hierauf näher einzugehen.

aa) Papiermachergebräuche nach Aufzeichnung von Braun

Den umfassendsten Einblick in das Brauchtum der Papierer geben die von Carl Friedrich Braun, selbst Papiermacher und Meister auf der Papiermühle zu Kühnheyde "im Wolkensteinischen Amtsbezirke im Erzgebürgischen Creise" (110), um das Jahre 1796 niedergeschriebenen "Gebräuche derer Papiermacher wie solche üblich, und in K.K. auch Preußischen und übrigen Deutschen Staaten nur mündlich erhalten werden" (111). Wie bereits aus dem Titel ersichtlich wird, war dieses Brauchtum bis dahin nicht (offiziell) schriftlich niedergelegt worden, was im übrigen nach Art. 48 sogar ausdrücklich verboten war. Es handelte sich also um ein reines Gewohnheitsrecht, das durch fortlaufende mündliche Überlieferung lebendig gehalten worden ist. Es läßt sich heute nicht mehr feststellen, auf welche Zeit exakt dieses Recht zurückgeht. Aber

(110) Siehe A. Schulte, in Nachschrift zu "Gebräuchen", Stolberg, 1934, S. 47-52, hier S. 47
(111) Nachfolgend kurz "Gebräuche" genannt

schon die Reutlinger Ordnung aus dem Jahre 1527 beinhaltete eine Vielzahl von Elementen der Braun'schen "Gebräuche", wie etwa die vierjährige Lehrzeit (Art. 2), das sogenannte "Gesellengeschenk" (Art. 6 u. 7), sowie den Status des Meisterknechtes (Art. 4), und die Krakauer Ordnung von 1546 sprach bei vergleichbarem Inhalt bereits vom Zustandekommen der Ordnung durch "Gebrauch und Gewohnheit". Die Anfänge der "Gebräuche" im Sinne ihrer endgültigen Verwurzelung bei den Papiermachern reichen somit wahrscheinlich auf die Zeit des ausgehenden 15. Jahrhunderts zurück (112), dies unter Berücksichtigung auch der Tatsache, daß zu dieser Zeit überhaupt erst eine nennenswerte Anzahl von Papiermühlen in Deutschland existiert hat (113). Bis zur Niederschrift durch Braun gegen Ende des 18. Jahrhunderts sind somit annähernd 300 Jahre vergangen. Es kann daher naturgemäß nicht ausgeschlossen werden, daß im Laufe dieser Zeit einzelne Bestimmungen des Brauchtums Veränderungen etwa durch Anpassungen an neue Gegebenheiten erfahren haben. Dabei ist im übrigen auch zu berücksichtigen, daß zu der Zeit, als Braun die "Gebräuche" aufschrieb, das Handwerks- und insbesondere das Zunftwesen bereits erheblich an Bedeutung eingebüßt und im Zuge der aufkommenden Industrialisierung gegen vielfältige Schwierigkeiten anzukämpfen hatte. Dies hat seinen Niederschlag besonders auffällig bei einigen die Gesellen betreffenden Regelungen gefunden. Dennoch spiegeln die vorliegenden "Gebräuche" insgesamt die rechtliche Situation des Papiermacherhandwerkes während des hier interessierenden Zeitraumes im wesentlichen zutreffend wider. Hierüber legen unzählige überlieferte Streitfälle und sonstige Begebenheiten Zeugnis ab, die in irgendeiner Form immer wieder auf einzelne Normen des Gewohnheitsrechtes hindeuten oder darauf Bezug nehmen. Auf trotzdem bestehende leichte Verschiedenheiten, wie sie sich zwischen einzelnen Regionen, vor allem aber zwischen denjenigen Papiermachern herausgebildet hatten, die unterschiedlichen Produktionstechniken anhingen ("Glätter" - "Stampfer"), wird im weiteren jeweils noch besonders hinzuweisen sein. Anzumerken ist an dieser Stelle aber schon, daß die "Gebräuche" in den von Holland beeinflußten Gebieten (114), also mehr oder weniger im heutigen Bundesland Nordrhein-Westfalen, wohl überhaupt nicht in Übung gestanden haben (115). Ansonsten hatten die "Gebräuche" bei sämtlichen

(112) Siehe dagegen: Schlieder, S. 138, der eine Zeit schon vor 1450 annimmt

(113) Siehe Bayerl I, S. 598, der für diesen Zeitraum einen Anstieg der Mühlenzahlen von 9 im Jahre 1450 auf 114 im Jahre 1550 errechnet

(114) Die holländischen Papierer waren überhaupt nicht organisiert, siehe dazu etwa: Bergius, S. 258, auch Hinweis bei Keferstein, S. 34

(115) Vgl. A. Schulte, in Sondernummer aus Wochenblatt für Papierfabrikation (1933), S. 7 (5); Krünitz (Teil 106), S. 569

Papierern des deutschsprachigen Raumes allgemeine Gültigkeit. Jedenfalls gab Carl Friedrich Braun anläßlich einer Vernehmung in einer Papiermacherstreitsache ausdrücklich zu Protokoll, "daß diese Bräuche von denen Papiermachern in denen Sächsischen, Preußischen, Kaiserlichen und Reichslanden, wie überhaupt in ganz Deutschland auf das genaueste befolgt würden" (116).

Trotz alledem darf letztlich aber nicht jedem einzelnen Wort der Braun'schen "Gebräuche" allzu großes Gewicht beigelegt werden. Der Papiermacher Johann Ephraim Stahl beispielsweise, der vom Amt in Harste über deren Richtigkeit befragt wurde, hat zwar die große Mehrzahl, aber doch beileibe nicht alle der 48 Artikel bestätigen können (117). Zudem ist in Rechnung zu stellen, daß es Braun seinerseits mit der Einhaltung des Brauchtums offenbar nicht so genau nahm. Abgesehen davon, daß zunächst einmal nach Artikel 48 schon die Niederschrift der "Gebräuche" verboten war, befand sich Braun in der Zeit kurz nach oder vielleicht sogar schon vor ihrer schriftlichen Niederlegung aus Anlaß einer Verfehlung seines Lehrlings Carl Friedrich Decker im Streit mit anderen Papiermachermeistern, in dessen Verlauf er selbst wegen Übertretung der "Gebräuche" straffällig wurde (118). Hat Braun demnach die Papierergebräuche zwar mit seinen eigenen Worten abgefaßt und sind hierin in beschränktem Umfange sicher auch persönliche Ansichten und Erfahrungen miteingeflossen, so stellen diese dennoch vor allem wegen ihrer Detailliertheit eine unverzichtbare Quelle für die Erschließung der rechtlichen Beziehungen im Papiermacherhandwerk dar.

bb) Papiermacherordnung für Schlesien

Für die Betrachtung des Papiererbrauchtums ist eine weitere Ordnung heranzuziehen. Sie datiert aus dem Jahre 1686, doch bereitet ihre räumliche Zuordnung einige Schwierigkeiten. Eine Behandlung hat diese Ordnung meines Wissens bisher im Schrifttum nicht gefunden, lediglich Schlieder erwähnt sie kurz in seiner Disseration (119). Sie selbst gibt über ihre Provenienz unmittelbar keine Auskunft, an verschiedenen Stellen ist lediglich von "unser Innung" (Artt. 9, 17, 30), einmal sogar von "unserer Zunfft" (Art. 7) die Rede. Die Ordnung muß allerdings einen Geltungsbe-

---

(116) Siehe A. Schulte, in Nachschrift zu "Gebräuchen", Stolberg, 1934, S. 47-52, hier S. 49 f.

(117) Siehe das entsprechende Protokoll aus dem Jahre 1798, abgedruckt im Anschluß an die "Gebräuche", Stolberg, 1934, S. 35-44

(118) Vgl. A. Schulte, in Nachschrift zu "Gebräuchen", Stolberg, 1939, S. 47 f.

(119) Schlieder, S. 135

reich gehabt haben, der über einen einzigen Ort bzw. eine Stadt hinausging und zumindest regionale Ausmaße hatte. An einer Stelle der Ordnung, nämlich in Art. 29, kommt dies auch eindeutig zum Ausdruck, wenn es dort über die Beschränkung des Baus neuer Mühlen heißt: "Es soll auch hinführo keinen eine neue Mühle zuerbauen, od. einen anderm unter dem Fuß zugeben, auch keine dergleichen Stadt anzunehmen zugelaßen seyn, Er habe sich dann zum wenigsten mit 3 od. 4 Werckstädten unter Meistern und Gesellen deswegen besprochen". Aus der Tatsache, daß diese Bestimmung Bezug nimmt auf das Verhalten mehrerer Städte, läßt sich ohne weiteres schließen, daß die Ordnung Geltung eben nicht nur für eine Stadt, sondern vielmehr für eine ganze Region beanspruchte. Für die Klärung der Frage, um welche Region es sich dabei gehandelt haben könnte, ist meines Erachtens Leupold's "Theatrum machinarium molarium" aus dem Jahre 1753 hilfreich. Dort wird u.a. von Papiermachern aus Schlesien bzw. Niederschlesien berichtet, die sich dahin verbunden hätten, keine neue Papiermühle mehr zuzulassen (120). Eine solche Absprache findet sich, wie soeben gesehen, gleichfalls in Art. 29 der Ordnung aus dem Jahre 1686. Eine weitere Übereinstimmung bezieht sich auf eine andere Mitteilung im "Theatrum", wonach die schlesischen Papierer untereinander abgemacht hätten, sich bei der Anpachtung einer Papiermühle nicht gegenseitig im Preis zu überbieten (121). Art. 32 der vorliegenden Ordnung enthält ebenfalls ein solches Verbot, wenngleich hierzu einschränkend hinzugefügt werden muß, daß es derartige Maßregelungen offenbar auch bei Papiermachern anderer Regionen des Deutschen Reiches gegeben hat. Jedenfalls ergibt sich dies aus dem Protokoll aus dem Jahre 1753, das seitens der Behörden in Nürnberg von der Befragung einer Reihe von Papierern dieser Gegend über ihre Ordnung erstellt worden ist. Unter Punkt III. dieses Protokolls "Die Meister concernirend" wird das Verbot, einen anderen in der Pacht zu übersteigen, ebenfalls angeführt (122). Doch noch ein anderer Hinweis im "Theatrum" deutet auf die hier vorliegende Ordnung, nämlich der, daß alle Papiermacher Niederschlesiens der "Stampferinnung" zugetan seien (123). Die Bezeichnung "Innung" ist in den Statuten von 1686, wie schon erwähnt, häufiger anzutreffen. In Art. 28 wird außerdem zweimal das Wort "Stenff" gebraucht, wobei nicht ganz klar wird, ob dies als Synonym für die Papiermühle als ganze oder als Bezeichnung für nur eine einzelne Einrichtung hiervon verstanden wird. Die jeweiligen Formulierungen "Stenff und Mühlen erbau-

(120) Leupold (Beyer), 1. Teil, S. 97
(121) Ebenda
(122) Siehe auch Hinweise bei: Jaffé, S. 5, für das Gebiet Zweibrücken in der Pfalz
(123) Leupold (Beyer), 1. Teil, S. 97

en" und "Mühlen und Stenffbauen" lassen meines Erachtens beide Möglichkeiten zu. "Stenff" ist sicher mit dem Wort "Stampfe" identisch. Eine "Stampfe" konnte in der Papiermühle allerdings sowohl die Apparatur zur Zerkleinerung der Lumpen, als auch diejenige zum Schlagen des fertigen Papiers sein (124). Wenn aber, wie im "Theatrum", von den "Stampfern" die Rede ist, so ist herkömmlicherweise die Schlagstampfe zum Glätten des geschöpften, fertigen Papiers gemeint (125). Eine letztendliche Entscheidung darüber, ob auch Art. 28 der Ordnung von 1686 von einer "Stampfe" in diesem zuletzt genannten Sinn spricht, wird an dieser Stelle nicht möglich sein; immerhin erscheint dies nicht ganz unwahrscheinlich, so daß es sich bei der in der Ordnung des öfteren erwähnten "Innung" tatsächlich um die "Stampferinnung" gehandelt haben könnte, die auch das "Theatrum" anspricht. Mit allem Vorbehalt soll daher im folgenden die Papiererordnung von 1686 als für Schlesien bzw. Niederschlesien gültig angesehen werden.

Über das Zustandekommen dieser Ordnung ist gleichfalls nichts bekannt. Es kann allerdings davon ausgegangen werden, daß es sich dabei lediglich um eine zwischen den schlesischen Papiermachern intern aufgerichtete Satzung gehandelt hat, der eine förmliche obrigkeitliche Bestätigung versagt wurde, wenn ein derartiges Ersuchen überhaupt gestellt worden ist. Jedenfalls ist über eine Genehmigung seitens der Obrigkeit in der Ordnung selbst, wie sonst üblich, nichts ausgesagt. Es ist auch schwer vorstellbar, daß die Obrigkeit, vorliegend die schlesische Landesherrschaft, eine solch weitreichende Bindung, wie sie der schon genannte Art. 29 vorsah, durch Bekräftigung der Satzung bereitwillig eingegangen wäre. Dazu war ihr Interesse an einer möglichen Ausweitung des heimischen Gewerbes, was nicht zuletzt eine Erhöhung der Steuereinnahmen bedeutete, entsprechend der zu dieser Zeit vom Staat allenthalben verfolgten merkantilistischen Wirtschaftspolitik wohl zu groß. Dies alles änderte aber nichts daran, daß die Satzung von den Papiermachern ihres Geltungsbereiches dennoch beachtet worden ist, was schon daraus folgt, daß sie sich inhaltlich nicht grundlegend von dem allgemeingültigen Papiermacherbrauchtum unterschieden hat. Man kann allenfalls von einem in manchen Punkten den besonderen regionalen Erfordernissen angepaßten Regelwerk sprechen, welches insofern wertvolle Ergänzungen und Klarstellungen gegenüber den "Gebräuchen" liefert.

---

(124) Vgl. Bayerl I, S. 158 und 330

(125) Dies gilt auch für die Bezeichnung "stempff" in der Vereinbarung der Kaufbeurer Papierer aus dem Jahre 1586, siehe bei: Piccard, "Memmingen", S. 245

cc) Papiermacherordnung Kaiser Ferdinands III.

Der Papiermacherordnung von Kaiser Ferdinand III. vom 27. November 1656 ist an sich nur ein historischer Wert beizumessen. Die fünf Artikel umfassende Ordnung bleibt in ihren inhaltlichen Aussagen äußerst allgemein und vermag deshalb in materiell-rechtlicher Hinsicht nur wenig das Papierhandwerkswesen zu erhellen. Im übrigen ist zu bedenken, daß diese Ordnung auf Initiative lediglich eines einzigen Mannes zustandekam, nämlich des Grazer Hofbuchbinders, Hofbuchführers und später auch Hofpapiermachers Sebastian Haupt, der nicht zuletzt aus Anlaß der Aufnahme der Papiermacherlehre durch seinen Sohn um Bestätigung der Statuten durch den Kaiser bat und dieses Privileg aufgrund seiner offenbar geachteten Stellung am kaiserlichen Hofe auch erhielt (126). Dementsprechend ist Schwerpunkt dieser Ordnung die Vorsorge für eine geordnete Lehrzeit und für ein auch ansonsten gutes Ansehen des Papiererhandwerkes im allgemeinen.

Die eigentliche Bedeutung der Ordnung Ferdinands III. liegt wohl darin, daß damit den Papierern erst- und zugleich letztmalig durch Privileg von oberster Stelle, nämlich von dem Kaiser selbst, gewisse Statuten verliehen worden waren. Dadurch erlangte die Ordnung in erster Linie einen symbolhaften Charakter. Ihr tatsächlicher Geltungsbereich war dagegen begrenzt. Der Kaiser hatte sie nur für seine "Fürstenthümer und Lande", d.h. für die österreichischen Erblande, erlassen und dahin war auch allein das Ersuchen des Sebastian Haupt gegangen (127). Weisser behauptet darüber hinaus, daß dieses kaiserliche Privileg auch in Württemberg gegolten habe (128), und an verschiedenen Stellen des älteren Schrifttums findet sich der Hinweis, daß es von den sogenannten "schwäbischen Stampfern" anerkannt worden sei (129). Dies mag schon deshalb seine Richtigkeit haben, weil die kaiserliche Ordnung nur wenige allgemeine Vorschriften enthielt, die bei praktisch allen deutschen Papiermachern ohnehin gewohnheitsrechtlich in Übung standen. Von erhöhter Bedeutung war für sie nur Art. 5 der Ordnung, der den Papierern ausdrücklich für das gesamte Deutsche Reich die Ausübung der eigenen Gerichtsbarkeit bestätigte (130).

---

(126) Thiel, "Steiermark", S. 10 f.

(127) Siehe Formulierung eingangs des Kaiserlichen Privilegs:"... zur Erhaltung einer Ordnung, wie e hinführo bey ihnen Papierer, in Unsern Fürstthum und Landen solle gehalten werden"

(128) Weisser, S. 270; vgl. auch: v. Hößle, "Württemberg", S. 4; Thiel, S. 139

(129) So etwa: Wehrs, S. 414; Klewitz, in Beckmann "Beyträge" (1784), S. 400 (397)

(130) Thiel, S. 139; näheres dazu Kap. III. 1. b)

Es mag hier im weiteren offenbleiben, ob eine inhaltlich übereinstimmende Ordnung von Kaiser Leopold I. im Jahre 1697 auch den Papiermachern des Ortes Pauschendorf in der Zips erteilt worden ist (131). Eine Quelle aus dem Jahre 1756 (132) berichtet jedenfalls, daß Kaiser Karl VI. die Ordnung von 1656, nachdem sich einige böhmische Papiermacher anläßlich eines Streites auf sie berufen hätten, nicht mehr anerkannt habe, da sie dem Reichsschluß zur Abschaffung der Handwerksmißbräuche von 1731 entgegen sei (133). Diese Beurteilung wird sich aber weniger auf den Inhalt dieser Papiermacherordnung bezogen haben, der wegen seiner Allgemeinheit weitgehend unverfänglich war. Vielmehr beruhte sie wohl einfach darauf, daß sich die Papiermacher überhaupt auf eine eigene Ordnung berufen hatten.

b) Organisationszwang

Sämtliche im vorherigen Abschnitt behandelten Statuten können nicht als Verbands- bzw. Zunftsatzungen im eigentlichen Sinne angesehen werden. Besser sind sie als Berufs- und Gewerbeordnung sowie als allgemeiner Verhaltenskodex für die Papiermacher zu bezeichnen, womit sowohl den Papiermachermeistern als auch den -gesellen bestimmte Maßstäbe an die Hand gegeben wurden, an denen sie nicht nur ihr gesamtes beruflich-gewerbliches, sondern zum Teil auch privates Dasein auszurichten hatten. Das Einstehen für diese gemeinsame Ordnung verband die Papiermacher des deutschsprachigen Raumes zu einer organisatorischen Einheit. Dies war gleichzeitig aber auch das einzige wirkliche Organisationsmerkmal bei den Papiermachern. Wegen des Fehlens sonstiger Verbandsstrukturen gehörte der Organisation somit einfach schon derjenige an, der sich den Regeln unterwarf und sie einhielt. Damit erklärte er sich auch mit den mit ihnen verfolgten Zielen einverstanden und verpflichtete sich außerdem in gewissem Umfang dazu, aktiv für diese einzutreten. Die Überwachung und Überprüfung des entsprechenden Verhaltens des einzelnen erfolgte durch die organisationsinterne Gerichtsbarkeit.

Dieses Eingebundensein in die Organisation bedeutete für den Papiermacher zunächst, daß er gemäß der damaligen Terminologie als "ehrlich" galt (134). In praktischer Hinsicht jedoch verband sich damit für ihn das Recht, grundsätzlich ungehindert entweder auf einer Papiermühle zu arbeiten oder gar eine solche selbst zu betreiben.

(131) Siehe Thiel, S. 139, der aber leider hierfür keine Fundstelle angibt
(132) "Hannöversche nützliche Sammlungen", Hannover, 1756, S. 1139-1142
(133) Vgl. auch: Wehrs, S. 439
(134) Schlieder, S. 132

Gleichwohl beruhte die Zugehörigkeit zur Papiermacherorganisation prinzipiell auf dem freien Entschluß eines jeden, einen förmlichen "Zunftzwang" im engeren Sinne eines "Beitrittszwanges" hat es für die deutschen Papierer nicht gegeben. Unter Berücksichtigung des soeben Gesagten hat unter ihnen aber doch unausgesprochen ein "Organisationszwang" insofern bestanden, als die praktische Ausübung des Papiermacherhandwerkes neben und unabhängig von der Organisation, d.h. unter Nichtachtung der insoweit aufgestellten Regeln, nicht zulässig sein sollte.

aa) Innerer Organisationszwang

Die Umsetzung dieses Organisationszwanges war im Papiermachergewerbe im Vergleich zu den zünftlerisch geprägten Gewerben entscheidend erschwert. Insbesondere verfügte die Papiermacherorganisation nicht über obrigkeitlicherseits verliehene öffentlich-rechtliche, gewerbepolizeiliche Zwangsrechte, die den eigentlichen Zunftzwang ja erst ausmachten (135). Die entfernte Lage der Papiermühlen zu den Städten machte von vornherein jede dahingehende Unterstützung durch die städtischen Behörden unmöglich (136). Hinzu kam, daß als Folge der ausgeprägten Kleinstaaterei im Deutschen Reich immer nur wenige, wenn nicht gar nur einzelne der weit auseinanderwohnenden Papiermacher ein und derselben Territorial- oder Landesobrigkeit unterworfen waren.

Die Papiermacher im deutschsprachigen Raum waren mithin weitgehend auf sich gestellt. Sie haben deshalb unter sich in freier interner Übereinkunft eigene Zwangs- und Disziplinierungsmechanismen entwickelt, die sie untereinander zur Beachtung der Organisationsregeln anhalten sollten. Im weiteren soll insoweit von einem "inneren Organisationszwang" gesprochen werden (137), womit deutlich gemacht werden soll, daß die Berechtigung zur Ausübung des Zwanges allein auf der gewillkürten, wenn auch stillschweigend getroffenen Vereinbarung der Organisationsangehörigen untereinander beruhte. Es lag im Wesen dieses inneren Organisationszwanges, daß er die Gefahr der Durchbrechung in sich barg, und zwar seitens derjenigen, die sich ihm nicht unterworfen fühlten oder die ihn aus anderen Gründen bewußt mißachteten. Der innere Organisationszwang mußte infolgedessen in seiner Wirksamkeit zwangsläufig hinter dem öffentlich-rechtlichen Zunftzwang zurückbleiben. Doch

---

(135) Siehe dazu oben Kap. II. 1. e) aa)

(136) Schlieder, S. 133

(137) Vgl. auch: Ennen, S. 32 f., der bei den Zünften entsprechend von einem "inneren Zunftszwang" spricht

zeigt gerade das Beispiel des Papiermachergewerbes, daß der innere Organisationszwang unter der Voraussetzung eines starken Zusammenhaltes der Verbandsmitglieder und daraus folgend einer konsequenten und kollektiven Anwendung der Zwangsmittel durchaus ein adäquater Ersatz zu dem sonst praktizierten Zunftzwang der anderen Handwerke sein konnte.

bb) Zwangsmittel

Im wesentlichen bestand das Mittel des inneren Organisationszwanges in der gesellschaftlichen Ächtung desjenigen, der sich in irgendeiner Weise gegen die Papiermacherordnung gestellt hatte. Man bezeichnete diesen Vorgang auch als Verruf, Scheltung oder Auftreibung, was indes sachlich keinen Unterschied ausmachte. Von dem Zwangsmittel konnten sowohl Meister als auch Gesellen betroffen sein, doch verbanden sich damit für beide naturgemäß unterschiedliche Konsequenzen. Für den Meister bedeutete die Scheltung, daß er keine Lehrjungen ausbilden durfte und, was für ihn weit schwerwiegender war, daß keine Gesellen mehr bei ihm arbeiten durften, d.h. die in Arbeit stehenden mußten seine Mühle verlassen und neue durften nicht mehr zuwandern. Der Papiermühlenbetrieb wurde mithin von den Gesellen boykottiert, und da der Meister im Normalfall auf ihre Mitarbeit angewiesen war, blieb ihm in dieser Situation nichts anderes übrig, als die Mühle für die Zeit der Arbeitsverweigerung zu schließen. Für den Gesellen hatte der Verruf zur Folge, daß kein Meister ihn zur Arbeit einstellen bzw. ihn weiterbeschäftigen durfte und daß den übrigen Kollegen die Arbeit mit oder neben ihm untersagt war. Darüber hinaus wurde dem gescholtenen Gesellen das Nachtlager sowie jegliche andere Unterstützung auf den Papiermühlen verweigert. Jede Mißachtung dieser Folgen einer Auftreibung durch die anderen zog unweigerlich deren eigene Scheltung nach sich. Außerdem war für die Dauer der Anwesenheit eines Gescholtenen auf einer Mühle die Lehrzeit der Jungen ungültig. Man war also bedacht, die Ächtung umfassend anzulegen und ihre Befolgung durch möglichst viele sicherzustellen, da nur hierdurch das Zwangsmittel überhaupt wirksam werden konnte.

Die zentrale Vorschrift in den "Gebräuchen" von Braun ist insoweit Art. 28, der allerdings nur die Scheltung eines Gesellen vorsieht. An anderer, eher versteckter Stelle werden die Folgen der Verstoßung (= Scheltung) eines Meisters beiläufig angesprochen, nämlich in Art. 44 im Zusammenhang mit dem Verbot der außerehelichen Schwängerung einer Frau durch einen Meister. Eine erschöpfende Auskunft über die Auswirkungen einer Scheltung im soeben genannten Sinne gibt dagegen Art. 15 der schlesischen Ordnung.

Letztere Bestimmung richtet ebenso wie Artt. 28, 33 der "Gebräuche" an Meister und Gesellen das Verbot, einen Verstoßenen länger als 13 bzw 14 Tage entweder auf der Mühle zu behalten oder mit ihm zu arbeiten. Der Sinn der Frist scheint allerdings entgegen Piccard weniger im Schutz der wandernden Gesellen gelegen zu haben, damit sichergestellt sei, daß diese auf ihrer Wanderschaft auch eine unbescholtene Arbeitsstelle vorfänden (138). Dies war im übrigen schon deshalb nicht "auf jeden Fall" (139) so, da ein nach Ablauf der Frist zuwandernder Geselle möglicherweise doch von vornherein eine "unehrbare" Mühle betrat, wenn nämlich der Gescholtene einmal regelwidrig über diese Karenzzeit hinaus weiterbeschäftigt worden sein sollte. Folgerichtiger ist es deshalb, hierin eine Regelung zu sehen, die primär zugunsten der mittelbar von einer Scheltung Betroffenen ergangen ist. Die Zweiwochenfrist räumte nämlich zum einen dem Meister genügend Zeit ein, sich nach einem neuen Gesellen als Ersatz für den von ihm zu Entlassenden umzusehen, damit er am Ende nicht selbst der Leidtragende des Verrufes eines seiner Gesellen sein mußte. Auch den Gesellen war es innerhalb der Frist möglich, gegebenenfalls für sich einen anderen Arbeitsplatz zu suchen, soweit nicht der Gescholtene vorher die Mühle verließ. Nicht zuletzt waren die zwei Wochen aber wohl auch eine Art Gnadenfrist für den Gescholtenen selbst, der möglicherweise nicht sogleich das gesamte Strafgeld parat hatte (140) oder der sich zeitaufwendig um eine Beilegung der Scheltung bemühen mußte (141). Wegen solcher Ursachen sollten ihn nicht schon sofort die Folgen des Verrufes treffen. Im Ergebnis ausschlaggebend für die Errichtung der Zweiwochenfrist scheint mir hingegen doch der zuvorderst genannte Schutz der unbeteiligten Meister gewesen zu sein, denn müßten sie einen gescholtenen Gesellen in jedem Fall unverzüglich von der Mühle weisen, so wendete sich das Zwangsmittel in seinen wirtschaftlichen Auswirkungen letztlich gegen sie selbst, jedenfalls soweit der betreffende Geselle eine nicht so leicht ersetzbare Position innehatte. Dieser unerwünschten Nebenfolge einer Verrufserklärung sollte mit dem zeitlichen Aufschub zweifellos vorrangig begegnet werden.

---

(138) So aber: Piccard, "Memmingen", S. 244, Fn. 26

(139) Ebenda

(140) In einem solchen Fall war der Geselle nach Art. 25 der schlesischen Ordnung allerdings verpflichtet, sich das Geld zunächst bei seinem Meister zu borgen

(141) Nach Art. 16 der schlesischen Ordnung etwa mußte der Gescholtene deswegen zu der Werkstatt reisen, von der er gescholten worden war

(a) Förmliche Begründung und Kundgabe

Eine Scheltung setzte, entgegen verbreiteter Ansicht, grundsätzlich einen sie begründenden Beschluß der Belegschaft mindestens einer Mühle voraus, welcher bei den verschiedenen fest vorgeschriebenen Zusammenkünften von Meistern und Gesellen gefaßt werden konnte. Solche offiziellen Tagungen waren im Papiermachergewerbe die Lossprechung eines Lehrjungen, d.h. der sogenannte "Lehrbraten", und das aus verschiedenen Anlässen abzuhaltende "Geschenk", worauf unten noch gesondert eingegangen wird (142). Ein solchermaßen förmlich zustandegekommener Verruf wurde dann dadurch kundbar gemacht, daß er in die den anwesenden Gesellen gehörenden "Anzeichenbriefe" (bezeichnenderweise auch "Kundschaften" genannt) gesetzt wurde, mittels denen dann die Verrufserklärung durch die Wanderung der Gesellen nach außen von Mühle zu Mühle gelangte.

Die "Gebräuche" bringen diesen Ablauf unzweideutig dadurch zum Ausdruck, daß zunächst am Ende der Bestimmungen über den "Lehrbraten" (Art. 14) und das "Geschenk" (Art. 21) nahezu übereinstimmend gesagt wird: "Alsdann (nach Abhaltung des "Lehrbratens" bzw. "Geschenkes") werden die Anzeichen-Briefe vorgenommen, diejenigen welche ihre Sache ausgemacht haben, werden ausgestrichen, und andere, die das Anzeichnen verdienet haben, und nicht zugegen sind, werden angezeichnet." Aus der räumlichen Zuordnung dieser Regelungen zu denjenigen über die Zusammenkünfte auf einer Mühle kann vernünftigerweise nur geschlossen werden, daß das Anzeichnen, also das Schelten, auch der Zustimmung dieses Gremiums bedurfte. Freilich wird diese Zustimmung nicht in jedem Einzelfall ausdrücklich, sondern gewöhnlich einfach durch fehlenden Widerspruch festgestellt worden sein. Einen herausgehobenen Rang bei der Begründung eines Verrufes nahmen nach Art. 37 der "Gebräuche" die fremden, zugewanderten Gesellen auf einer Mühle ein. Sie konnten, jedenfalls soweit man diese Vorschrift wörtlich nimmt, der Mühle insgesamt aus eigener Machtvollkommenheit eine Scheltung beibringen, indem sie sie nämlich schlicht verließen, ohne einen förmlichen Abschied zu nehmen. Im übrigen kam ihrer Stimme auf den verschiedenen Mühlenversammlungen nach Art. 38 generell das Gewicht einer "vollgültigen Werkstatt" zu, so daß der Ausgang der Verhandlungen über eine Scheltung nicht zuletzt maßgeblich von ihrem Abstimmungsverhalten abhing. Nach Art. 14 der schlesischen Ordnung erfolgte die Scheltung ebenfalls auf Anzeige in einem "Geschenk", allerdings ausdrücklich nur, wenn wichtige Ursachen

---

(142) Siehe Kap. II. 3. d) aa)

hierfür vorlagen. Hinsichtlich der förmlichen Begründung einer Verrufserklärung gilt hier ansonsten zum soeben Gesagten nichts Abweichendes.

Mit der Bestimmung über die Begründung des Zwangsmittels in Art. 14 der Ordnung Schlesiens korrespondiert diejenige über die Beseitigung und Außerkraftsetzung der Auftreibung in Art. 16. Auch dies konnte folgerichtig nur im Rahmen einer Werkstattversammlung erfolgen, d.h. der Gescholtene hatte zu der Mühle, die über seine Scheltung befunden hatte, zurückzukehren und sich dort in Anwesenheit der Meister und Gesellen mit dem Anzeigenden zu vergleichen, was im Regelfall dergestalt geschah, daß er der von der Versammlung auferlegten Strafe nachkam. Mit dieser Regelung wurde sichergestellt, daß die den Verruf erklärende Werkstatt bis zur Beendigung des Streites die Kontrolle über das gesamte Verfahren behielt und hierauf kraft ihrer Position als nicht unmittelbar selbst Betroffene nötigenfalls auch schlichtend einwirken konnte. Im Gegensatz hierzu fiel die Aufgabe des Streitschlichters nach Art. 33 Abs. 4 der "Gebräuche" einer sogenannten "unparteyischen Werkstatt" zu. Diese wurde allerdings von dem Gescholtenen selbst bestimmt, der die Werkstatt auch für sich anging, um dort sein Recht zu suchen. Gab sie ihm Recht, so lag es nun an der Gegenseite, sich ihrerseits eine unparteiische Werkstatt zu suchen, die über die Rechtmäßigkeit der Scheltung befinden sollte. Wie Art. 33 Abs. 6 der "Gebräuche" andeutet, war diese Verfahrensweise eher dazu geeignet, den Streit in die Länge zu ziehen, als ihn schnell und wirksam zu einem Ende zu bringen. Der erkennbare Grund hierfür war, daß jede Seite unabhängig voneinander eine Werkstatt einschalten konnte, die ihr zu ihrem Recht verhelfen sollte. Wenn die "Gebräuche" dabei jeweils von einer unparteiischen Werkstatt sprechen, so entsprach dies tatsächlich wohl kaum den wahren Gegebenheiten. Demgegenüber hatte die Konzentration des Streitschlichtungsverfahrens von vornherein auf eine Papiermühle in Art. 16 der schlesischen Ordnung insgesamt den Vorteil höherer Effektivität auf ihrer Seite.

Die wahren Träger des Systems der Scheltung waren letztlich die Gesellen, speziell diejenigen, die sich auf Wanderschaft befanden. Ihnen kam die eigentliche Inkraftsetzung der Verrufserklärung zu, indem sie sie auf den Papiermühlen verbreiteten, anderen Gesellen mit in deren Anzeichenbriefe gaben und sie letztlich auch gegenüber dem Betroffenen aussprachen. Erst mit dieser Kundgabe nach außen wurde die Scheltung tatsächlich wirksam, denn nur bei einer gewissen Publizität konnten sich die für das Funktionieren dieses Disziplinierungsmittels notwendigen kollektiven Verhaltensweisen entwickeln. Äußerlich für alle sichtbar gemacht wurde die Scheltung durch Vorenthalten des sonst obligaten Handwerksgrußes. Diesen gesamten

Verfahrensablauf stellt Art. 19 der "Gebräuche" im Zusammenhang mit der Scheltung eines Neugesellen wegen Nichtzahlung der Unkosten seines "Lehrbratens" dar: "Trifft die Zahlung nicht zu gesetzter Zeit ein, so zeichnet ihn sein Lehrherr bei einem Geschenk, oder Lehrbraten an, und er wird bey aller Gelegenheit einem jeden Gesellen auf seinen Anzeichen-Brief geben, bis ihn einer antrifft, der ihn auf den Anzeichen-Brief hat; da wird er getrieben, d.h. der Gruß wird aufgehalten, es heißt auch gescholten". Die geschilderte exekutive Funktion der wandernden Gesellen macht auch folgende Formulierung in Art. 33 Abs. 3 der "Gebräuche" deutlich: "Haben nun ganze Werkstätte oder auch einzelne Glieder, etwas wider einander, so lassen sie durch die fremden Gesellen einander den Gruß aufhalten das heißt: getrieben; oder es hat ein fremder Geselle eine ganze Werkstatt, oder einzelne Glieder derselben auf den Anzeichen-Brief, so muß er, vermöge des Anzeichnens, den Gruß aufhalten oder treiben".

Die Rechtswirklichkeit der damaligen Zeit wird freilich nicht immer zwischen förmlicher Begründung auf der einen und Kundgabe bzw. Ausspruch der Scheltung auf der anderen Seite streng differenziert haben. Hierfür war sicher mit ein Grund, daß das Brauchtum nur in mündlich überlieferter Form existent war, was gerade in Einzelfragen viele Unklarheiten hervorrief. Andererseits war dieses Brauchtum unter den Papierern aber auch wieder sehr lebendig, mit der Folge, daß man es jeweils aufgrund momentaner Gegebenheiten nach eigenem Gutdünken anwandte, ohne sich dabei umständlich noch mit Systemfragen auseinanderzusetzen. In der Praxis kam es daher häufig vor, daß ein einzelner, sei er Meister oder Geselle, in eigener Zuständigkeit willkürlich die Scheltung über einen persönlichen Widersacher aussprach, ohne daß sich hiergegen irgendwelche Einwände erhoben hätten (143). Leider schlägt sich dies nur zu oft auch in den Überlieferungen der unzähligen Papiererscheltsachen nieder, und sogar das einschlägige Schrifttum hierzu bringt insoweit

(143) Lediglich Art. 19 der schlesischen Ordnung wandte sich gegen diese Praxis, indem er ausdrücklich das Schelten aus Haß oder geringer Ursachen wegen verbot und den Schelter selbst mit Strafe bedrohte und ihn zum Schadensersatz wegen der dem Gescholtenen deshalb zu Unrecht entstandenen Unkosten verpflichtete. Von Staats wegen versuchte man gleichfalls dieser immer mehr eingerissenen Praxis innerhalb der gesamten Handwerkerschaft entgegenzusteuern. Abschnitt V. des Reichsabschiedes zur Abstellung der Handwerksmißbräuche von 1731 verordnete etwa, daß anstelle der willkürlichen, eigenmächtigen Scheltungen, Beschimpfungen und Schmähungen die Entscheidung der Obrigkeit einzuholen sei, vgl. Proesler, Anhang C., S. 54-70, hier 59 f.

nicht immer die gewünschte Klarheit. Ein zusätzlicher Rückgriff auf dieses Material würde somit fruchtlos bleiben und kann deshalb hier unterbleiben (144).

(b) Inhalt und Zielrichtung

Das Institut der Scheltung war in vergleichbarer Form außer im Papiermachergewerbe so gut wie in allen übrigen Handwerken bekannt und stand dort ebenfalls in Übung (145). Hier wie dort wurde dieses Mittel jedoch nicht einheitlich, mit nur einer Zielrichtung angewandt, sondern diente mehreren nicht immer deutlich voneinander zu unterscheidenden Zwecken. Dementsprechend waren auch sein eigentlicher Inhalt und seine rechtliche Ausgestaltung weitgehend verwischt. Auch hier gilt wieder, daß die papiergeschichtliche Literatur nur in sehr beschränktem Maße Aufklärung bringt, da insoweit differenzierende Darstellungen des nachfolgend behandelten Fragenkomplexes fehlen.

Das Schelten, Auftreiben oder die Verrufserklärung mit der Auswirkung des Boykotts und der Ausgrenzung des Betroffenen aus der Gemeinschaft der anderen waren an sich Zwangsmaßnahmen, die die Befolgung und nötigenfalls Vollstreckung einer zuvor von seiten der Organisation erlassenen Maßnahme oder Anordnung sichern sollten. In aller Regel hat es sich dabei um eine wegen irgendeines Fehlverhaltens verhängte Strafe gehandelt, die ausschließlich eine Geldstrafe gewesen ist, und zu deren Bezahlung der Delinquent durch Zwangsausübung angehalten werden sollte. Ansonsten kam die Anwendung von Zwangsmitteln auch zur Beitreibung anderer Zahlungsverpflichtungen in Betracht (146), wie überhaupt auf diese Weise die Einhaltung jeglicher Verhaltenspflichten erzwungen werden konnte. Gerade mit Blick auf letzteres ist leicht vorstellbar, daß die Zwangsmechanismen nicht immer unbedingt nur in den Dienst der Organisation gestellt, sondern vielfach auch zur Verfolgung persönlicher Interessen einzelner oder mehrerer Papierer angewandt worden sind. Zu denken ist hier insbesondere an das kollektive "Aus der Arbeit Treten" der Gesellenschaft einer Papiermühle, das nicht selten einzig zur Erreichung rein innerbetrieblicher Zwecke erfolgt ist. Von ihrer eigentlichen Konzeption her waren die Zwangsmaßnahmen aber im zuvor genannten Sinn Vollstreckungs- und Beugezwangsmittel bzw. allgemeine Disziplinierungszwangsmittel, mit denen die Organisa-

---

(144) Vgl. nur die Schilderungen verschiedener Papiererscheltsachen von: Boesch, in Papier-Zeitung (1891), S. 1477 ff.; A. Schulte, in Sondernr. aus Wochenblatt für Papierfabrikation (1935), S. 41 ff.; ders., in Der Altenburger Papierer (1934) S. 228 ff.; allgemein: Wissell II, S. 226

(145) Vgl. Wissell II, S. 222 ff.; Fricke, S. 48

(146) Vgl. etwa Art. 19 der "Gebräuche" bezüglich der Bezahlung des sogenannten "Lehrbratens"

tion ihrem Willen Geltung verschaffen konnte. Von ihnen ging der innere Organisationszwang aus, denn indem die Organisation den einzelnen Papierer mit Hilfe dieser Instrumentarien dazu anhielt, den aus dem Brauchtum selbst fließenden, zusätzlich strafbewehrten Anordnungen entweder unmittelbar Folge zu leisten oder aber die zuerkannten Strafen im Falle der Zuwiderhandlung zu erfüllen, war die umfassende Gewähr für die Unterwerfung unter die Organisationsregeln geschaffen, und dies war wiederum, wie bereits festgestellt, das über die Zugehörigkeit zu dem losen Papiererverband letztlich allein bestimmende Kriterium (147). Die Strafen als solche waren dagegen nicht die eigentlichen Mittel, die Einhaltung der gemeinsamen Ordnung zu erzwingen (148). Mit der Strafe wurde primär lediglich der begangene Regelverstoß repressiv geahndet, d.h. dem Abweichler wurde damit das Ausmaß seiner Verfehlung nachträglich spürbar deutlich gemacht. Zuzugeben ist allenfalls, daß die jeder Strafe immanente Präventivwirkung geeignet war, den Delinquenten für die Zukunft von weiteren Ordnungsverstößen abzuhalten und generell auch andere zur Beachtung der Regeln anzuhalten. Doch vermochte eine Strafe überhaupt nur Wirkungen zu entfalten, wenn gleichzeitig für ihren Vollzug gesorgt war, was notfalls auch zwangsweise geschehen können mußte. Andernfalls bestand nämlich weder für den Bestraften selbst noch für irgendjemanden sonst Veranlassung, dem Strafausspruch Beachtung zu schenken. Den erforderlichen Zwang hierzu löste einzig die Scheltung aus. Dieses Instrumentarium ist daher das für die Papiermacherorganisation insgesamt bedeutsamere Zwangsmittel gewesen.

Die unterschiedlichen Ausschließungswirkungen, die eine Scheltung für Meister und Gesellen in beruflicher Hinsicht zeitigte, wurden zu Anfang bereits genannt. Gerade die empfindlichen wirtschaftlichen Konsequenzen für den einzelnen Papiermacher, und hier vor allem für den Meister, dessen Betrieb unter Umständen ja vollständig zum Stillstand kommen konnte, waren überaus geeignet, den notwendigen Zwang zur Bewirkung der mit der Scheltung beabsichtigten Ziele auszuüben. Doch darf dabei der Gesichtspunkt des Rechtsverlustes, der überdies mit einer Scheltung einherging, nicht ganz außer Acht gelassen werden. Ein Gescholtener büßte nämlich nicht nur vorübergehend seinen Verdienst ein, er ging auch seiner Rechte innerhalb der Organisation verlustig, was für ihn z.B. konkret bedeutete, daß er fortan nicht mehr an den gemeinsamen offiziellen Zusammenkünften teilnehmen durfte. Erst damit war die gesellschaftliche Ächtung vollkommen und stellte den von ihr betrof-

(147) Siehe Kap. II. 3. b)
(148) So offenbar aber: Schlieder, S. 133

fenen Papierer gänzlich außerhalb der Gemeinschaft der anderen. Die eigentliche Tragweite lag für den Papiermacher aber letztlich nicht einmal darin, sondern gravierender war für ihn nach seinem Selbstverständnis der Ehrverlust, der gleichfalls zwangsläufig mit jedem Verruf verbunden war. Für die Handwerker waren Recht und Ehre unlösbar miteinander verknüpft, in der Weise, daß nur der Ehrbare im vollkommenen Besitz der Rechte sein konnte (149). Dementsprechend war das Recht der Handwerker, verkörpert in ihren Gebräuchen und Ordnungen, im wesentlichen auch darauf gerichtet, die sogenannte "Handwerksehre" zu bestimmen und für ihre Einhaltung zu sorgen. Die "Ehrbarkeit" stellte damit den entscheidenden Maßstab für jegliches Verhalten der Handwerker dar, und hierin unterschieden sich die Papierhandwerker von den anderen in keiner Weise. Ein Papierer galt ebenfalls nur dann als "ehrlich", wenn er den insoweit aufgestellten Regeln seines Gewerbes nachlebte und sie respektierte (150). Tat er dies nicht, so wurde er gescholten und damit ehr- und rechtlos gestellt, während er umgekehrt im Falle des Wohlverhaltens in bezug auf die Organisationsregeln sämtlicher Rechte innerhalb der Organisation mitsamt des Arbeitsrechtes teilhaftig werden konnte. Hieran wird erneut der Organisationszwang deutlich, der von der Scheltung und der damit verbundenen gesellschaftlichen Ächtung auf den Papiermacher ausging.

Sollte die Scheltung ihrem wahren Zweck als Beuge- und Disziplinierungszwangsmittel gerecht werden, mußten die mit ihr verbundenen Auswirkungen für den Fall des Nachgebens reversibel sein, denn andernfalls fehlte der nötige Anreiz, sich der Verrufserklärung zu beugen. Bezahlte der Gescholtene also seine Strafe oder entsprach er dem sonst an ihn gestellten Ansinnen, so erlangte er seine "Ehrbarkeit" in vollem Umfange zurück. Sein Ansehen war damit wieder hergestellt, und er konnte weiterarbeiten wie bisher. In diesem Sinne bestimmt Art. 19 der "Gebräuche" hinsichtlich der Bezahlung der Lehrbratenkosten: "... bezahlt er nicht, so muß ihn sein Herr oder Meister, bey dem er arbeitet Feyerabend geben, und bleibt so lange ungültig und verstoßen, bis er bezahlt".

Zweckmäßigerweise wurde der Verruf nahezu ausnahmslos zusammen mit der zu vollstreckenden Strafe oder Verpflichtung beschlossen. Dem Delinquenten wurden damit sogleich die Folgen einer Nichtachtung vor Augen geführt. Unmittelbare

(149) Wissell I, S. 146

(150) So ermahnt etwa Art. 7 der schlesischen Ordnung zur Einhaltung der Regeln, falls der Betreffende weiterhin "unsere Handtwercksgewohnheit mithalten und in unserer Zunfft ehrlich angesehen seyn" wollte

Nachteile erwuchsen ihm aus dieser Verbindung in einem Ausspruch wegen der zweiwöchigen Hemmfrist der Artt. 28, 33 der "Gebräuche" und des Art. 15 der schlesischen Ordnung nicht. Kam der Betreffende dem geforderten Verhalten innerhalb dieser Frist nach, so traten die Verrufswirkungen erst gar nicht in Kraft und an seiner Stellung änderte sich nichts. Ließ er sie dagegen tatenlos verstreichen, so zeitigte dies für ihn nicht nur die Verrufsfolgen, sondern zusätzlich mußte er noch für jede weitere Woche, die verging, ein sogenanntes "Scheltwort" erlegen, d.h. einen bestimmten Geldbetrag entrichten. Die gleiche Verpflichtung traf im übrigen gem. Artt. 28, 33 der "Gebräuche" auch diejenigen Meister und Gesellen, die verbotenerweise einen Gescholtenen entweder weiterbeschäftigten oder mit ihm weiterarbeiteten. In Abweichung hierzu sah Art. 5 der Reutlinger Ordnung von 1603 dagegen für den Fall der Nichtachtung einer zuerkannten Strafe eine Strafverdoppelung vor.

Über die gesellschaftliche Ächtung hinaus sind nun auch einschneidendere Disziplinierungsmaßnahmen vorstellbar, mit denen der einzelne Papiermacher unter Umständen sogar noch wirkungsvoller unter den Willen der Organisation gebeugt werden konnte. Insoweit wäre etwa die gewaltsame Schließung der Werkstatt oder die Versiegelung des Werkszeuges ebenso in Frage gekommen, wie in krassen Fällen die Vernichtung oder Einziehung des gefertigen Papiers. Dies waren in vergleichbarer Form bei anderen Handwerken durchaus praktizierte Zwangsmaßnahmen (151). Die Anwendung solcher weitreichenden Maßnahmen war indes nur unter der Bedingung möglich, daß die jeweilige Korporation entweder über eine übergeordnete, öffentliche Polizeigewalt selbst verfügte oder wenigstens auf eine entsprechende Unterstützung der Obrigkeit zurückgreifen konnte (152). Dies traf auf die städtischen Zünfte, wie gesehen, regelmäßig zu, wohingegen es dem Papiermachergewerbe dafür an den erforderlichen Voraussetzungen mangelte. Aus diesem Grund blieben die Papiermacher notgedrungen auf das rein organisationsinterne Zwangsmittel der einfachen Scheltung beschränkt.

Das Zusammenwirken von Strafe und Scheltung im soeben geschilderten Sinne ist von den damaligen Zeitgenossen wahrscheinlich nicht immer so gesehen worden. Nichts Ungewöhnliches war es deshalb, daß einer zuerst einmal gescholten wurde, um dann erst im nachhinein eine Geldstrafe für ihn festzusetzen(153). Man hat dies auch

(151) v. Loesch, Bd. I, Einl., S. 66; Wissell II, S. 222f., 238, demzufolge in anderen Handwerken hierfür die Bezeichnungen "Handwerk legen", "Hammer legen", "kalt legen" usw. üblich waren

(152) Wissell II, S. 183

(153) Dafür, daß dies durchaus der Praxis entsprach, spricht etwa die Formulierung von Wehrs, S. 428: "Wenn bei einem Zank einer gescholtenen wird, so wird er, der Gescholtene, bestraft."

nicht einmal unbedingt als systemwidrig anzusehen, denn selbst bei einer derartigen Anwendung der Scheltung änderte sich an ihrer eigentlichen Zielrichtung, nämlich Disziplinierungszwangsmittel zu sein, im Grunde nichts. Nun wurde zwar nicht unmittelbar die Bezahlung einer Strafe erzwungen, mit der Verrufserklärung brachte man aber den Angeschuldigten doch dazu, sich seinen Richtern zu stellen und deren noch zu fällenden Strafausspruch anzunehmen. So haben dies offenbar auch die Verfasser der Ordnung Schlesiens aufgefaßt, wenn es dort in Art. 16 über den von einer Scheltung betroffenen Papierer heißt, daß er "sich in Beyseyn der anwesenden Meister und Gesellen mit dem Schelter vergleichen, (und) die Straffe welche Sie ihm aufferlegen werden, willig erlegen" müsse.

Über das bisher Gesagte hinausgehend nahm die Scheltung häufig auch den Charakter einer direkten Strafe an, dies jedenfalls in den Fällen, in denen die Ausschlußwirkungen der Ächtung nicht mehr nur vorübergehender Natur waren, sondern für endgültig und irreversibel erklärt wurden. Der Betroffene blieb damit für immer aus der Organisation ausgeschlossen, was gleichbedeutend mit einem dauernden Berufsverbot war. Freilich mußte eine derartige Verstoßung nicht unbedingt für alle Zeiten Bestand haben. Sie konnte durchaus auch wieder rückgängig gemacht werden, nämlich dann, wenn der so Bestrafte mit der Organisation wieder ins reine kam. Dies konnte natürlich einmal bei nachträglich sich herausstellender Unschuld der Fall sein, erforderte aber in aller Regel eine beträchtliche Abfindungszahlung, mit der die Verstoßung im nachhinein praktisch in eine Geldstrafe umgewandelt wurde.

Allgemein gesprochen war die endgültige Verstoßung aus der Organisation nach den "Gebräuchen" und der schlesischen Ordnung als härteste Strafe für solche Delikte vorgesehen, die mit einer Geldbuße allein nicht abgegolten werden sollten oder konnten. Hierzu heißt es in Art. 46 der "Gebräuche": "Alle diese Gebräuche müssen von Meister und Gesellen gehalten werden, wer dawider handelt wird abgestraft, was aber nicht zu bestrafen ist, wird verstoßen." Insbesondere Verfehlungen sittlich-moralischer Art zogen zumeist obligatorisch die Verstoßung aus der Organisation nach sich. So bestimmten etwa die "Gebräuche" in Artt. 24 und 46, daß der Ehebrecher verstoßen sei. Auch der außereheliche Geschlechtsverkehr wurde nach Artt. 25 und 44 in gleicher Weise geahndet, allerdings erst beim vierten Mal, davor war jeweils eine Geldstrafe vorgesehen. Schließlich war nach Artt. 6 und 22 noch der Diebstahl und nach Art. 48 die Denunzierung der "Gebräuche" mit der Strafe der Verstoßung belegt. Der schlesischen Ordnung zufolge war zunächst gem. Art. 10 die Verheiratung mit einer unehrlichen Witwe oder Jungfrau und gem. Art. 30 der unzulässige Neubau einer Papiermühle mit dem Verstoß aus der Innung bedroht. In den Fällen des Diebstahls, des Mordes, der Hurerei und ähnlicher Taten kam diese Strafe nach Art. 9 erst in Betracht, falls sich der Delinquent weigern sollte, sich bereitwillig einer anderen zuerkannten Strafe zu unterwerfen. Außerdem sollte ein Meister nach Art. 17 in all den Fällen verstoßen sein, in denen er trotz Scheltung wiederholt nicht sogleich zum Nachgeben bereit war. Dasselbe sollte nach Art. 27 auch auf denjenigen zutreffen, der zum wiederholten Male einem Meister dessen Gesellen abgeworben hatte.

cc) Einzelne Papiermacherscheltsachen

Einige wenige, aber bezeichnende Papiermacherscheltsachen mögen nunmehr das Vorstehende veranschaulichen. Sie geben insbesondere beredte Auskunft darüber, inwieweit der verschiedentlich angewandte Disziplinierungszwang bei den Adressaten tatsächlich Wirkung gezeigt hat, was gleichzeitig auf seine Bedeutung für die Papiermacherorganisation hinweist.

Im Jahre 1573 beschwert sich z.B. der Memminger Papiermacher Hans Schreglin über seinen Kollegen Martin Mair in Kempten, daß dieser widerrechtlich das ihm allein als Papierzeichen vorbehaltene Memminger Stadtwappen benutze, worauf Mair entgegnet, daß dies zwar stimme, er aber nicht geglaubt habe, daß Schreglin dadurch ein Schaden entstünde. Sodann klagt er seinerseits den Memminger an und bringt vor, daß dieser unbefugt ein mit dem Kemptener Zeichen verwechselbares Wasserzeichen in seinen Papieren gebrauche. Der Streit zieht sich bis zum Jahre 1586 hin, währenddessen es zu gegenseitigen Verrufserklärungen der beteiligten Papiermühlen kommt. Hierin werden laufend auch umliegende Betriebe mit hineingezogen, weil sie die von den gescholtenen Mühlen abgegangenen Gesellen förderten, d.h. in Arbeit nahmen, dadurch selbst in Verruf gerieten und so gleichfalls ihre Gesellen verloren und keine von außerhalb mehr dazubekamen. Der diesen Streit schließlich beilegende Schiedsspruch ist Teil der an anderer Stelle noch ausführlicher zu behandelnden Kaufbeurer Vereinbarung aus dem Jahre 1586 (154). Darin wird zunächst über die Folgen der wechselseitigen "Schelt- und Schmachreden" festgestellt, daß "dadurch dann nit allein inen den Kemptischen maistern, sondern auch andern umbliegenden erbarn pappyrmüllinen wegen befürderung der gesellen allerhand abgang, costen und nachtheil entstanden, welches umbligenden pappyrmüllinen und

---

(154) Siehe dazu den nachfolgenden Abschnitt c)

maistern lenger zu gedulden ... nicht wol thonlich und verantwortlich fallen wöllen". Weiter wird dann gesagt, daß man sich deshalb in Kaufbeuren versammelt und nach Anhörung aller Beteiligten beschlossen habe, daß bis zur Entscheidung des Reichskammergerichtes alle Uneinigkeiten ruhen sollten, und daß beiden Seiten zugestanden sei, ihr Papier vorerst in der bisher geübten Weise weiter zu verfertigen (155). Die gegenseitigen Scheltungen mit ihren für alle schädlichen Auswirkungen hatten somit immerhin zu diesem vorläufigen, gütlichen Abschluß der Sache beigetragen. Freilich macht dieser Fall letztendlich aber auch die nur begrenzte Wirkung des organisationsinternen Instrumentes der Scheltung deutlich. Es dauerte nicht weniger als 13 Jahre, bis man erst der gegenseitigen Angriffe soweit überdrüssig wurde, daß man endlich an eine Beilegung des Streites ging. Offenbar konnten die in Verruf geratenen Beteiligten bis dahin mit ihrer Situation ganz gut auskommen.

In Ravensburg verfiel gegen Ende des 17. Jahrhunderts ein Papiermacher namens Johannes Aicham schon aus einem vergleichsweise so belanglosen Grund bei seinen Kollegen in Unehrlichkeit, weil er eine verendende Kuh in seinem Stall totgeschlagen hatte und sie dann hatte ausnehmen lassen. Noch Wochen nach diesem Vorfall beklagt er sich beim Rat der Stadt darüber, daß seine Mitmeister ihn trotz seines freimütigen Schuldeingeständnisses deswegen nicht "passieren" ließen, was nichts anderes bedeutete, als daß er weiter als Unredlicher gemieden wurde und keine Gesellen bei ihm arbeiten durften (156). Auch wenn der endgültige Ausgang dieser Sache nicht überliefert ist, so gibt doch allein die Tatsache, daß sogar der Stadtrat mit dieser an sich untergeordneten Angelegenheit behelligt wurde, zu erkennen, wie sehr ein Verruf einen einzelnen Papierer durchaus auch nachhaltig und spürbar treffen konnte, dies jedenfalls dann, wenn sich alle Berufsgenossen geschlossen gegen einen gestellt hatten.

Besonders hart traf es aber den Papiermacher Valentin Tischendorf, Besitzer der Papiermühle in Greiz an der Göltzsch, der sich nahezu ein Vierteljahrhundert lang der äußerst hartnäckigen Angriffe der benachbarten Papiermacher auf das ihm an sich allein erteilte Lumpensammelprivileg für das Gebiet der Herrschaften Greiz, Gera, Schleiz und Lobenstein erwehren mußte. In diesem Streit tritt deutlich die tragende Rolle der Gesellen hervor, derer sich die konkurrierenden Papiermacher bewußt bedienten, um Tischendorf zum Nachgeben zu zwingen. Nachdem dieser es erneut abgelehnt hatte, freiwillig sein Privileg aufzugeben, ließ ihm der Papiermachermeister

(155) Vgl. zu allem: Piccard, "Memmingen", S. 243 f.
(156) Vgl. zu allem: Sporhan-Krempel, "Ravensburg", S. 76 f.

aus dem benachbarten Plauen, Zacharias Philipp, wie er sagte, auf Betreiben eines anderen aus Hof namens Oswald Endemann, im Jahre 1645 durch zwei seiner Gesellen eine Verrufserklärung überbringen. Da letztlich aber nicht nur diesen beiden Nachbarn das ausschließliche Lumpensammelrecht Tischendorf's störte, schlossen sich in der Folgezeit auch andere Papiermacher der Gegend um Greiz der Scheltung an und ließen Tischendorf keine ihrer Gesellen mehr zuwandern. Darüber hinaus hatte Tischendorf zuvor auch seine eigenen Gesellen wegen des Verrufs verloren. Dies alles geht aus seinem Schutzgesuch an die Obrigkeit aus dem Jahre 1646 hervor, in dem er sich darüber beklagt, daß er im Umkreis von über 100 Meilen bei den Papiermachern ausgeschrien sei, und daß deshalb kein Geselle mehr, um sich nicht selbst in Verruf zu bringen, länger als 14 Tage bei ihm arbeiten wolle (157). Im Jahre 1657 hat Tischendorf nach wie vor allen Grund, sich über das Verhalten seiner Papierergenossen zu beschweren, obwohl ihm zwischenzeitlich auf einer Versammlung in Elterlein zugesagt worden ist, sein Privileg gelten zu lassen. Noch immer zögen ihm alle Gesellen weg, klagt er, von den trotzigen Reden der Papiermacher ganz zu schweigen (158). Die Situation hat sich auch 1671 noch nicht grundlegend geändert, als Tischendorf der Greizer Regierung den Vorschlag einer eigenen Paipermacherordnung unterbreitet, in der deutlich ablesbar seine negativen Erfahrungen mit den Meistern und vor allem den Gesellen seines Gewerbes miteingeflossen sind (159). An dieser Stelle interessiert aber zunächst nur seine in der schriftlichen Eingabe an die Regierung gegebene Empfehlung, die letztlich einer Kapitulation vor dem geschlossenen Vorgehen seiner Widersacher gleichkommt und nochmals die ganze Machtlosigkeit des einzelnen Papierers hiergegen demonstriert. Die entsprechende Textpassage lautet: "Wenn aber solchen rachgierigen Meistern und Gesellen, die im Lande umherwandern und ... allerhand lose Schmähreden ausgießen, endlich das Maul gestopft, das unbillige Schelten und Auftreiben der Gesellen gesteuert werden soll, kann solches am füglichsten geschehen, wenn eine ordentliche Zunft ... bei uns in der Reußischen Herrschaft aufgerichtet und unsere aufgesetzten Artikel von der hohen Obrigkeit konfirmieret und unterschrieben werden" (160). Dieser Vorschlag von Tischendorf mutet fast naiv an, denn er lief auf die Aufrichtung einer Papiererzunft nach seiner Vorstellung und mit von ihm selbst verfaßten Statuten hinaus, wozu sich die Obrigkeit denn doch nicht bereit erklären wollte. Wenn somit dieses Projekt

(157) Günther-Franz, S. 22
(158) Günther-Franz, S. 26
(159) Siehe die Papiermacherartikel von Tischendorf, abgedruckt bei: Günther-Franz, S. 28-31
(160) Günther-Franz, S. 28

nach den Wünschen Tischendorf's auch nicht zustandegekommen ist, so hat er sich mit den anderen Meistern im Laufe der Zeit wohl doch irgendwie geeinigt, denn seit dem sind Klagen hierüber nicht mehr zu vernehmen (161).

dd) Grenzen des inneren Organisationszwanges

Das interne Zwangsmittel der Scheltung war nahezu fruchtlos solchen Personen gegenüber, die selbst gar keine Papiermacher waren und sich deshalb auch deren Regeln nicht verpflichtet fühlten. In derartigen Fällen ging man daher seitens der Papiermacherschaft dazu über, sich zusätzlich noch des Schutzes und der tatkräftigen Unterstützung durch den Staat zu vergewissern. Von diesen Bestrebungen zeugen einige Ordnungsentwürfe, die dem Kaiser vorgelegt wurden, und die jedesmal eine Auflistung der gerade besonders aktuellen Übelstände enthalten, denen man intern offenbar nicht Herr werden konnte. Ein solches für das Papiermachergewerbe zudem symptomatisches Problem, das sich von Anbeginn an, praktisch seit dem Bestehen der ersten deutschen Papiermühle von Ulman Stromer in Nürnberg, durch die Papiergeschichte zog, war der Betrieb von Papiermühlen durch Kaufleute. Dies war insbesondere den einfachen Papiermachermeistern ein Dorn im Auge. Ihnen erwuchs hierin nämlich eine überlegene Konkurrenz, denn den Kaufleuten fiel der kostspielige Papiermühlenbetrieb aufgrund ihrer zumeist vermögenden Stellung um ein vielfaches leichter als den meisten gelernten Papiermachermeistern, die es nur äußerst selten selbst zu Eigentümern einer Mühle bringen konnten und statt dessen ein wenig ertragreiches Dasein als Mühlenpächter führen mußten (162). Schon früh sind daher Aktivitäten ihrerseits erkennbar, den Zugang von Kaufleuten in das Papiermachergewerbe einzudämmen. Als Argument wurde dabei stets angeführt, daß es sich bei den Kaufleuten um Ungelernte handele, denen jedwede Ausübung des Papiermacherhandwerkes untersagt sei (163).

Einen ersten Vorstoß beim Kaiser in diese Richtung unternahmen eine Reihe von süddeutschen und sächsischen Papiermachern im Jahre 1561. Sie setzten eine Ordnung auf, die im wesentlichen sicherstellen wollte, daß fortan ausschließlich gelernten Papiermachern die Treibung des Papiererhandwerkes gestattet sein sollte, und die den Kaufleuten gleichzeitig zur Pflicht machte, ihre Papiermühlen pachtweise gelernten

---

(161) Günther-Franz, S. 33

(162) Dazu ausführlich: Bayerl I, S. 559 ff.; Schlieder, S. 139 ff.

(163) So etwa nach Art. 3 der kaiserlichen Ordnung von 1656

Papierern zu überlassen. Allerdings ist außer den vom Kaiser hierzu erbetenen und etwa von Frankfurt und Nürnberg auch abgegebenen Stellungnahmen weiter nichts mehr für diese Ordnung geschehen, so daß den Papiermachern die Lösung dieses Problems weiterhin selbst überlassen blieb (164).

Im Ergebnis nicht anders erging es dem "Projekt einer formalen Handwerksordnung", welches von Papiermachern aus Bayern, Franken und Schwaben im Jahre 1700 in Augsburg beschlossen und dem Kaiser ebenfalls vergebens zur Bestätigung vorgelegt wurde (165). In Art. 18 dieses Entwurfes wird erneut das Übel der Ausübung des Handwerkes durch Ungelernte, der sogenannten "Stümpler", beklagt und darum gebeten, da man selbst denen das Handwerk nicht wirksam verbieten könne, solches doch seitens der Obrigkeit zu tun. Die so formulierte Bitte an den Kaiser läßt hinsichtlich ihrer Beweggründe an Deutlichkeit nichts zu wünschen übrig. Der Obrigkeit sollte ihr Entgegenkommen in dieser Frage sogar dadurch versüßt werden, daß ihr der Betrieb einer eigenen Papiermühle auf städtischem Grund und Boden jederzeit erlaubt sein sollte (166).

c) Spaltung in "Glätter" und "Stampfer"

Am Ende des Prozesses der Papierproduktion stand das Glätten des geschöpften und getrockneten Papiers. Diese Arbeit wurde ursprünglich ausschließlich mit der Hand erledigt, wozu man sich eines polierten oder mit Talg eingeriebenen Glättsteines bediente. Neben dieses Handglättverfahren trat seit etwa Mitte des 16. Jahrhunderts eine Stampftechnik. Diese Technik ist aus anderen Handwerken übernommen worden und hat vermutlich in einer Mühle bei Iglau in Mähren erstmalig Anwendung in der Papiermacherei gefunden. Das neue Verfahren verwendete eine mechanische Schlagstampfe, einen über eine Nockenwelle an die Mühlenmaschinerie angeschlossenen ebenen Hammer, der durch Auf- und Abbewegung das auf eine harte Unterlage gelegte Papier glattschlug. Wegen der hiermit verbundenen Produktionsbeschleunigung und Arbeitserleichterung breitete sich die Stampftechnik rasch aus, so daß die Schlagstampfe bis zur Mitte des 18. Jahrhunderts zumindest für jede besser ausgestat-

(164) Vgl. zu allem: Klöss, S. 311 f., 360 f.; Dietz, S. 111; Sporhan-Krempel, "Reutlingen", S. 13 ff.
(165) Abgedruckt bei: Wehrs, S. 440-445; Leupold (Beyer), 2. Teil, S. 106-109
(166) Wehrs, S. 452 f.; Leupold (Beyer), 2. Teil, S. 108 f.

tete Papiermühle bereits zu einer Selbstverständlichkeit geworden war (167). Diese Entwicklung zu moderner Technik ging jedoch bei den Papiermachern keineswegs reibungslos vonstatten. Nicht wenige von ihnen hielten beharrlich an der herkömmlichen Glättechnik fest und führten erbitterte, häufig irrational anmutende Kämpfe gegen die "Stampfer", die sogar noch bis in das 19. Jahrhundert hineinreichten (168). Eine gewisse Vorreiterrolle bei der Einführung der neuen Stampftechnik nahmen die Papiermacher der südlichen Reichsgebiete inklusive der Schweiz ein. Das allmähliche, zum Teil aber auch sehr schnelle Umdenken in dieser Sache in Süddeutschland kam anhand zweier Beispiele illustriert werden.

Ein Papiermachermeister in Ravensburg, Daniel Dorn, war gegen Ende des 17. Jahrhunderts zum Stampfen übergegangen, weshalb sich die übrigen Papiermacher der Stadt an den Rat wandten und verlangten, ihm den Stampfhammer zu verbieten. Der Rat entschied zu Gunsten der Handglätter, verbot allgemein die Stampfe und gab Dorn auf, sich beim Handwerk abstrafen zu lassen. Die Sache nahm daraufhin in diese Richtung ihren Fortgang. Im Jahre 1695 kehrte sich dann die Situation schlagartig um und nunmehr kamen sämtliche Papiermüller ihrerseits beim Rat mit dem Antrag ein, ihnen den Glätthammer zu erlauben, da es in der Nachbarschaft Ravensburgs ebenfalls nur Stampfmühlen gebe und sie dagegen mit ihren noch nach altem Brauch arbeitenden Mühlen nicht bestehen könnten. Der Rat hatte ein Einsehen und gab dieser Bitte nach, mit der Folge, daß bereits mit Ablauf des 17. Jahrhunderts alle sieben Papiermühlen Ravensburgs auf diese neue Technik umgestellt waren (169).

Auch auf höherer Ebene spiegelte sich diese Entwicklung wider. Seit dem Aufkommen der Stampfmühlen hatten sich immer wieder größere Papiermacherversammlungen mit der Problematik der neuen Technik befaßt. Eine der ganz frühen Zusammenkünfte in dieser Sache in Süddeutschland war die bereits angesprochene Papierversammlung in Kaufbeuren 1586, an der immerhin 16 Meister und 50 Gesellen teilnahmen. Auf dieser Tagung war man sich in der Ablehnung der Stampftechnik noch einig und so wurde hierzu förmlich beschlossen, "daß es nit allain des arbeitens mit dem pappyr aus den püttinen (= Bütten), sondern auch mit dem gletten durchaus altem gebrauch nach, wie es von unfürdenklichen jaren gebräuchig und üblichen

(167) Siehe zu allem: Leupold (Beyer), 1. Teil, S. 96; Bergius, S. 252 f.; Thiel, S. 140; ders., in Zeitschrift für Papier, Pappe, Zellulose u. Holzstoff, S. 304 (303); Schlieder, S. 117 ff.; Bayerl I, S. 329 ff., jeweils mit weiteren Nachweisen

(168) Schlieder, S. 118 f.; Bayerl I, S. 335 ff.

(169) Siehe zu allem: Sporhan-Krempel, "Ravensburg", S. 49 ff., 82 ff.; Bayerl I, S. 335 f.

gewesen, gehalten; darneben aber die stempff und das weibergletten in allweg gentzlich abgeschafft und verboten" (170). Man war sich hier wohl darüber gewiß, auf diese Weise der neu aufgekommenen Produktionstechnik mit all ihren Auswirkungen Herr werden zu können. Im Grunde stemmte man sich aber lediglich blindlings, auch von seiten der Meister, gegen etwas Neues, das bei nüchterner Betrachtung zumindest diesem Berufsstand, jedenfalls soweit die Meister selbständige Mühlenbetreiber waren, an sich nur Vorteile in Form von Produktivitätsverbesserungen bringen konnte (171). Offenbar ist dies den süddeutschen Papiermachern gut 100 Jahre später vollkommen bewußt geworden, und so kam es in dieser Sache 1695 auf einem Papiererkonvent in Wangen im Allgäu zum endgültigen Umbruch. Es waren dort 21 Meister und ebenso viele Gesellen aus Schwaben und der Schweiz versammelt, die nunmehr festlegten: "Was den 'Stampf' anbelanget, mag einem jeden Meister zu seinem Belieben frei stehen, denselben zu führen und zu gebrauchen oder nicht" (172). Man nahm somit in Wangen eine im Vergleich zu Kaufbeuren fortschrittlich-liberale Haltung gegenüber der Stampftechnik ein (173), mußte sich aber deshalb von den Traditionalisten unter den Handglättern fortan verächtlich "schwäbische Stampfer" nennen lassen (174). Im Grunde war man jedoch nur bereit, mit der Zeit zu gehen. Insbesondere bekam man immer deutlicher die wirtschaftliche Überlegenheit der "Stampfer" zu spüren, die sich aufgrund ihres verbesserten und kostengünstigeren Produktionsverfahrens nicht unerhebliche Wettbewerbsvorteile verschafft hatten. An einer Stelle der Wangener Erklärung klingt dieser Sachverhalt unmißverständlich an: "... dann Mancher solchenfalls nur einen Stampf aufgerichtet und damit sein geschlagenes pappier besser an den Mann gebracht als ein ehrlicher Meister" (175).

aa) Bedeutung und Auswirkung auf die Organisation

Die Bedeutung des Aufkommens der Stampftechnik gründete sich allenfalls vordergründig auf den vermeintlichen Verstoß der "Stampfer" gegen das Gebot in Art. 11 der "Gebräuche", nämlich "nichts Altes ab- und nichts Neues aufkommen" zu lassen. Derartige Maßregelungen der Technisierung waren in anderen Zunftgewerben eben-

---

(170) Insoweit abgedruckt bei: Piccard, "Memmingen", S. 244 f.; vgl. auch: Thiel, S. 140 f.
(171) Hierzu: Schlieder, S. 117 f.
(172) v. Hößle, "Württemberg", S. 7; Thiel, S. 140 f.
(173) Sporhan-Krempel, "Ravensburg", S. 82
(174) Thiel, S. 141; ders., in Zeitschrift für Papier, Pappe, Zellulose u. Holzstoff (1938), S. 305 (303)
(175) v. Hößle, "Württemberg", S. 8

falls keine Seltenheit und dienten in erster Linie dem Ziel, durch prinzipielle technische Gleichstellung sämtlicher Betriebe des Gewerbes für eine breite Nahrungssicherung zu sorgen (176). Für die Papiermacher lag die eigentliche Problematik in dem sich zunehmend entwickelnden Gegensatz zwischen "Glättern" und "Stampfern", der letztendlich sogar den Bestand ihrer spezifischen beruflichen und gewerblichen Organisation in Frage stellte. Den Ausgangspunkt hierfür bildeten die ständigen, nicht zuletzt aus Konkurrenzneid geführten Auseinandersetzungen der Vertreter beider Arbeitstechniken untereinander. Da man innerhalb der deutschen Papiermacherschaft zu keinem einheitlichen Standpunkt in der Frage des Umganges mit der neuen Stampftechnik gelangen konnte, war auch nicht zu erwarten, daß von dieser Seite aus entschlossen und vor allem geschlossen diesen Konflikten entgegengesteuert wurde. Im übrigen fehlte es dazu ohnehin an umfassenden, den städtischen Zünften gleichwertigen Zwangsbefugnissen. Dagegen verfügten die Papierer zwar über einen inneren Organisationszwang, doch konnte dieser schon von seiner Systematik her Durchbrechungen und Umgehungen bei derart massiv auftretenden Interessengegensätzen letztlich nicht unterbinden. Deshalb mußten es die Papiermacher hinnehmen, daß es unter dem Dach ihres nur lose organisierten, reichsweiten Verbandes schon frühzeitig zu einer regelrechten Spaltung in zwei unterschiedliche Berufsgruppen kam, von denen jede für sich eine gewisse Eigenständigkeit beanspruchte. Auch wenn diese Trennung der "Stampfer" von den "Glättern" nie förmlich vollzogen wurde, so bewirkte sie dennoch, daß ab einem bestimmten Zeitpunkt nach dem Aufkommen der Stampftechnik, etwa ab der Wende des 16. zum 17. Jahrhundert, streng genommen von zwei Papiermacherorganisationen gesprochen werden mußte. Die organisatorische Trennung ging sogar so weit, daß jeglicher Umgang untereinander verboten war, so daß z.B. die Angehörigen der einen Seite nicht mehr mit denjenigen der anderen zusammenarbeiten durften. Wer sich nicht daran hielt, wurde von den eigenen Berufsgenossen entsprechend den zu Gebote stehenden Zwangsmitteln gescholten und abgestraft (177). Der Zusammenhalt des ehedem geschlossenen deutschen Papiermacherhandwerkes war spätestens damit verloren. Die sich daraus ergebenden Konfliktfelder

---

(176) Siehe Beispiele bei: Wissell II, S. 312 ff.; Neuburg, S. 100 ff.

(177) Bergius, S. 258; Wehrs, S. 428; Leupold (Beyer), 1. Teil, S. 96 f.; Klewitz, in Beckmann "Beyträge" (1784), S. 402 (397); Schlieder, S. 118 f.; Rembold, S. 18. Der "Glätter-Stampfer"-Streit kommt auch in dem "Entwurf einer Papiermüllerordnung für die Churmark Brandenburg" aus dem Jahre 1745 zum Ausdruck (Abdruck bei: Wehrs, S. 455-473 und Bergius, S. 285-294). Von dieser Ordnung versprach man sich seitens des preußischen Staates eine Hebung des Papiermachergewerbes, doch ist die Ordnung nie in Kraft getreten. Der hier interessierende Art. 2 lautet: "...derjenige Meister und Gesell aber, so sich unterstehen würde, einem oder dem anderen (Glätter - Stampfer), es sey Meister oder Geselle, deshalb einige Ungelegenheiten zu verursachen, bey demselben nicht zu arbeiten, oder ihn nicht in Arbeit zu nehmen, soll nach Erkenntniß der Obrigkeit, worunter der Widerspenstige gehöret, mit 10 Rthlr. und drüber bestraft werden" (Wehrs, S. 456; Bergius, S. 286)

gingen in ihrer Tragweite über die hier weniger interessierenden Differenzen mit rein technischem und wirtschaftlichem Hintergrund weit hinaus. Sie brachten es vor allem mit sich, daß der Kampf der Papierer untereinander vornehmlich ideologisch geführt wurde, was der Sache insgesamt freilich nicht sonderlich dienlich war.

Im folgenden sollen nun die verschiedenen Aspekte der Spaltung der Papiermacher in "Glätter" und "Stampfer" im einzelnen behandelt und dabei versucht werden, deren Bedeutung und konkrete Auswirkungen auf die Papiermacherorganisation und ihre Mitglieder herauszuarbeiten.

(a) Versagen der Zwangsmittel

Eine für die gesamte Organisation der Papiermacher fatale Folge der Existenz zweier eigenständiger Berufsgruppen war das nahezu vollständige Versagen der organisationsinternen Zwangsmittel. Dies hatte seinen Grund darin, daß beide Seiten die Verrufserklärungen und die sonst zur Unredlichkeit führenden Umstände der jeweiligen Gegenseite prinzipiell nicht anerkannten. Wenn überhaupt konnte das Disziplinierungsmittel der Scheltung somit immer nur den eigenen Parteigängern gegenüber greifen. Für den einzelnen Papierer eröffnete dies nun die Möglichkeit, sich dem Zwang und den weiteren Benachteiligungen entweder seitens der "Glätter" oder der "Stampfer" durch Hinüberwechseln von einem Lager in das jeweils andere zu entziehen. Dieser Schritt stand grundsätzlich jedermann frei, man mußte sich nur zu der anderen Arbeitstechnik und den eventuellen Besonderheiten des jeweiligen Brauchtums bekennen. Diese aus dem Gegensatz der "Glätter" und "Stampfer" sich ergebende Begrenzung der Zwangsgewalt hat vor allem so mancher Papiermachermeister für sich genutzt. Wurde sein Mühlenbetrieb von seinen Berufsgenossen boykottiert oder wurde er von ihnen in sonstiger Weise in seiner Berufsausübung gehindert, so wechselte er einfach die Seite und entzog sich damit der schädlichen Einflußnahme seiner ehemaligen Mitgenossen. Nunmehr konnte er soweit unbehelligt weiterarbeiten (178). Die gleiche Möglichkeit bestand natürlich auch für die Gesellen, die keine Anstellung mehr fanden, weil sie bei ihren Berufsgenossen in Verruf geraten waren oder weil sie nach deren Ansicht keine vollgültige Lehre absolviert hatten.

---

(178) Bayerl I, S. 341; Thiel, S. 141; ders., in Zeitschrift für Papier, Pappe, Zellulose u. Holzstoff (1938), S. 305 (303)

Man hat allerdings die Bedeutung dieser zwar an sich bestehenden Möglichkeit der gegenseitigen Ausspielung für die Papiermacherorganisation insgesamt auch wieder nicht zu hoch zu bewerten. Zunächst kann wohl doch von einem gewissen Grundkonsens unter sämtlichen Papiermachern ausgegangen werden, demzufolge ein Arbeiten in bestimmten Fällen sowohl bei den "Glättern" als auch bei den "Stampfern" ausgeschlossen war. Zu denken ist insoweit etwa an die Begehung solch gravierender Delikte wie Diebstahl, Totschlag und die meisten Sittenverstöße, die von beiden Seiten gleichermaßen nicht geduldet worden sind. Darüber hinaus brachte der Übergang von einer Seite zur anderen für den einzelnen in der Regel auch einen Ortswechsel mit sich. Dies galt nicht nur für die Gesellen, die von einer herkömmlichen Glättmühle zu einer Stampfmühle umziehen mußten oder umgekehrt. Auch für die Meister war der Wechsel an dem bisherigen Standort nicht immer ohne weiteres durchführbar. Abgesehen davon, daß dafür nicht unerhebliche Baumaßnahmen in der Mühle und das Erlernen der neuen Technik erforderlich waren, setzte dieser Schritt für den Meister noch voraus, daß möglichst im näheren Umkreis seiner Mühle weitere Betriebe nach der anderen Technik arbeiteten, da für ihn sonst nicht die nötige Anzahl von entsprechenden Gesellen erreichbar war. Aus diesem Grunde wäre ein einzelner Papiermacher etwa in Norddeutschland sicher auf erhebliche Schwierigkeiten gestoßen, wenn er seine Mühle in eine Stampfmühle hätte umwandeln wollen, denn diese Technik war dort in weiten Teilen so gut wie nicht anzutreffen (179).

(b) Stellung der Gesellen

Solange die Einheit des Papiermachergewerbes gewahrt war, vermochten die vorhandenen Disziplinierungsmittel der Scheltung etc. die Einhaltung der für alle gültigen Ordnungsvorschriften weitgehend sicherzustellen. Über das Funktionieren dieser Mechanismen bestimmten, wie gesehen, maßgeblich die Gesellen, die ihr Gewicht dabei nicht zuletzt aus ihrer Qualifikation als Arbeitskräfte und damit aus ihrer weitgehenden Unverzichtbarkeit in dem vergleichsweise komplizierten Prozeß der Papierproduktion bezogen. Der Einfluß der Gesellen mußte demnach entsprechend zurückgehen, soweit sie durch Ungelernte ersetzt werden konnten. Anders als die Gesellen waren die Ungelernten zudem nicht in die Papiermacherorganisation eingebunden und damit auch keinen Zwängen von dort ausgesetzt. Die gesamte Problematik veranschaulicht das Beispiel des Papiermachers Caspar Lenckersdorffer aus Penig. Er wurde wie Tischendorf von mehreren seiner Mitkonkurrenten im Jahre

(179) Siehe Angaben bei: Bayerl I, S. 331

1610 wegen des ausschließlich ihm von der Obrigkeit für das Gebiet Chemnitz verliehenen Lumpensammelprivilegs gescholten. Hiermit sollte er dazu gebracht werden, das Lumpensammeln durch die anderen Papierer in seinem Bezirk zu dulden. Lenckersdorffer gab dem jedoch nicht nach und verhinderte einen Stillstand seiner Mühle zumindest zeitweise dadurch, daß er die wegen des Verrufs abwandernden Gesellen durch Ungelernte bzw. Lehrjungen ersetzte. Zu diesem Zweck hatte er die Lehrjungen "dermassen unterwiesen, dass sie eines Gesellen Stelle versehen können", ohne ihnen allerdings dafür auch den vollen Gesellenlohn zu zahlen (180). Der entscheidende Vorzug dieser Vorgehensweise lag für den Papiermühlenbetreiber darin, daß er damit gleich in zweifacher Hinsicht aus der Not eine Tugend machen konnte. Über den Effekt der Umgehung der Abhängigkeit von den gelernten Papiergesellen hinaus brachte der Einsatz ungelernter Arbeitskräfte nämlich zusätzlich eine willkommene Reduzierung der Lohnkosten mit sich. Der Mühlenbetreiber befreite sich damit zum einen von der nur allzu häufigen Willkür seiner Gesellen und verbesserte zum anderen sogar noch seine Absatzchancen gegenüber den Konkurrenten, da er seine Waren nun wegen der niedrigeren Arbeitskosten preisgünstiger anbieten konnte.

Diese Vorteile machte man sich in besonderer Weise auf den Stampfmühlen zunutze, denn die Verwendung der mechanischen Schlagstampfe begünstigte geradezu den Einsatz un- bzw. angelernter Hilfsarbeiter (181). Dies war bei dem herkömmlichen manuellen Glättverfahren dagegen in dem Maße nicht der Fall. Der soeben zitierte Kaufbeurer Beschluß aus dem Jahre 1586 bringt diesen Sachverhalt durch die einfache Bezeichnung "weibergletten" zum Ausdruck, womit die durch die einfache Handhabung der Stampftechnik mögliche Heranziehung von ungelernten Frauen zum Glätten gemeint war (182). Dies sollte laut dem Beschluß, soweit es sich bei den Frauen nicht um unverheiratete Töchter des Papiermachermeisters handelte, fortan gänzlich untersagt sein (183). Die Intention der in Kaufbeuren versammelten Papierer

---

(180) Vgl. zu allem: Schlieder, S. 153. Die vorstehende Problematik hatten offenbar auch die Verfasser der schlesischen Ordnung erkannt, wenn sie in Art. 17 festlegten: "Damit aber die Meister wann daß Sie gescholten worden es erfahren, solches nicht achten und keine ehrlichen Gesellen fördern, wann Sie solche gleich haben können, sondern mit Knechten, Mägden, Kindern od. Gesinde Arbeiten und lange Zeit vorbeystreichen, als dann erst kommen und bey den Handwerck sich bestrafen laßen wolten," so sollte dies zwar einmal nachgesehen werden, doch hatte beim nächstenmal dann die endgültige Verstoßung aus der Innung zu erfolgen

(181) Schlieder, S. 117; Bayerl I, S. 340; Thiel, S. 140 f.; ders., in Zeitschrift für Papier, Pappe, Zellulose u. Holzstoff (1938), S. 304 (303)

(182) Bayerl I, S. 340

(183) Vgl. Kaufbeurer Beschluß, z.T. abgedruckt bei: Piccard, "Memmingen", S. 245

war dabei klar: den "Stampfern" sollte der mit der Beschäftigung Ungelernter verbundene Nutzen nicht vergönnt sein. Unmittelbar betraf dieser Aspekt der technischen Erneuerung die Gesellen, die auf den Stampfmühlen immer mehr von ungelernten Hilfsarbeitern aus ihren Arbeitsstellen drohten verdrängt und um ihren Lohn gebracht zu werden. Verständlicherweise waren sie deshalb gegen die Schlagstampfe eingestellt. Demgemäß führte beispielsweise der Augsburger Papiermachermeister Johann Mieser im Jahre 1693 zur Begründung seines Ersuchens an den Kaiser um Verlängerung seines Privilegs für den Schlaghammer an, daß "die Papierergesellen solchen nicht passirlich halten wollen" (184). In Niederösterreich kam es im Jahre sogar zur Arbeitsniederlegung durch die Gesellen, als auf einer Papiermühle dort die Schlagstampfe eingeführt werden sollte (185). Geradezu bezeichnend ist insoweit auch die Argumentation der Ravensburger Gesellen, mit der sie sich im Jahre 1695 geschlossen gegen die von den Meistern beim Rat nachgesuchte Genehmigung der Schlagstampfe zur Wehr setzten. Sie gaben als Grund für ihre Ablehnung an: "zudeme werden ihnen ihr lohn geschwächt; Sie haben deswegen darauff gelernt, dz sie Weib und Kinder erhalten können, müßten hernach gleichsamb ihre (der Meister) Sclaven werden" (186). Mit diesem letzten Halbsatz war zugleich der Kernpunkt der ständigen Differenzen mit den "Stampfern" angesprochen, jedenfalls soweit diese von den Gesellen ausgingen und sie auch unmittelbar betrafen. Je mehr durch die Möglichkeit des Einsatzes Ungelernter die Abhängigkeit von den gelernten Gesellen und damit die Macht der Gesellenschaft insgesamt schwand, desto freier konnten die Mühlenbetreiber und Papiermachermeister ihren Betrieb führen (187). Die von den Gesellen ausgehende Zwangsgewalt innerhalb der Organisation, die sich wirkungsvoll in der gemeinsamen Arbeitsniederlegung, dem Boykott einer Mühle, äußerte, wurde damit entscheidend geschwächt, was ihren Einfluß nicht nur in den Betrieben zurückgehen ließ. Es war somit ein Signum gerade der Stampfmühlen, daß hier ein freieres Unternehmertum herrschte. Die Anwendung von fortschrittlicheren, verbesserten und vor allem kostengünstigeren Produktionstechniken bedeutete überdies eine klare

(184) v. Hößle, "Augsburg", S. 10

(185) Eineder, S. 49 f.

(186) Sporhan-Krempel, "Ravensburg", S. 83

(187) Diese Auffassung herrschte auch bei den Papiermühlenbetreibern selbst vor. So schreibt etwa ein gewisser G.F.A. Fischer aus Bautzen im Jahre 1805 recht unverblümt: "... ich habe auf meiner Mühle schon seit 4 Jahren, aus eigner Gewalt und Macht, alles Zunftwesen gänzlich aufgegeben. Diejenigen der damaligen Gesellen, welche sich dagegen auflehnten, schickte ich fort, und nahm an deren Stelle zum Teil andere willigere an, größtentheils aber habe ich mir junge Leute aus hiesigem Orte selbst zugelernt und abgerichtet, so daß ich jetzt noch keinen Mangel haben würde, wenn ich nicht vor kurzem noch eine Papiermühle, eine Stunde von hier, dazu gekauft hätte, wo ich nach gewohnter Weise auch die Zunftgebräuche ausgetrieben habe" (siehe Engels, S. 76 f. (73))

Absage an den hemmenden Grundsatz "nichts Neues auf - und nichts Altes abkommen zu lassen" und eröffnete statt dessen den Weg zu einer moderneren Betriebsweise. Die Papierergesellen erlebten freilich hiermit einen Einbruch ihrer über die Jahrhunderte gewachsenen wirtschaftlichen und sozialen Stellung. Es sollte für sie jedoch dabei nicht bleiben, sondern es folgten weitere Rückschläge nach ähnlichem Grundmuster in den Zeiten darauf, die auch in anderen Handwerken ihre Entsprechungen hatten. Für die Papiermachergesellen fand diese Entwicklung schließlich ihren Höhepunkt in der einsetzenden Industrialisierung mit der Erfindung und Einführung der Papiermaschine Anfang des 19. Jahrhunderts. Auf die handwerklichen Fertigkeiten kam es seit dem eben immer weniger an, so daß dieser Zeitpunkt nicht zufällig auch den Beginn des endgültigen Verfalls der traditionellen Handwerksstrukturen markiert.

bb) Ansätze zur Überwindung des Problems

Die mit der Spaltung der Organisation verbundenen Nachteile wurden zunehmend von den "Glättern" als mißlich empfunden. Sie als Traditionalisten unter den Papiermachern gerieten mit der Zeit ökonomisch immer deutlicher ins Hintertreffen, und so fühlten sie sich verstärkt zum Handeln herausgefordert. Ihre insoweit ins Auge gefaßten Gegenmaßnahmen sind zugleich Beleg für die tatsächliche Existenz der geschilderten Spannungen zwischen "Glättern" und "Stampfern".

Im Mittelpunkt der Bemühungen der "Glätter" um Abhilfe stand die schon erwähnte Erklärung einer Reihe von Papiermachern in Wangen vom Jahre 1695 (188). Man war hierin übereingekommen, daß die Lösung der Frage nur in einer Wiedervereinigung des Papiererhandwerkes zu finden sei, und glaubte dieses Ziel dadurch erreichen zu können, daß einerseits den "Glättern" der Gebrauch der Schlagstampfe grundsätzlich freigestellt würde und daß andererseits die "Stampfer" sich den überkommenen Gebräuchen des Gewerbes wieder unterwerfen würden. Das Problem, daß einige gescholtene Papiermacher die Spaltung des Gewerbes für sich nutzen, ist sehr wohl erkannt worden. Hierzu heißt es in wünschenswerter Klarheit: "Dann wenn eine gleichheit mit dem Stampf gemacht und gehalten wird, kann keiner aus dem Handwerk hinaus gehen wenn er gescholten wird wie selbst geschehen ist ..." (189). Im übrigen hoffte man, mit der Zugestehung des Schlaghammergebrauches die auf

(188) Teilabdruck bei: v. Hößle, "Württemberg", S. 7 f.
(189) v. Hößle, "Württemberg", S. 7 f.

diesem Gebiet bis dahin tätigen "Stümpler und unehrlichen Meister" vertreiben zu können (190). Ein Grundanliegen der Verfasser der Wangener Erklärung war also, durch Vereinigung des Gewerbes die alte Ordnung wieder herzustellen, wozu man notfalls auch auf die Obrigkeit zurückzugreifen gedachte. In Sonderheit wollte man dabei der Gesellen Herr werden, die in offenbar als besonders verwerflich empfundener Weise die Uneinigkeit des Papiererhandwerkes ausnutzten. Der folgende Textauszug verdeutlicht dies: "Wenn aber stampfen und glätten jedem Meister freisteht mögen die frevelhaften Übertreter der Handwerksordnung durch obrigkeytliche gewalt zu deren observirung leichter gezwungen und angehalten werden ..., solang aber stämpffer und glätter nicht vereiniget seyn ist es unmöglich diesen Gesellen meister zu werden weilen sie solchergestalt ihre "stückmühle" immer offen behalten und alle ehrlichen Meister und Pappierer nach belieben trutzen und pochen können wann und wie sie wollen" (191).

Bei dieser Sicht der Dinge blieben im wesentlichen auch die Papiermacher aus Franken, Bayern und Schwaben in ihrem "Project einer formalen Handwerksordnung" aus dem Jahre 1700 (192). Art. 17 dieser Ordnung behandelt die Frage des Verhältnisses der "Glätter" zu den "Stampfern". Zunächst werden darin die Vorzüge der Stampftechnik gegenüber der herkömmlichen Glättmethode geschildert, der aber offenbar die Verfasser der Ordnung noch anhingen (193). Sodann wird festgestellt, daß ihnen durch den Übertritt derjenigen, die etwas bei ihnen verbrochen hätten, sowie durch die Ausübung des Handwerkes bei den "Stampfern" durch Ungelernte große Nachteile entstanden seien. Hiergegen sei ihrerseits durch die üblichen Scheltungen nicht anzukommen, da die "Stampfer" ihnen dies nicht zugestehen würden. Man empfiehlt dann gleichfalls eine Zusammenführung des Handwerkes und führt dazu näher aus: "Und weil dann unser Handwerck unter keiner besonderen Zunfft, Stadt oder Handwercks Gebrauch und Ordnung bishero gestanden, so würde dahero gut seyn, wann beyde Glätter und Stampfer in ein Handwerck könten gerichtet werden, damit diejenigen Uebertreter, welche Verbrechens halber oder muthwillig von unserm Geschenk abtreten, mit Obrigkeitlicher Gewalt dahin gehalten werden könten, daß sie sich gleich wiederumb bey unserm Geschenck, mit gebührender Strafe

(190) v. Hößle, "Württemberg", S. 7

(191) v. Hößle, "Württemberg", S. 8

(192) Abdruck bei: Wehrs, S. 440-455; Leupold (Beyer), 2. Teil, S. 106-109

(193) "... weiln wir das Papier mit einem Stein glätten, jene aber solches mit dem Hammer ..." (Wehrs, S. 449 f.; Leupold (Beyer), 2. Teil, S. 108)

einlassen, oder sich des Papiermachens ganz enthalten, auch führo hin kein ungelernter mehr zu diesem Handwerck eindringen" (194). Man begegnet somit auch hier wieder dem altbekannten Wunschdenken der zwar traditionsbewußten, im ganzen aber rückständigeren Papiermacher, daß nämlich durch Vereinigung beider Parteien in ein Handwerk, gegebenenfalls mit obrigkeitlicher Unterstützung, die Abweichler wieder zur Raison gebracht und ein "gleichförmiger Fried" (195) erreicht werden könnte. Insoweit unterscheiden sich die Vorschläge der fränkischen, bayerischen und schwäbischen Papierer in Augsburg in nichts von denjenigen ihrer Kollegen in Wangen 5 Jahre und von denjenigen des Papiermachers Tischendorf gut 30 Jahre zuvor. Wenn der Kaiser (Leopold I.) der Ordnung insgesamt auch seine Zustimmung versagte, so hat dies freilich nicht unbedingt an diesem Punkt der Ordnung gelegen, wenngleich er mit diesen Lösungsvorschlägen im einzelnen ebenfalls nicht immer ganz übereingestimmt haben mag. Das grundsätzliche Problem des Streites zwischen "Glättern" und "Stampfern" und die hieraus erwachsenen schädlichen Folgen für das Papiermacherhandwerk insgesamt sind von seiten des Staates sehr wohl erkannt worden. Jedenfalls wurden die gegenseitigen Bekämpfungen der "Glätter" und "Stampfer" in Abschnitt XIII, 8 des Reichsabschiedes zur Abstellung der Handwerksmißbräuche aus dem Jahre 1731 ausdrücklich als Mißbräuche angeprangert, die es abzuschaffen galt (196).

cc) Unterschiede im Brauchtum, insbesondere "geschenktes" und "ungeschenktes" Handwerk

Äußerlich zeigte sich die Eigenständigkeit der beiden Berufsgruppen innerhalb der Papiermacherschaft in gewissen Besonderheiten des für die "Glätter" und "Stampfer" jeweils gültigen Brauchtums. Substanziell ergeben sich insoweit zwischen ihnen aller-

(194) Wehrs, S. 450 f.; Leupold (Beyer), 2. Teil, S. 108

(195) Art. 17 der Augsburger Ordnung; Wehrs, S. 451; Leupold, a.a.O., S. 108

(196) Siehe Abdruck bei: Proesler, Anhang C., S. 54-70, hier S. 68; Wissell III, S. 110-128, hier S. 126

dings keine nennenswerten Unterschiede. Dies gilt insbesondere im Hinblick auf die Struktur ihrer Organisationen mitsamt der anwendbaren Zwangsmechanismen. Dieser Befund findet bei Wehrs (197) ohne weiteres seine Bestätigung, wo die Unterschiede im Brauchtum zwischen "Glättern" und "Stampfern" im einzelnen aufgeführt werden (198). Danach ergeben sich im wesentlichen zwischen ihnen Abweichungen nur hinsichtlich der Höhe des Lehrgeldes (199), der Länge der Freisprechungsfeierlichkeiten (200), der Form des "Geschenkes" (201), des Inhaltes der Anzeichenbriefe (202) und der zulässigen Aufenthaltsdauer eines zugewanderten Gesellen auf einer Mühle, falls er keine Arbeit findet (203). Aus all dem läßt sich allenfalls eine gewisse Zurückhaltung in der Anwendung des Brauchtums durch die "Glätter" im Vergleich zu den "Stampfern" feststellen, und laut Wehrs würden die letzteren überhaupt strenger und mit mehr Eigensinn auf ihre Ordnungen und Gewohnheiten achten (204). Im Grunde gingen beide Seiten aber von einem einheitlichen Recht aus. Die genannten Abweichungen sind durchweg nur äußerer, formaler Art und rechtfertigen daher im Ergebnis keine sachliche Differenzierung zwischen den beiden Papiermachergruppen.

Im Gegensatz dazu stellt jedoch Sporhan-Krempel am Beispiel der Städte Ravensburg (205) und Lindau (206) die These auf, daß die "Stampfer" zum sogenannten "ungeschenkten" Handwerk übergewechselt seien und daß die Stampfmühlen deshalb

(197) Wehrs, S. 411-435

(198) Dabei bezieht sich Wehrs im wesentlichen auf die Aussagen eines "Ungenannten", wie er meint selbst Papiermacher, in einem Aufsatz über die Gebräuche und Mißbräuche der Papiermacher aus dem Jahre 1783 (S. 411). Dieser Aufsatz liegt im übrigen auch den Ausführungen von Klewitz, in Beckmann "Beyträge" (1784) über die Handwerksmißbräuche zugrunde (S. 399), doch stellt dieser nicht im einzelnen die Unterschiede zwischen "Glättern" und "Stampfern" heraus

(199) Wehrs, S. 415

(200) Wehrs, S. 416

(201) Wehrs, S. 416

(202) Wehrs, S. 417

(203) Wehrs, S. 418

(204) Wehrs, S. 431

(205) Sporhan-Krempel, "Ravensburg", S. 82 ff.

(206) Sporhan-Krempel, "Lindau", S. 40 f.

keine "Schenkmühlen" (207) mehr gewesen seien. Dieser Auffassung begegnen allerdings erhebliche Bedenken. Herkömmlicherweise zählte das Papiermachergewerbe zu den "geschenkten" Handwerken (208). Diese Qualifizierung bedeutete, daß den wandernden Gesellen dieser Handwerke bei ihrer Ankunft in einem fremden Ort oder Betrieb von den ansässigen Meistern oder Gesellen, z. Teil auch von beiden zusammen, eine gewisse Unterstützung gewährt wurde, die ursprünglich in einem Nachtlager sowie Speise und Trank bestanden hat, wozu später aber vielfach auch eine Geldzahlung hinzukam (209). Dem Gesellen wurde also zur Begrüßung ein Ehrentrunk "ausgeschenkt", wobei man sich in aller Regel eines geschmückten Pokales, dem sogenannten "Willkommen" (210), bediente. In dieser Verabreichung eines Begrüßungstrunkes allein ist indes nicht das Charakteristikum der "geschenkten" Handwerke zu sehen. Dies mag allgemeiner Gepflogenheit entsprechend durchaus auch bei den "Ungeschenkten" üblich gewesen sein. Die Besonderheit bei den "Geschenkten" bestand darin, daß hier das "Geschenk", zumal wenn es in Geld ausgezahlt wurde, den Charakter einer regelrechten Reiseunterstützung hatte, die die wandernden Gesellen für den Fall, daß sie keine Arbeit fanden, von öffentlichen Hilfsleistungen unabhängig machen sollte. Anders als bei den "ungeschenkten" Handwerken war hier also die Verabreichung des "Geschenkes" eine feste Institution, auf die die Wandergesellen sogar einen Rechtsanspruch besaßen (211). Eine derartige Versorgungseinrichtung konnten sich naturgemäß nur die wohlhabenderen und angeseheneren Handwerke erlauben, was ihnen im Laufe der Zeit zusätzlich den Nimbus einer besonderen Ehre zuteil werden ließ (212). Die staatliche Obrigkeit stand den "geschenkten" Handwerken dagegen eher kritisch gegenüber, was seine Ursache insbesondere in deren erhöhter Autonomie und den sich daraus entwickelnden Tendenzen zur Überheblichkeit gegenüber der Obrigkeit hatte. An diesem Übelstand vermochten auch die seit 1530 bis zuletzt 1731 immer nur halbherzig gegen die "geschenkten" Handwerke gerichteten Reichsabschiede ernsthaft kaum etwas auszurichten (213).

---

(207) Sporhan-Krempel, "Ravensburg", S. 82

(208) Sporhan-Krempel, "Ravensburg", S. 72; dies., "Lindau", S. 40; vgl. auch für Mitte des 17. Jahrhunderts Hinweise von Proesler, S. 50, Fn. 7

(209) Weisser, S. 6, 76 ff.; Wissell I, S. 326 ff.; Isenberg, S. 93 f.

(210) Wissell I, S. 329; Isenberg, S. 98 ff.; auch bei den Papierern war die Benutzung eines derartigen Willkommbechers gebräuchlich, siehe dazu: A. Schulte, in Sondernr. aus Wochenblatt für Papierfabrikation (1933), S. 5-13; ein reichhaltig verziertes, mächtiges Exemplar befindet sich z.B. im Besitz der "Stiftung Zanders" in Bergisch-Gladbach

(211) Wissell I, S. 330; Isenberg, S. 93 f.

(212) Wissell I, S. 331; Isenberg, S. 97 f.

(213) Siehe hierzu: Proesler, S. 49 f., Anhang C., S. 1-81; Wissell III, S. 33-66, 110 ff.

Unter Berücksichtigung all dessen lassen sich zumindest anhand der vorliegenden Statuten für die von Sporhan-Krempel behauptete Unterscheidung zwischen "Glättern" und "Stampfern" keine Anhaltspunkte finden. Sowohl die "Gebräuche" als auch die schlesische Ordnung, die höchstwahrscheinlich eine Stampfersatzung war (214), sowie das Nürnberger Protokoll über die Befragung einiger Papierer über ihre Ordnung aus dem Jahre 1753 schreiben übereinstimmend die Verabreichung eines Begrüßungstrunkes und die Abhaltung eines "Geschenkes" für den zugewanderten Gesellen vor. Nach Art. 33 der "Gebräuche" und Artt. 12, 13 der schlesischen Satzung sollte den ankommenden Papierergesellen, nachdem sie förmlich den Gruß entrichtet und gegebenenfalls die restliche Tagesarbeit mitverrichtet hatten, am Abend zunächst ein Ehrentrunk, bestehend aus Bier, Wein oder Branntwein, angeboten werden. Die Kosten dieser Bewirtung teilten sich der Meister und die Gesellen der Mühle. Blieb der fremde Geselle nun länger auf der Mühle und fand dort Arbeit, so wurde ihm nach 14 Tagen das sozusagen offizielle "Geschenk" ausgerichtet, das in feierlicher Form vonstatten ging und zu dem sich die gesamte Belegschaft, gegebenenfalls auch unter Einschluß von Papiermachern außenstehender Mühlen, versammelte. Die entsprechenden Angaben finden sich in Artt. 20 und 21 der "Gebräuche" (215), in Art. 14 der Ordnung Schlesiens und unter Punkt II. des Nürnberger Protokolls. Wie diesen Bestimmungen weiter zu entnehmen ist, wurden auf den "Geschenken" aber nicht nur die fremden Gesellen mit einem Trunk begrüßt, sondern man nahm diese Zusammenkünfte in aller Regel gleichzeitig zum Anlaß, anstehende Handwerksdinge zu besprechen bzw. aufgetretene Streitigkeiten zu schlichten und zu bestrafen. Damit gewannen diese Mühlenversammlungen eine im Hinblick auf die Organisation der Papiermacher herausgehobene und zentrale Bedeutung, worauf gleich noch näher eingegangen wird (216).

---

(214) Siehe oben Kap. II. 3 a) cc)

(215) Art. 21 gibt im einzelnen Auskunft über den Ablauf eines "Geschenkes"

(216) Siehe den nachfolgenden Abschnitt d) aa)

Es ist nichts dafür ersichtlich, daß das "Geschenk" für die Wandergesellen allein bei den "Glättern" üblich gewesen wäre. Nach Wehrs ist es tatsächlich sogar eher umgekehrt gewesen, denn er berichtet, daß bei den "Stampfern" ein im Vergleich zu den "Glättern" weit exzessiverer Anspruch auf eine Wanderunterstützung bestanden habe, der sogar dahingehend ausgedehnt worden sei, daß ein Geselle eine Woche ohne Arbeitsverpflichtung bei freier Kost und Logis, ähnlich "wie ehemals ein polnischer Schlachtschütze auf öffentlichem Reichstage", auf der Mühle habe verbleiben dürfen (217). In bezug auf das "Geschenk" selbst nennt er als einzige Abweichung, daß die "Stampfer" dabei im Gegensatz zu den "Glättern" singen würden (218). In einigen Quellen, so etwa in dem "Unterricht" des Papiermachers Keferstein (219) und in Art. 17 des "Projectes einer formalen Handwerksordnung" (220), findet sich dagegen der pauschale Hinweis, daß die "Stampfer" das "Geschenk" nicht halten würden (221). Insbesondere der weitere Zusammenhang in Art. 17 des "Projectes" läßt aber erkennen, daß hiermit nicht die Veranstaltung zur Begrüßung eines Wandergesellen an sich gemeint gewesen ist. Diese haben die "Stampfer" ebenso gekannt wie die "Glätter". Im Unterschied zu den "Glättern" scheint das "Geschenk" bei den "Stampfern" aber nicht stets und ausschließlich auch zur Verhandlung von Handwerksangelegenheiten genutzt worden zu sein. Offenbar haben die "Stampfer" für diesen Zweck vermehrt auch andere Formen der Zusammenkunft gefunden. Die Artt. 23, 24 und 26 der schlesischen Satzung deuten eine solche Möglichkeit der Abhaltung einer Werkstattversammlung außerhalb des "Geschenkes" an.

---

(217) So: Wehrs, S. 417 f.; noch weitergehender gesteht Art. 36 der "Gebräuche" den fremden Gesellen sogar zu, "so lange liegen (zu) bleiben, als es ihnen gefällt". Nach Art. 9 der Reutlinger Ordnung (1527) konnte ein wandernder Papierergeselle von den ortsansässigen Meistern und Gesellen auch eine Geldspende erbeten. Die Aufenthaltsdauer war ihm ebenfalls grundsätzlich freigestellt, denn am Ende des Art. 9 heißt es: "weitter zuziehen vnd kommen / ists sach das er solichs an sie begert"

(218) Wehrs, S. 416

(219) Keferstein, S. 34

(220) Siehe Abdruck bei: Wehrs, S. 440-455, hier S. 450 f.; Leupold (Beyer), 2. Teil, S. 106-109, hier S. 108

(221) Keferstein bezieht dies jedoch nur auf die sog. "schwäbischen Stampfer" und äußert sich auch insoweit nicht bestimmt (S. 34: "meines Wissens"). Der Art. 17 läßt ebenfalls gewissen Raum für Zweifel, wenn er an einer Stelle über die "Stampfer" sagt, daß sie "vielweniger einige Geschenck" halten würden (Wehrs, S. 450; Leupold (Beyer), 2. Teil, S. 108)

Ist somit entgegen Sporhan-Krempel festzustellen, daß das Papiermacherhandwerk insgesamt ohne Ansehung der beiden voneinander getrennten Gruppen zu den "Geschenkten" gehörte, so verfängt auch nicht ihre in diesem Kontext gemachte weitere Behauptung, daß die Stampfmühlen keine "Schenkmühlen" mehr gewesen seien und daß hierdurch der Macht der Gesellen ein Damm gesetzt worden sei (222). Zuzugeben ist insoweit nur, daß der Einfluß der Gesellen auf den Stampfmühlen in der Tat stark zurückgegangen war, doch wurde an anderer Stelle bereits ausführlich dargelegt, daß dies seine Ursache allein in dem bei Verwendung der Schlagstampfe verstärkt möglichen und auch forciert vorangetriebenen Einsatz ungelernter Arbeitskräfte hatte (223). Demgegenüber stellt Sporhan-Krempel auf die Innehabung der Arbeitsvermittlung ab, welche den Gesellen auf den Stampfmühlen verloren gegangen sei (224). Die Arbeitsvermittlung, d.h. die Entscheidungsbefugnis darüber, ob und zu welchen Betrieben die zugewanderten Gesellen geschickt wurden, oblag als Vorrecht zwar gerade bei den "geschenkten" Handwerken häufig den Gesellen (225), doch lassen sich die dafür maßgeblichen Umstände nicht ohne weiteres auf das Papiermacherhandwerk übertragen. Lediglich bei den Papierern in Reutlingen existierte offenbar eine derartige Arbeitsvermittlung der Gesellen, die gem. Art. 6 ihrer Ordnung aus dem Jahre 1527 durch die drei Verordneten ausgeübt wurde. Doch wurde bereits die Sonderrolle Reutlingens im Papiermachergewerbe hervorgehoben, wo im Unterschied zu sonst eine zünftlerische Organisation bestand, die damit auch die äußeren Voraussetzungen für eine zentrale Arbeitsvermittlung mitsichbrachte. Hierzu gehörte eben das Vorhandensein von eigens dafür zuständigen Gesellen (226) ebenso, wie die Existenz einer gesonderten Anlaufstelle für die zuwandernden Gesellen etwa in Form einer Wanderherberge, Schenke oder gar eines eigenen Zunfthauses (227), was es in Reutlingen in irgendeiner Form sicherlich auch gegeben hat. Demgegenüber war die Situation des übrigen Papiermacherhandwerkes eine ganz andere. Sie war im wesentlichen von der verstreuten Lage der Papiermühlen gekennzeichnet, die häufig nicht einmal in einer nachbarlich engeren Beziehung zueinander standen. Der wandernde Geselle kam zu einer solchen einzelnen Papiermühle und fragte dort den Meister nach Arbeit, die ihm sodann von diesem gewährt wurde oder nicht. Es ist nichts dafür

---

(222) Sporhan-Krempel, "Ravensburg", S. 82

(223) Siehe oben Kap. II. 3. c) aa) (b)

(224) Ihre diesbezüglichen Ausführungen bleiben allerdings im ganzen unscharf. Sie erklärt lediglich lapidar, daß die Arbeitsvermittlung in der Hand sog. "Schenk- bzw. Zuschickgesellen" gelegen habe, siehe Sporhan-Krempel, "Ravensburg", S. 72; dies., "Lindau", S. 40

(225) Proesler, S. 51

(226) Vgl. dazu: Wissell II, S. 339

(227) Vgl. dazu: Wissell I, S. 323

ersichtlich, daß daneben oder gar an seiner Stelle die Gesellen jemals in irgendeiner Weise über die Aufnahme und Einstellung eines Arbeitskollegen hätten bestimmen können. Die Entscheidung darüber lag vielmehr stets allein beim Meister, der die Papiermühle auch sonst ohne jegliche Mitsprachebefugnisse seiner Gesellen alleinverantwortlich führte. Dies war bei den "Stampfern" nicht anders als bei den "Glättern". Die Statuten verlieren über eine solche Selbstverständlichkeit nicht extra ein Wort. Lediglich in dem Nürnberger Protokoll klingt hiervon unter Punkt II. "Die Gesellen betreffend" etwas an: "Wenn ein Geselle, nach Handwerks-Gebrauch und Gewohnheit, einen Meister um Arbeit anspricht, und selbige erhält, so wird mit ihm der Lohn nach dem Stück oder Tagewerk ausgemacht". Von einer Mitwirkung der Gesellen in Form der Arbeitsvermittlung ist hier nicht die Rede. Damit bleibt letztlich auch die Betitelung "Schenkmühle" durch Sporhan-Krempel in ihrer Bedeutung unklar. Mit den "Schenken" anderer Handwerke, in denen die eintreffenden fremden Gesellen eine Herberge fanden und von wo sie dann zu den ortsansässigen Betrieben geschickt wurden, haben jedenfalls die Papiermühlen niemals annähernd etwas gemein gehabt.

d) Organe

Wegen des Fehlens einer festgefügten, ortsübergreifenden oder gar reichsweiten Verbandsstruktur der deutschsprachigen Papiermacherschaft konzentrierten sich die vorhandenen korporativen Äußerungen auf bestimmte eng begrenzte Gebiete mit erhöhter Mühlendichte, ansonsten, und dies wahrscheinlich zum überwiegenden Teil, sogar nur auf den Bereich jeweils einer einzelnen Papiermühle. Über ein zentrales und eigenständiges Führungsorgan verfügten die Papierer dagegen nicht. Sie blieben vielmehr in ihrem Handeln regelmäßig auf den Kreis der Angehörigen ihres Betriebes bzw. der wenigen Mühlen in nächster Nachbarschaft beschränkt. Einziges Organ der Papiermacher war insoweit die Mühlen-, Werkstatt- oder Belegschaftsversammlung.

aa) Mühlenversammlung, das "Geschenk"

Eine der üblichen Gelegenheiten für die Abhaltung einer Mühlenversammlung stellte das bereits angesprochene feierliche "Geschenk" dar, das bei ganz bestimmten feststehenden Ereignissen stattfinden mußte. Nach den "Gebräuchen" war ein solcher Anlaß natürlich primär der Eintritt eines zugewanderten Gesellen in eine Werkstatt,

Artt. 20, 21 (228), weiterhin der Arbeitsbeginn eines Neugesellen nach Abschluß seiner Lehre, Art. 17, sowie die Übernahme einer Werkstatt durch einen anderen Meister, Artt. 39, 41 und 43. Nach Art. 8 der Reutlinger Ordnung von 1527 durfte einem einzelnen jedoch nicht häufiger als einmal im Jahr ein "Geschenk" gehalten werden. Ergab sich nun im Laufe des Jahres keine der genannten Gelegenheiten, so war der Meister nach Art. 40 der "Gebräuche" dennoch verpflichtet, seinen Gesellen zumindest ein "Geschenk" außer der Reihe auszurichten. Eine offizielle Mühlenversammlung fand schließlich nach Artt. 11 bis 14 der "Gebräuche" und nach Art. 4 der Ordnung Schlesiens auch noch anläßlich der Freisprechungszeremonie eines Lehrjungen, also des "Lehrbratens", statt. Selbst wenn dies die vorliegenden Ordnungen nicht unmittelbar aussprechen, so kann doch angenommen werden, daß eine Werkstattversammlung bei aktuellem Anlaß gelegentlich auch unabhängig von den genannten vorgegebenen Ereignissen einberufen werden konnte (229).

Über die formalen Anforderungen an eine Mühlen- bzw. Werkstattversammlung, wie etwa die Teilnahmeberechtigung, die Mindestteilnehmerzahl u.ä., geben die "Gebräuche" und die schlesischen Statuten nur unvollkommen Auskunft. Grundsätzlich nahm an einer Mühlenversammlung die gesamte Papiermacherbelegschaft teil, also sowohl der Meister als auch die Gesellen. Alle verfügten über die gleichen Stimm- und Mitwirkungsrechte. Eine Sonderrolle fiel insofern nur den fremden, zugewanderten Gesellen zu, die ebenfalls an den Versammlungen teilnehmen durften, deren Stimme aber gem. Art. 38 der "Gebräuche" das Gewicht einer sogenannten "vollgültigen Werkstatt" zukam. Damit war laut Definition in Art. 3 ein Betrieb mit einem Meister und mindestens zwei gelernten Gesellen gemeint. Für bestimmte Versammlungen sahen die "Gebräuche" ausdrücklich die Hinzuziehung weiterer Werkstattbelegschaften vor, so etwa Artt. 39 und 41 für das von einem neuen Meister auszurichtende "Geschenk" und Art. 9 für den "Lehrbraten". Berechtigt zur Teilnahme an den Mühlenversammlungen waren stets nur gelernte Papiermacher, also diejenigen, die die vorgeschriebene Lehre vollständig und ordnungsgemäß absolviert hatten. Dies mag den Verfassern der Ordnung für Schlesien als so selbstverständlich erschienen sein, daß sie es erst gar nicht besonders erwähnten. Dafür geht aber Art. 17 der "Gebräuche" hierauf um so ausführlicher ein. Diese Vorschrift beschränkt sich jedoch nicht nur auf die Behandlung der Frage nach der Zutrittsberechtigung zu den Ver-

(228) Ebenso nach Art. 14 der schlesischen Ordnung, Art. 6 der Reutlinger Ordnung (1527) und nach der Krakauer Ordnung

(229) Einen gewissen Hinweis hierauf gibt Art. 23 der schlesischen Satzung, der allerdings aus Anlaß "wichtiger Dinge in Handtwercks Sachen" nur die Zusammenrufung mehrerer Werkstätten vorsah

sammlungen, sondern klärt generell, welche Voraussetzungen die Papiermacher erfüllen mußten, um sämtlicher Rechte innerhalb der Organisation teilhaftig werden zu können. Neben dem Recht zur Teilnahme an den "Geschenken" wird insoweit noch das Recht zum Aufdingen und Freisprechen eines Lehrjungen, die Berechtigung als Zeuge in einer Streitsache aufzutreten und das Recht des Scheltens (und der Schutz vor Scheltungen) genannt. Ein mit diesen Rechten ausgestattetes, vollgültiges Mitglied der Organisation wurde der Papiermacher erst mit dem Empfang seines ersten "Geschenkes" nach dem Abschluß seiner Lehr- bzw. zu Beginn seiner Berufsjahre. Hatte er die Lehre ordnungsgemäß erfüllt, durfte dem Neugesellen die Ausrichtung dieses ersten "Geschenkes" wegen der damit für ihn verbundenen Rechtsfolgen von seinem Lehrherrn nicht versagt werden. Der Lehrherr mußte dem Gesellen zum Abschluß des "Geschenkes" den Anzeichenbrief ausstellen, welcher den Gesellen fortan als gelernten und damit vollberechtigten Papiermacher auswies. Praktische Bedeutung erlangte der Anzeichenbrief damit insbesondere für die auf Wanderschaft befindlichen Gesellen, die sich mit ihm auf fremden Papiermühlen jederzeit legitimieren konnten.

Über eine Mindestteilnehmerzahl für eine Mühlenversammlung ist in den Statuten unmittelbar nichts ausgesagt, so daß von der niedrigst möglichen Zahl ausgegangen werden kann. Eine Versammlung wird daher inklusive des Meisters wenigstens drei Personen erfordert haben, was nicht zuletzt daraus folgt, daß auch der Mühlenbetrieb bei einem halbwegs kontinuierlichen Produktionsablauf nur mit dieser Mindestbelegschaft an gelernten Papiermachern aufrechtzuerhalten war. Art. 29 der "Gebräuche" bestätigt dies: "Bei Bütte können nicht anders als 2 Gesellen und 1 Lehrling arbeiten" (230). Insofern bezeichnen die "Gebräuche" eine Papiermühle mit einer solchen Belegschaftsstärke zu Recht als "vollgültige Werkstatt", auch wenn sie dies nicht ausdrücklich in den Zusammenhang mit der Fähigkeit und Berechtigung zur Abhaltung einer gültigen Mühlenversammlung stellen.

Das "Geschenk" und die sonst zugelassenen außerordentlichen Werkstattzusammenkünfte waren im wesentlichen ein verbandsinternes Organ der Rechtspflege, d.h. hier wurden sämtliche seiner Zuständigkeit unterfallenden Verstöße, Vergehen und Streitigkeiten der Papiermacher verhandelt und entschieden (231). In diesem Sinne

(230) Daneben wurden natürlich für eine Reihe von Tätigkeiten, die nicht unmittelbar in Beziehung zur Bütte standen, auch ungelernte Hilfskräfte eingesetzt; vgl. hierzu: Schlieder, S. 122 ff.; Bayerl I, S. 570 ff.

(231) Klewitz, in Beckmann "Beyträge" (1784), S. 403 (397)

schreiben die Artt. 14 und 21 der "Gebräuche" jeweils an ihrem Ende für den "Lehrbraten" und das "Geschenk" vor, daß nach der eigentlichen Freisprechung bzw. der Begrüßung des neueingetroffenen Gesellen die Anzeichenbriefe vorzunehmen seien, um die dort aufgeführten Scheltsachen auszumachen. Außerdem wurden auch all die Streitereien abgetan, die auf der Versammlung selbst vorgefallen waren. Eine ganz ähnliche Regelung enthält Art. 14 der schlesischen Ordnung für das "Geschenk". Hier sollten gleichfalls sämtliche Verfehlungen und Streitigkeiten angezeigt und beigelegt werden. Dies deckt sich soweit mit den Angaben über das "Geschenk" in Punkt II. des Nürnberger Protokolls. Darüber hinaus konnte gem. Art. 33 Abs. 4 der "Gebräuche" ein einzelner Papiermacher jederzeit auch von sich aus eine "unpartheyische" Werkstatt als Gericht in Anspruch nehmen. Da es eine eigene Kasse bzw. Lade nicht gab, wurden die vereinnahmten Straf- und sonstigen Gelder stets sogleich verbraucht. Mit ihnen bestritt man die gesamten Kosten der Versammlung und ihrer Teilnehmer. Dies geht jedenfalls im Umkehrschluß aus Art. 35 der "Gebräuche" hervor, der bestimmt, daß im Falle der Nichtzahlung einer verhängten Geldstrafe die deswegen zusammengerufenen Werkstätten die entstandenen Kosten selber tragen müßten (232). Die Ordnung Schlesiens legte in Art. 14 außerdem noch fest, daß derjenige für die gesamten Unkosten eines "Geschenkes" aufkommen mußte, der dort einen Streit angefangen hatte. Über den gerichtlichen Aufgabenbereich der Mühlenversammlung im einzelnen soll unten in dem Kapitel über die Gerichtsbarkeit berichtet werden (233).

Andere die Papiererorganisation insgesamt betreffende Funktionen kamen einer Werkstattversammlung nicht zu. So waren diesem Organ etwa weder legislative, also rechtsetzende, noch administrative Aufgaben zugewiesen. Dies erklärt sich nur aus der gesamten Struktur des losen Verbandes der deutschen Papierer. Der Verband selbst war nicht handlungsfähig. Dessen Träger waren vielmehr im Grunde die einzelnen, nur selten in näherer Berührung zueinander stehenden Papiermühlen. Demgemäß ging auch die Willensbildung innerhalb der Organisation jeweils von den Betrieben und ihren Belegschaften aus, die ihre Angelegenheiten soweit selbst und in eigener Verantwortung regelten. Der Erfüllung dieser Aufgabe diente die Mühlenversammlung aller Belegschaftsmitglieder, somit das "Geschenk". Von daher gesehen, gewinnt auch ein Satz Kefersteins in seinem "Unterricht" eine noch umfassendere Bedeutung, als er ihm an sich beigemessen hat. Keferstein schreibt, daß die Papier-

---

(232) Siehe auch: Wehrs, S. 430 f.; Klewitz, in Beckmann "Beyträge" (1784), S. 403 (397)
(233) Siehe Kap. III. 2. b)

mühlen in Deutschland "als kleine Republicken zu betrachten" seien (234), was er eigentlich nur auf die selbständige Dirigierung einer Papiermühle mitsamt der Gesellen durch den Meister bezog. Dieses Bild ist indes ebenso treffend für die Beschreibung der Stellung einer jeden einzelnen Mühle innerhalb der gesamten Papiermacherorganisation. Die Papiermühle und ihre Belegschaft stellte darin nämlich eine geschlossene Einheit dar, und dieses Gebilde war wiederum zugleich ein Element des Ganzen. Jede Papiermühle sorgte also autonom für eine Erledigung der an sie herangetragenen Angelegenheiten. Regelmäßig ging es dabei um die Schlichtung konkreter Streitfälle oder um die Aburteilung von Vergehen, die sämtlich einen Bezug entweder zum Betrieb und seiner Belegschaft oder zu sonstigen örtlichen Belangen aufwiesen. Für darüber hinausgehende Aufgabenstellung der "Geschenke" bestand keine Veranlassung. Indem auf diese Weise jede Einheit innerhalb ihres begrenzten Zuständigkeitsbereiches tätig wurde, war letztlich auch für die Wahrung der Ordnung im Rahmen des Gesamtverbandes gesorgt. Ein rechtsfreier Raum konnte hierdurch für einen einzelnen Verbandsangehörigen nicht entstehen, denn jeder Papiermacher unterlag schon aufgrund der Tatsache, daß er irgendeinem Mühlenbetrieb angehörte, auch der Gerichtsgewalt des "Geschenkes" dieser Papiermühle.

Zu gewissen Zweifeln an dem vorstehend beschriebenen, eng begrenzten Aufgabenbereich der Mühlenversammlung gibt lediglich Art. 26 der schlesischen Ordnung Anlaß. Dort heißt es: "Wann das Meister und Gesellen beysammen und Handtwercks Sachen mit einander vorhaben ...". Aus der Formulierung "Handtwercks Sachen" kann durchaus geschlossen werden, daß Zweck der Werkstattversammlungen auch die abstrakte Besprechung allgemeiner Verbandsangelegenheiten sein konnte. Doch scheint dies, wenn überhaupt, tatsächlich nur von untergeordneter Bedeutung gewesen zu sein. Jedenfalls haben dies die Ordnungsgeber ansonsten nirgends vorgesehen, denn sämtliche übrigen Bestimmungen über die Zusammenkünfte auf den Mühlen gehen davon aus, daß dort lediglich die Gerichtsbarkeit in "Handtwercks Sachen" ausgeübt wird (235).

bb) Überörtliche Papiermacherversammlung, der Kongreß

Der der Papiermacherorganisation des deutschsprachigen Raumes eigentümliche subsidiäre Aufbau verlagerte das Schwergewicht der Aktivitäten auf die einzelnen Papiermühlen und deren Belegschaften. Die Folge hiervon war, daß die Beschlüsse

(234) Keferstein, S. 11
(235) Vgl. Artt. 9, 16, 23, 25 der schlesischen Ordnung

der Werkstattversammlungen zwangsläufig "Stückwerke" sein mußten, die in ihrer Bedeutung letztlich auf den Teilnehmerkreis und auf die Gegend um die Mühle, etwa auf das Lumpensammelgebiet, beschränkt blieben. Wenn die Einheit der Organisation mitsamt ihrer Regeln gewahrt bleiben sollte, so war es unerläßlich, daß die Papiermacher der Mühlen das Recht gleichförmig anwandten und entsprechend darüber wachten, daß das Recht auch von jedem befolgt wurde. Dies wurde vorstehend als die zentrale Aufgabe der "Geschenke" erkannt. Doch konnte man hierbei auf längere Sicht nicht stehen bleiben, denn dies hätte notwendig Stagnation und die Unfähigkeit bedeutet, sich veränderten Gegebenheiten anzupassen. Zumindest in Ausnahmesituationen konnte es auch erforderlich werden, das Recht weiterzuentwickeln bzw. zu korrigieren. Eine derartige Rechtsfortbildung mit Gültigkeit für die gesamte Papiermacherorganisation konnte von einer einzelnen Mühle kaum ausgehen. Die Papiermühle war vielmehr für ihren Bereich stets nur auf die reine Rechtsanwendung beschränkt, ohne darüber hinaus auch die Möglichkeit zu besitzen, rechtsetzend tätig zu werden. Das Bedürfnis hierfür ist im Laufe der Zeit aber vielfältig aufgetreten, wobei das Aufkommen der Stampfmühlen nur ein Beispiel ist, das allerdings die Notwendigkeit von Veränderungen besonders deutlich werden ließ. Zu nennen sind weiter das schon angesprochene Problem des Eindringens der Kaufleute in das Papiermachergewerbe sowie die unaufhörlichen Streitigkeiten wegen des Lumpensammelns. Diese und noch andere Fragen (236) erforderten immer wieder neue Antworten seitens der Papiermacherschaft insgesamt, die die einzelne Papiermühle mit ihrem örtlich und personell begrenzten Wirkungsgrad nicht zu liefern in der Lage war.

Für solche das örtliche Interesse übersteigende Fragestellungen war zuständiges Organ die Versammlung mehrerer Papiermühlen und ihrer Belegschaften. Dabei richtete sich die Teilnehmerzahl eines solchen Kongresses nicht zuletzt nach der Bedeutung und Auswirkung der zur Verhandlung stehenden Sache. Dementsprechend sollten nach Art. 23 der schlesischen Satzung für den Fall, daß "wichtige Dinge in Handtwercks Sachen" vorgefallen waren, soviele benachbarte Werkstätten zusammenkommen, wie dies zur Beilegung der Angelegenheit für erforderlich gehalten wurde. Teilnahmeberechtigt an einem Papiermacherkongreß waren Meister und Gesellen gleichermaßen (237). Neben den bereits angesprochenen Papiermacherver-

---

(236) Wehrs, S. 429, weist außerdem noch auf Fragen der Lohnzahlung hin

(237) Thiel, S. 138; ders., in Zeitschrift für Papier, Pappe, Zellulose u. Holzstoff (1938), S. 303

sammlungen in Kaufbeuren 1586, Wangen 1695 und Augsburg 1700 hat es Kongresse zu allen Zeiten, an unterschiedlichen Orten und aus vielerlei Ursachen gegeben. An herausragenden Versammlungen sollen hier noch diejenigen in Penig 1647 und Plauen 1648 (238), in Lehesten (Lissen) im Thüringer Wald 1698 (239) und in Osterrode 1745 (240) genannt sein. An diesen großen Konventen haben jeweils bis zu 100 Meister und Gesellen teilgenommen. Die entsprechenden Ergebnisse wurden dann meist in die Form regelrechter Ordnungen gekleidet, wie dies etwa die Beschlüsse von Kaufbeuren, Wangen und Augsburg zeigen. Die Wirksamkeit dieser Beschlüsse war indes entscheidend eingeschränkt, denn sie erlangten grundsätzlich nur insoweit Gültigkeit, als die von ihnen Betroffenen auch unmittelbar an ihrem Zustandekommen beteiligt waren. Ein oberstes Organ, das mit Wirkung für und gegen sämtliche oder wenigstens eine Gruppe von Papiermachern, d.h. mit entsprechender Vertretungsbefugnis, handeln konnte, hat es eben gerade nicht gegeben. Das Gremium des unregelmäßig tagenden überörtlichen Papiererkongresses trat aber doch in begrenztem Maße ersatzweise an die Stelle eines solchen eigens bestellten leitenden Organs.

Daneben fielen einem Papiererkongreß auch wieder gerichtliche Funktionen zu, und zwar in solchen Streitfällen, die entweder wegen ihres Umfanges von einer einzelnen Papiermühle nicht bewältigt werden konnten oder aber die von vornherein in einem breiter angelegten Verfahren wirksamer zu einem endgültigen Abschluß gebracht werden sollten. Hierauf wird in dem nun folgenden Kapitel über die Gerichtsbarkeit näher einzugehen sein (241).

---

(238) Günter-Franz, S. 21 u. 24

(239) v. Hößle, in Der Altenburger Papierer (1934), S. 147

(240) Castorf, in Sondernr. aus Wochenblatt für Papierfabrikation (1925), S. 72 (71); ders., in Festschrift (1922), S. 19 (5); siehe zu allem auch: Wehrs, S. 431

(241) Siehe Kap. III. 2. b)

III. Gerichtsbarkeit der Papiermacher

Die den organisatorischen Zusammenschluß der deutschsprachigen Papiermacher tragende Institution war die eigene Gerichtsbarkeit. Sie verlieh dem Organisationszwang erst seine Wirksamkeit, indem sie über die Anwendung der Zwangsmittel und über die Folgen ihrer Mißachtung entschied. Dies traf in gleicher Weise sowohl auf den losen Gesamtverband der deutschen Papierer als auch auf die zünftlerischen Papiererverbände in Reutlingen und Krakau zu. Demgemäß enthalten sämtliche hier untersuchten Papiermacherordnungen Bestimmungen, die den Umfang und die Form der Ausübung der Gerichtsbarkeit betreffen. Dem soll im folgenden nachgegangen werden.

1. Umfang der Verbandsgerichtsbarkeit

Die Innehabung einer eigenen Gerichtsbarkeit war für alle deutschen Handwerke ohne Ausnahme der sichtbarste Ausdruck ihrer Autonomie. Das Papiermacherhandwerk ist hier somit nicht isoliert zu betrachten, zumal es als später aufgekommenes Gewerbe im wesentlichen nur an bereits bestehende Traditionen angeknüpft und diese auf die eigene Gerichtsbarkeit übertragen hat. Bevor die speziellen Verhältnisse bei den Papiermachern dargestellt werden, soll daher zunächst kurz in die allgemeine Situation der Handwerksgerichtbarkeit eingeführt werden.

a) Allgemeines zur Handwerksgerichtsbarkeit

Das Recht auf Autojurisdiktion hat die deutsche Handwerkerschaft bereits frühzeitig erlangt. Die Ausübung einer eigenen Gerichtsbarkeit ist in unmittelbarem Zusammenhang mit der Entstehung der städtischen Handwerkszünfte zu sehen. Mit der Loslösung der Handwerker aus dem ländlichen Feudalsystem wuchs den sich konstituierenden Verbänden sehr bald auch die Freiheit zu, in eigener Verantwortung und unter Ausschluß der bisherigen Herrschaft die bei ihnen anfallenden Streitigkeiten und Vergehen zu schlichten und zu strafen (1). Der Obrigkeit war es sogar nicht einmal

(1) Wissell II, S. 177 f.

unlieb, daß die Handwerker ihre inneren Angelegenheiten auf diese Weise selbst entschieden, denn häufig waren ihr die insoweit maßgeblichen Handwerkseigentümlichkeiten nur allzu fremd (2). Der Besitz einer eigenen Gerichtsbarkeit entwickelte sich für die Handwerker daher im Laufe der Zeit immer mehr zu einem selbstverständlichen Rechtsgut.

Die Handwerksgerichtsbarkeit war jedoch insgesamt keineswegs einheitlich ausgestaltet. Vielmehr bestanden je nach Stadt und Handwerkszweig Abweichungen, die das Autojurisdiktionsrecht einmal enger und einmal weiter erscheinen ließen. Vereinfacht lassen sich aber dem Zuständigkeitsbereich der Verbandsgerichtsbarkeit in sachlicher Hinsicht generell all diejenigen Angelegenheiten zuordnen, die im weiteren Sinne in Beziehung zur Handwerksverfassung standen und damit entweder die berufliche Tätigkeit selbst oder das Verbandsleben betrafen. Vereinzelt dehnten die Zünfte ihre Rechtsprechungskomptenz sogar auf sämtliche ihre Mitglieder betreffenden Angelegenheiten aus. In diesen Fällen wurde der Zuständigkeitsbereich mithin nicht mehr sachlich, sondern rein personal bestimmt. Den Zunftgerichten unterfielen damit auch Entscheidungen über Fragen der Beziehungen der Zunftmitglieder zueinander und zu Außenstehenden, die auf dem Gebiet des bürgerlichen Zivilrechts oder des allgemeinen Strafrechts angesiedelt waren (3). Der Umfang der zünftlerischen Jurisdiktionsgewalt hing im Einzelfall maßgeblich von der Machtverteilung zwischen der Obrigkeit und den Zünften innerhalb einer Stadt ab. War die Stellung der Zünfte schwach, so wurden ihnen von der Obrigkeit allenfalls einzelne Gerichtsbarkeitsbefugnisse zugebilligt oder verliehen. War sie dagegen stark, so nahmen die Zünfte diese Rechte für sich einfach eigenmächtig und dementsprechend auch umfänglich in Anspruch (4). Selbst die gerade im Hinblick auf letzteres im Wege der Reichsgesetzgebung zwischen 1530 und 1731 mehrfach unternommenen Versuche zur Einschränkung der Zunftgerichtsbarkeit haben diese fest verwurzelte Institution nie gefährden können (5).

---

(2) Wissell II, S. 178

(3) Ähnlich: Wissell II, S. 177 ff., der allerdings die hier getroffene Differenzierung soweit nicht ausdrücklich vornimmt

(4) Wissell II, S. 179, 187 ff.

(5) Vgl. dazu: Proesler, S. 54 ff.; Ortloff, S. 142 ff.

b) Situation bei den Papiermachern

Von dem sich erst im 15. Jahrhundert endgültig konstituierenden Papiermacherhandwerk ist das Autojurisdiktionsrecht ohne weiteres als gegebenenes Recht übernommen worden. Dieses Recht ist den Papierern im Grundsatz auch nicht abgesprochen worden. Im Gegenteil wies Art. 5 der kaiserlichen Papiermacherordnung von 1656 auf die Innehabung einer eigenen Gerichtsbarkeit ausdrücklich hin und bestätigte diese Rechtsposition der Papiermacher sogar noch einmal für das gesamte Deutsche Reich (6). Diese für die deutsche Papiermacherschaft überaus bedeutsame Stelle in Art. 5 der Ordnung lautet: "... daß in unterschiedlichen Königreichen und Lande, auch im heiligen römischen Reich denen Papierern frey gelassen ist, daß unterschiedliche Wandel und Fälle (...) durch die Zunftgenossen der Papierer allein, so viel was von denselben dependiert und concerniren thut, geschlichtet und abgehandelt werden".

Auch bei den Papiermachern begegnet man unterschiedlichen Aufgabenzuweisungen an die eigene Gerichtsbarkeit. Allerdings war dies nicht Ausdruck einer entsprechenden Machtstellung des Papiermacherverbandes gegenüber der Obrigkeit, vergleichbar den Handwerkszünften in den Städten. Sieht man wieder von den speziellen Verhältnissen in Reutlingen und Krakau ab, so blieb die Papiermacherschaft weitgehend unberührt von städtischen Einflüssen und konnte von daher ihre Angelegenheiten auch soweit ungebunden regeln (7). Eine natürliche Folge dieser Gegebenheit war, daß die Papiermacherorganisation grundsätzlich über eine ausgedehnte Autojurisdiktion verfügte, eben weil wirksame Beschränkungen seitens der Obrigkeit kaum möglich waren. Anderweitigen Rechtsschutz konnte der einzelne Papiermacher aufgrund der Abgeschiedenheit der Mühlenbetriebe abseits der Städte nicht ohne weiteres erlangen. Nach Art. 47 der "Gebräuche" war ihm jegliche Anrufung der Obrigkeit zum Zwecke der Rechtssuche sogar ausdrücklich bei Strafe der Verstoßung aus der Organisation verboten. Hieran wird das Bestreben der Papiermacher nach Sicherung einer unabhängigen Gerichtsbarkeit deutlich. Deren im ganzen weit zu fassender Kompetenzbereich läßt sich am ehesten personal abgrenzen. Das Papiermachergericht war demzufolge grundsätzlich zuständiges Organ für die Entscheidung sämtlicher Rechtsfragen, die die Organisationsangehörigen angingen, auch soweit es sich dabei um Belange nichthandwerklicher Art gehandelt hat. Eine sachliche Differen-

---

(6) Thiel, S. 139; ders., in Zeitschrift für Papier, Pappe, Zellulose u. Holzstoff (1938), S. 304 (303)

(7) Die Feststellung beansprucht allerdings nur eingeschränkte Gültigkeit für all diejenigen Papiermacher, die sich einzelnen städtischen Gewerbezünften angeschlossen und sich damit auch an deren Verhältnisse angepaßt haben

zierung nach der Art der zu verhandelnden Streitfälle (rein handwerksrechtliche Sachen im Gegensatz zu allgemeinen bürgerlich-rechtlichen bzw. strafrechtlichen Sachen) würde dagegen nur zu einer unzulässigen Verengung des Zuständigkeitsumfanges beitragen. Ein solches Ergebnis würde den wahren Verhältnissen letztlich nicht gerecht werden.

Die Papiermachergerichtsbarkeit war im vorgenannten Sinne vorrangig eine Straf- bzw. Disziplinargerichtsbarkeit, mit deren Hilfe Mißachtungen der Verfassung, d.h. der vielfältigen Organisations-, Berufs- und Gewerbeordnungen, geahndet wurden (8). Darüber hinaus konnte sich die Strafkompetenz unter bestimmten Voraussetzungen auch auf sonstige Verhaltensregeln des außerberuflichen Lebens erstrecken (9). Neben diesem strafgerichtlichen Funktionsbereich stand derjenige eines Schiedsgerichtes zur Schlichtung der zwischen den Berufsgenossen entstandenen Streitigkeiten, wobei hier das Schwergewicht von der Natur der Sache her auf der Behandlung von Differenzen beruflichen Ursprungs lag (10).

In den Ordnungen kommt allerdings diese dezidierte Unterscheidung zwischen Straf- bzw. Disziplinargerichtsbarkeit auf der einen und Schiedsgerichtsbarkeit auf der anderen Seite nicht zum Ausdruck, was seine Ursache schlicht darin hat, daß man bei den Papiermachern für eine derartige systematische Aufgliederung keine unmittelbare Veranlassung sah. Ihr besonderes Augenmerk war auf die Aufrechterhaltung der gemeinsamen Ordnung als der Grundlage ihrer Organisation gerichtet, und diesem Zweck diente allein das Straf- und Disziplinargericht. Der hiervon ausgehende Strafausspruch war nicht nur eine wirksame Ahndung jedes begangenen Regelverstoßes, er konnte darüber hinaus in gewisser Weise auch präventiv der Begehung neuer Übertretungen entgegenwirken. Zur Unterstützung trat das Zwangsmittel der Scheltung und gesellschaftlichen Ächtung hinzu, das in aller Regel zusammen mit der Strafe angewandt wurde. Es handelte sich hierbei also ebenfalls um ein disziplinargerichtliches Instrumentarium. Über ihren eigentlichen Anwendungszweck hinaus wurden Bestrafungen und Scheltungen von den Papierern aber auch als Mittel zur Beilegung von Streitigkeiten untereinander angesehen. Mit ihrer Hilfe konnte man nämlich durchaus auch im kontradiktorischen Verfahren zu einem Ergebnis gelangen. Man brauchte lediglich die eine Seite mit Zwangsmitteln zum Nachgeben zu bewegen, um damit umgekehrt der anderen zu ihrem vermeintlichen Recht zu verhelfen. Dies

(8) Siehe dazu für Zünfte allgemein: Weisser, S. 51; Fricke, S. 37; Ortloff, S. 147

(9) Allgemein dazu: Weisser, S. 51 f.; Fricke, S. 41; Ortloff, S. 147

(10) Allgemein dazu: Weisser, S. 53

war bei den Papiermachern gängige Praxis, so daß bei ihnen für ein echtes schiedsgerichtliches Tätigwerden kaum noch Raum blieb.

Die vorliegenden einschlägigen Papiermacherordnungen geben an den verschiedensten Stellen Hinweise auf die soeben skizzierten Kompetenzbereiche der eigenen Gerichtsbarkeit, ohne allerdings insoweit in jedem Fall vollständig zu sein. Im Grunde erschließt sich der wahre Umfang der Zuständigkeiten erst in der Gesamtschau der Einzelbestimmungen aller Ordnungen, da man offenbar jeweils immer nur Anlaß zu Regelungen ganz bestimmter als klärungsbedürftig angesehener Fallgestaltungen gesehen hat. Generalisierende Regelungen finden sich dagegen so gut wie nicht.

Eine gewisse Ausnahme bildet in letzterer Hinsicht nur das Papiermacherprivileg Kaiser Ferdinand III., dessen Art. 5 besagt, daß den Papierern die Schlichtung "unterschiedlicher Wandel und Fälle" freigelassen sei. An anderer Stelle dieses Privilegs heißt es dann noch vielsagend über den Umfang der eigenen Rechtsprechung: "so viel als ihrem Artificio anhängig". Hieran zeigt sich von neuem, daß diese kaiserliche Ordnung in erster Linie nur symbolhaften Wert besaß und nähere inhaltliche Aussagen über das Papiermacherwesen weitgehend vermissen ließ. Dies trifft ganz besonders auf den hier interessierenden Punkt zu. Immerhin wird hiermit die Existenz einer eigenen Gerichtsbarkeit bei den deutschen Papierern allgemein bestätigt, und hierauf wird es ihnen wohl primär auch nur angekommen sein. Ansonsten läßt sich der Bestimmung lediglich entnehmen, daß das Autojurisdiktionsrecht grundsätzlich alle Fälle umfassen sollte, die das Handwerk und die dazugehörenden Personen betreffen konnten. Der Zuständigkeitsbereich ist hier also sowohl nach der personalen als auch nach er sachlichen Seite hin offen und deckt damit die gesamte denkbare Bandbreite ab.

Als ein grundlegendes Prinzip läßt sich aus den übrigen Papiererordnungen herauslesen, daß der eigenen Gerichtsbarkeit jedenfalls die Strafkompetenz bezüglich sämtlicher Verstöße gegen die Statuten zustehen sollte. Eine generelle positive Normierung dieses Sachverhalts findet sich in Art. 14 der Reutlinger Ordnung von 1527 und in Art. 46 der "Gebräuche". Art. 14 der Reutlinger Statuten bestimmt: "Es sollen auch alle die obbestimmten Artickel gehalten werden / hier zu Reütlingen vnd anderswo / von allen denen die in der Gesellschafft seind / vnnd fürohin dareinkommen werden. Wo aber einer oder mehr wer /der sollichs hie oder dort nit helt oder halten wölt / der soll nach gelegenheit der Sach gestrafft werden". Im gleichen Sinne führt Art. 46 der "Gebräuche" aus: "Alle diese Gebräuche müssen von Meister und Gesellen gehalten werden, wer dawider handelt wird abgestraft, was aber nicht zu bestrafen ist, wird verstoßen".

Aber auch die übrigen Statuten gingen, mit Ausnahme nur der Krakauer Ordnung, die überhaupt keine Bestimmungen über den Umfang der Gerichtsbarkeit und auch keine einzelnen Strafvorschriften enthält, stillschweigend von einer eigenen Strafgewalt bei Ordnungsverstößen aus. Dies zeigt sich daran, daß den einzelnen Verhaltensmaßregeln zugleich Strafandrohungen beigegeben worden sind, über die jeweils nach der Erkenntnis des Handwerkes (11) zu befinden war. Bei als besonders schwerwiegend angesehenen Verfehlungen, für die offenbar eine Geldstrafe nicht mehr als ausreichende Vergeltung betrachtet wurde, war die Verstoßung aus der Organisation zwingend vorgeschrieben. Ansonsten ließ z.B. Art. 34 der Ordnung Schlesiens dem Papiermachergericht für alle diejenigen Fälle, für die die Satzung keine bestimmte Strafe festgelegt hatte, ausdrücklich freie Hand für eine den Umständen des Einzelfalles gerecht werdende Strafzumessung.

Eine Reihe von strafbewehrten Satzungsbestimmungen sind berufs-, gewerbe- und organisationsrechtlichen Inhaltes. Sie können allerdings an dieser Stelle nicht alle wiedergegeben werden. Zum überwiegenden Teil wird auf sie ohnedies an den insoweit einschlägigen Stellen der vorliegenden Untersuchung eingegangen, so daß hier der Hinweis auf diejenigen wichtigen Bestimmungen genügen mag, die ansonsten keine besondere Erwähnung finden. Nach Art. 5 der Reutlinger Ordnung von 1527 war etwa das Arbeiten bei einem Meister im Wissen, daß dieser kein gelernter Papierer war, strafbar. Eine Geldstrafe mußte gem. Art. 15 dieser Ordnung auch entrichten, wer beim Aufkauf von Lumpen mehr als den festgesetzten Preis für einen Zentner zahlte. Ein Meister durfte nach Art. 7 der schlesischen Ordnung seinen Büttengesellen nicht durch eine ungelernte Aushilfskraft ersetzen und dabei noch Lehrjungen ausbilden. Gemäß Art. 27 derselben Ordnung war es einem Meister gleichfalls bei Strafe verboten, einem anderen dessen Gesellen abzuwerben, und bestraft wurde weiterhin, wer ohne Erlaubnis der anderen eine Papiermühle neu errichtete, Art. 30, sowie wer einen Mühlenpächter durch Überbietung auspachtete, Art. 32.

---

(11) Vgl. insoweit den Wortlaut der Reutlinger Ordnung von 1603: "nach erkanntnus des handwerckhs" (Artt. 4, 5, 7, 8) und der schlesischen Ordnung: "bey dem Handwerck sich bestraffen laßen" (Art. 17)

Neben diesen Strafvorschriften spielten vor allem solche eine wichtige Rolle, die im weiteren Sinne auf die Wahrung der Standesehre zielten. Hierzu finden sich vornehmlich in den "Gebräuchen", die als althergebrachtes Gewohnheitsrecht in besonderer Weise das Ehrgefühl der Papiermacher verkörperten, eine Vielzahl von Maßregeln, die ganz überwiegend das sittlich-moralische Verhalten der Papierer betrafen. Sofern sie nicht ebenfalls bereits angesprochen wurden, sei hier nur auf die Artt. 23 bis 26 und, speziell die Meister betreffend, auf die Artt. 44 bis 46 der "Gebräuche" sowie auf Art. 10 der schlesische Ordnung hingewiesen. Ihnen ist gemeinsam, daß sie gewisse Ge- bzw. Verbote in bezug auf den Umgang mit dem anderen Geschlecht beinhalten, die ein nach Handwerksehre soweit untadeliges persönliches Verhalten gewährleisten sollten. Angesichts des hohen Stellenwertes, den die Ehre bei den Handwerkern und im besonderen bei den Papiermachern einnahm, galt diesem Themengebiet die bevorzugte Aufmerksamkeit der eigenen Gerichte.

Ein weiterer Teilbereich der Rechtsprechungstätigkeit der Papierer betraf die Beilegung von solchen Streitigkeiten, die unter den Teilnehmern der verschiedenen Versammlungen, also insbesondere den "Geschenken", aufgekommen waren. Hierzu gehörte auch die Aufrechterhaltung der allgemeinen Disziplin auf diesen Zusammenkünften und notfalls die Bestrafung von Zuwiderhandlungen gegen dementsprechende Anordnungen. Derartige Vorschriften enthalten durchgängig sämtliche Papiermacherordnungen, die Krakauer Ordnung ebenso wie die Reutlinger Ordnung in Art. 6 (1527) und in den Artt. 3, 7 und 9 (1603), die schlesische Ordnung in den Artt. 14 und 26 sowie die "Gebräuche" in den Artt. 14 und 21. Hervorzuheben ist insoweit nur, daß in Reutlingen und Krakau die Disziplinargewalt auf den "Geschenken" ausdrücklich dem die Versammlung leitenden Vorstand zugewiesen war (12). Ansonsten entschied die Versammlung grundsätzlich selbst über die sich auf ihr zutragenden Vorfälle. Als besondere und unter Umständen empfindliche Strafe sah die schlesische Ordnung in Art. 14 für denjenigen, der auf einem "Geschenk" einen Streit anfing, vor, daß er die gesamten Kosten der Zusammenkunft, die vornehmlich wohl in Bewirtungskosten ("das gantze Gelack") bestanden, zu übernehmen hatte.

In Einzelfällen unterlag der Papiermachergerichtsbarkeit auch die Abstrafung von Delikten des gemeinen Rechts, wobei Art. 9 der Satzung für Schlesien insoweit beispielhaft Diebstahl, Mord, Hurerei und "andere böse Taten" nennt. Die "Gebräu-

---

(12) Nach Art. 6 (1527) in Reutlingen den drei Verordneten und in Krakau den Altgesellen, denen allerdings für den Fall, daß sie einen Streit nicht zu schlichten vermochten, einige "rechtschaffende Meister" an die Seite gestellt werden sollten

che" bedrohen in Art. 6 den Diebstahl eines Lehrjungen und in Art. 22 denjenigen eines Papiermachers im allgemeinen, jedesmal schon ab einem Betrag von 4 Groschen, mit dem Ausstoß aus der Organisation. Auf diesem Gebiet mußten die Papiermacher allerdings zwangsläufig in Kollision zur ordentlichen Gerichtsbarkeit der Obrigkeit geraten. Lediglich die "Gebräuche" gehen hierauf mit keinem Wort ein. Demgegenüber schränkte Art. 5 der kaiserlichen Ordnung die Gerichtsbarkeit der Papiermacher in diesem Punkt ausdrücklich ein. Das Autojurisdiktionsrecht sollte ihnen nur "mit Vorbehalt und ohne Präjudiß und Nachtheil der Magistraten, Jurisdiction, Instanz und Obrigkeit" überlassen sein. Diese Einschränkung bezog sich, wie es eingangs des Privilegs heißt, auf solche "sonderbahren Delicten und Verbrechen, welche für sich selbst einem Gericht abzustrafen gebühren". Freimütig räumte auch Art. 9 der schlesischen Ordnung in den dort genannten Fällen der öffentlichen Rechtsprechung den Vorrang vor der eigenen ein, wenn nämlich gesagt wird, daß von seiten der Papiermacherschaft eine Strafverhängung nur erfolgen dürfe, "wenn zuförderst der Delinquent bey der Obrigkeit gebührend bestrafft worden" sei. Dies entsprach im übrigen auch der gängigen Rechtsauffassung (13), die es den Handwerksverbänden gemeinhin zugestand, neben der öffentlichen Untersuchung und Abstrafung eines Verbrechens zusätzlich noch mit den internen Mitteln den spezifisch handwerklichen Unrechtsgehalt dieser Tat zu ahnden. Dieser bestand jedenfalls in der Verletzung der Standesehre, wofür in aller Regel nur die Verstoßung als adäquate Handwerksstrafe in Frage kam. Dies sahen auch die Artt. 6 und 22 der "Gebräuche" sowie Art. 9 der Ordnung Schlesiens vor.

2. Organe der Rechtspflege

Ausübendes Organ der Rechtspflege war speziell in Reutlingen die Versammlung sämtlicher Zunftmitglieder. Dies trifft sicherlich auch auf Krakau zu, doch ist die Satzung aus dem Jahre 1546 insoweit unergiebig (14). Ansonsten war bei den Papiermachern Gerichtsorgan die Mühlenversammlung oder der Kongreß (15).

---

(13) Siehe dazu etwa: Weisser, S. 51 f.; Fricke, S. 41; Ortloff, S. 147, insbesondere Fn. b

(14) Siehe zu diesen Zunftorganen schon oben Kap. II. 1. c) bb)

(15) Siehe zu diesen Organen schon oben Kap. II. 3. d)

a) Zunftversammlung in Reutlingen

Ausführlich behandeln die Artt. 1 bis 3 der Reutlinger Ordnung aus dem Jahre 1603 die Abhaltung der Zunftversammlung. Versammlungsleiter war der Zunftvater, der die Versammlung zur festgesetzten Stunde einberief und einzelne von der Teilnahme beurlauben konnte. Grundsätzlich waren sämtliche Zunftmitglieder zum Erscheinen verpflichtet. Wer unentschuldigt fehlte, mußte eine Strafe zahlen. Jedes Zunftmitglied und sogar Zunftfremde konnten vom "Vater" die Einberufung der Versammlung verlangen.

Daneben wurde die Zunftversammlung in Reutlingen auch in Form der "Gesellenschenke" abgehalten. Dies war im Unterschied zu sonst lediglich eine besonders auf die zuwandernden Gesellen zugeschnittene Veranstaltung, auf der sie von der Gemeinschaft der Reutlinger Papierer mit einem Ausschank offiziell begrüßt wurden. Ansonsten diente diese Zusammenkunft aber wie jede andere der Gerichtsabhaltung, wobei sich das Interesse hier ausweislich des Art. 7 der Reutlinger Satzung von 1527 insbesondere auf die Behandlung der von dem fremden Gesellen eventuell vorgebrachten Anschuldigungen richtete. Außerdem lag die Leitung speziell der "Gesellenschenke" in den Händen der drei Verordneten.

b) Mühlenversammlung und Kongreß, speziell die "vier alten Gewerke"

Die im Gegensatz zum Reutlinger Verband gänzlich andere Struktur des reichsweiten Papiermacherverbandes bedingte auch eine abweichende Ausgestaltung der Gerichtsbarkeit. Wichtigstes Rechtspflegeorgan war hier die Versammlung der Betriebsangehörigen einer Papiermühle, wahrscheinlich mit dem Papiermachermeister als Vorsitzenden. Eine solche Versammlung zur Abhaltung der Gerichtsbarkeit konnte zum einen auf Ersuchen einzelner Papierer aus speziellem Anlaß stattfinden, was Art. 33 Abs. 4 der "Gebräuche" und Art. 16 der schlesischen Ordnung zeigen. Erstere Bestimmung besagt, daß ein Gescholtener jederzeit Rechtsschutz auf einer sogenannten "unpartheyischen Werkstatt" suchen könne, während letztere Vorschrift den Gescholtenen insoweit an die Papiermühle verweist, der der Schelter angehört. In diesen Fällen trat die Mühlenbelegschaft also eigens zum Zwecke der begehrten Streitschlichtung zusammen. Ansonsten tagte die Mühlenversammlung grundsätzlich an den regelmäßig wiederkehrenden, fest vorgeschriebenen Terminen, und zwar gem. Art. 21 der "Gebräuche" und Art. 14 der schlesischen Ordnung nicht anders als in Reutlingen namentlich bei Gelegenheit der "Geschenke".

Das Papiermachergericht wurde allerdings nicht immer aus der Belegschaft nur einer Mühle gebildet. Je nach Art und Schwere der zu behandelnden Sache konnten auch mehrere Werkstätten zusammenkommen. Sie bildeten dann einen Kongreß. Die Ordnung Schlesiens sah dies in Art. 9 für die Aburteilung schwerer Taten, wie Diebstahl, Mord und Hurerei, vor. Ganz allgemein ordnete Art. 23 derselben Satzung eine Zusammenrufung mehrerer Werkstätten immer für solche wichtigen Handwerksangelegenheiten an, die eine Werkstatt allein nicht erledigen konnte. Nicht so eindeutig nimmt sich dagegen die Regelung hierüber in den "Gebräuchen" aus. Nur vage äußert sich Art. 34 über die Gründe für die Anrufung mehrerer Werkstätten zu einer Gerichtsversammlung mit den Worten: "Um weitläufige und langwierige Streitigkeiten zu vermeiden ...". Dabei bezieht sich diese Feststellung auf das in dem vorherigen Art. 33 behandelte Schlichtungsverfahren, welches im Grundsatz darauf basierte, daß jede der streitenden Parteien für sich eine als unparteiisch bezeichnete Werkstatt anrufen konnte, um dort ihr Recht zu suchen (16). Nicht zuletzt dem Papierer Braun als Verfasser der "Gebräuche" ist offensichtlich wohl bewußt gewesen, daß dieses Verfahren regelmäßig zu einer weiteren Vertiefung der gegenseitigen Auseinandersetzungen, denn zu einem abschließenden Schlichtungsspruch geführt hat. Er macht dies in Art. 33 Abs. 6 auch deutlich. Aus dieser Erkenntnis heraus sollte den Parteien daher freigestellt sein, von vornherein in jeder Angelegenheit auch den effektiveren Weg der Einberufung einer größeren Gerichtsversammlung unter Beteiligung mehrerer Papiermühlen einzuschlagen. Der daraus hervorgehende neutrale Spruch sollte dann endgültig und für beide Seiten verbindlich sein. Die Wahl dieses Gerichtsverfahrens war zudem ausweislich des Art. 35 weitgehend unabhängig von der Streithöhe, denn dort heißt es, daß hierfür schon ein Betrag ab 10 Talern ausreichend sein sollte. Aus alldem wird deutlich, daß es sich sowohl bei dem Verfahren nach Art. 33 als auch bei demjenigen nach Artt. 34, 35 um erstinstanzliche Verfahrensarten gehandelt hat, die beide in einem Alternativverhältnis zueinander gestanden haben. Jedenfalls ist für eine instanzliche Über- oder Unterordnung nichts ersichtlich.

Das Procedere der Einberufung mehrerer Werkstattbesatzungen zu einem Gerichtskongreß beschreiben detailliert die Artt. 34 und 35 der "Gebräuche". Darüber hinaus kann hierzu auf die Ausführungen von Wehrs zurückgegriffen werden, die

(16) Siehe dazu schon oben Kap. II. 3. b) bb) (a)

das Bild noch weiter vervollständigen (17). Die Einladung zu einer Werkstättenversammlung besorgten danach die Gesellen. Sie reisten zu den teilnehmenden Papiermühlen und übermittelten den Belegschaften Ort und Zeit der Zusammenkunft. Nach Wehrs erhielten sie dafür eine Entschädigung von 12 Mgr. täglich (18), während sie nach Art. 34 der "Gebräuche" 8 gr. die Meile bekamen. Bedeutsamer ist aber eine andere Verschiedenheit beider Darstellungen. Wehrs zufolge schickte nämlich jede der beiden streitenden Parteien jeweils zwei Gesellen aus (19), wohingegen nach Art. 34 der "Gebräuche" zwei unabhängige Gesellen, die sogenannten "Citir-Gesellen", diese Aufgaben übernahmen. Der gesamte Vorgang der Einberufung wird von den "Gebräuchen" auch "Citiren" genannt. Unklar bleibt in beiden Fällen aber, wer letztendlich über die Auswahl der teilnehmenden Werkstätten zu entscheiden hatte, wovon natürlich ganz wesentlich der Ausgang einer Streitsache abhing. Nach der Version von Wehrs liegt es nahe zu unterstellen, daß dies gleichermaßen in den Händen beider Prozeßparteien gelegen hat. Anders nach den "Gebräuchen", denenzufolge die Einladung in der Tat allein der Entscheidung der beiden "Citir-Gesellen" überlassen gewesen sein könnte.

An einem Kongreß werden im Durchschnitt die Belegschaften von 3 bis 5 Papiermühlen teilgenommen haben. Art. 34 der "Gebräuche" erklärt für die Abhandlung kleiner Sachen eine Mindestanzahl von 3 Werkstätten für erforderlich und nennt als weitere Zahlen 6 bis 10 und mehr Werkstätten, entsprechend dem Umfang der Streitsache. Derartig große Papiererkongresse, wie etwa die schon erwähnten in Lissen 1698 und in Osterode 1745, an denen jeweils um die 100 Meister und Gesellen teilgenommen haben, sind gleichwohl die Ausnahme gewesen. Für die gewöhnlichen, häufiger auftretenden Streitfälle wird man schon der Einfachheit halber lediglich die unmittelbar benachbarten Werkstätten zur Gerichtsverhandlung hinzugezogen haben, wie dies auch Art. 23 der schlesischen Ordnung vorsah. In Anbetracht dessen ist eine angenommene Teilnehmerzahl von 3 bis 5 Werkstätten durchaus realistisch (20). Der Versammlungsort eines Kongresses war gewöhnlich eine Papiermühle. Der

(17) Wehrs, S. 429 ff.

(18) Wehrs, S. 430

(19) Ebenda

(20) Klewitz, in Beckmann "Beyträge" (1784), S. 403 (397), gibt dem in etwa entsprechend die Zahl von 20-40 Deputierten an, die gewöhnlich zu einer Versammlung auf einer Mühle zusammenkamen

betreffende Meister erhielt dann als Ersatz für den Betriebsausfall und für andere Belastungen eine Geldentschädigung (21). Bot sich keine geeignete Mühle als Austragungsort an, kam auch ein Wirtshaus oder Rathaus in Betracht (22). Die Kosten der Zusammenkunft hatte grundsätzlich derjenige zu tragen, der in dem zu verhandelnden Rechtsstreit unterlag (23). Hierbei handelte es sich in erster Linie um Bewirtungskosten u.ä., die je nach Dauer des Kongresses und Teilnehmerzahl im Vergleich zu einer möglicherweise daneben noch auferlegten Geldstrafe durchaus sogar die größere Belastung ausgemacht haben können.

In Norddeutschland hat es ein offenbar des öfteren in gleicher Besetzung tagendes Papiermachergericht gegeben, das sich aus den Papiermühlen von Moisburg, Staersbeck, Appelbeck und Altkloster zusammensetzte. Diese Betriebe lagen nahe beieinander am Lauf der Este bzw. deren Nebenarme, südlich von Buxtehude im Kurfürstentum Hannover. Ihre gemeinsame Entstehungszeit liegt um die Wende des 16. zum 17. Jahrhundert (24). In die papiergeschichtliche Literatur sind sie vor allem unter der Bezeichnung "vier alte Gewerke" eingegangen (25). Bemerkenswert im vorliegenden Zusammenhang ist die herausragende Bedeutung, die diesen vier Mühlen für die Gerichtsbarkeit der Papiermacher zugesprochen wurde. Allerdings erlaubt die Quellenlage insoweit keine genaueren Feststellungen, da vieles nur auf mündliche Überlieferungen von Papiermachern und auf ebenso unbestimmte behördliche Verlautbarungen zurückgeht (26). So kann es etwa keineswegs als sicher gelten, daß die "vier alten Gewerke" tatsächlich eine Art Appellationsgericht waren, an das sich die Papierer des gesamten Deutschen Reiches mit allen Streitigkeiten wenden konnten und dessen Urteil sogar über den Kreis der Papierer hinaus gültig und verbindlich gewesen ist (27). Hinreichend verläßlich ist lediglich, daß die "vier alten Gewerke" in enger Verbindung zueinander gestanden und in der Ausübung der Gerichtsbarkeit eine feste Institution dargestellt haben. Hinsichtlich der örtlichen und sachlichen

(21) Nach Wehrs, S. 430, 1 Thaler täglich

(22) Wehrs, S. 431

(23) Vgl. Art. 35 der "Gebräuche" sowie: Wehrs, S. 430 f.; Klewitz, in Beckmann "Beyträge" (1784), S. 403 (397)

(24) Vgl. im einzelnen hierzu: Patje, S. 110 ff.; Meyne, S. 129 ff; Kück, in Wochenblatt für Papierfabrikation (1934), S. 616 ff., 664 f.; E. u. I. Tacke, in Sonderdruck aus Harburger Jahrbuch des Helms-Museums (1959/60), S. 69 ff.

(25) Siehe vorherige Fußnote

(26) Siehe dazu: Kück, in Wochenblatt für Papierfabrikation (1934), S. 616; Meyne, S. 130

(27) Kück, a.a.O., S. 616

Zuständigkeit scheinen sie zudem nicht nur auf den engeren Kreis der sich unmittelbar bei ihnen zutragenden Angelegenheiten begrenzt gewesen zu sein. Vielmehr sind sie darüber hinaus offenbar von einer größeren Zahl von Papiermühlen zumindest des norddeutschen Raumes als gerichtliche Autorität anerkannt worden, deren Entscheidung von daher auch eine erhöhte Wirksamkeit zukam (28).

In gewisser Weise dokumentiert dies ein sogenannter Handwerksvertrag, der im Rahmen einer Gerichtsverhandlung am 27. Oktober 1756 auf der Papiermühle Altkloster unter Beteiligung der genannten übrigen Nachbarwerkstätten und zusätzlich der im weiteren Umkreis liegenden Mühlen von Lachensdorf, Bremervörde, Walsrode und Bomlitz verfaßt worden ist (29). Neben den acht Meistern dieser beteiligten Betriebe haben auch insgesamt 27 Gesellen den Vertrag mitunterzeichnet, wobei insbesondere die große Zahl von Auswärtigen auffällt. Entweder hatten diese auf den jeweiligen Papiermühlen Arbeit gefunden oder aber sie haben von dem ihnen durch Art. 38 der "Gebräuche" eingeräumten Recht Gebrauch gemacht, als wandernde, fremde Gesellen an einer Werkstattversammlung teilzunehmen. In dem von den versammelten Papiermachern in Altkloster zu entscheidenden Fall ging es um die Schlichtung einer Scheltensache zwischen dem Papiermachermeister aus Walsrode und dem aus Bomlitz. Der Streit rührte im wesentlichen daher, daß letzterer unberechtigt einen jüdischen Lumpensammler in Dienst gestellt hatte. Deswegen hatte der Walsroder Meister seinen Kollegen in Bomlitz gescholten, und dieser hatte daraufhin die versammelten Werkstätten zur Gerichtsabhaltung "citiren" lassen. Immerhin verbrachte man zwei volle Tage mit der Verhandlung dieser Sache, bis man schließlich zur umständlichen Abfassung des erwähnten Handwerkvertrages gelangte. Hierin wurde in vier Punkten das Verhalten des Bomlitzer Meisters mißbilligt und generell nicht nur ihm, sondern dem Walsroder Meister sowie jedem Papiermachermeister "in hiesigem Lande" für alle Zukunft untersagt, je wieder einen jüdischen Lumpensammler einzustellen. Man sprach somit für sämtliche Papiermacher des Kurfürstentums Hannover, obwohl nicht alle Papiermühlen des hannoverschen Gebietes auf der Versammlung in Altkloster vertreten waren (30). Schließlich wurde noch bestimmt, daß der Bomlitzer Meister als hauptsächlich Unterlegener dem "Ehrsamen Handtwerck" zum Ausgleich der durch die Anrufung des Papiermachergerichtes entstande-

---

(28) Siehe dazu auch: Thiel, S. 138; ders., in Zeitung für Papier, Pappe, Zellulose u. Holzstoff (1938), S. 303

(29) Abdruck in: Der Altenburger Papierer (1934), S. 229-230, mit Anmerkung von A. Schulte (S. 228)

(30) Siehe: Der Altenburger Papierer (1934), S. 229

nen Kosten 40 Rth., der Walsroder dagegen nur 5 Rth. zu zahlen hatte (31). Dieser Beschluß deckte sich insoweit mit der schon angesprochenen Kostenregelung des Art. 35 der "Gebräuche". Betrachtet man die Entscheidung insgesamt, so ist festzustellen, daß die Papiermacherversammlung in Altkloster rein schiedsgerichtlich tätig geworden ist. Strafen wurden nicht verhängt. Von daher erklärt sich auch der in Form eines Vertrages gefaßte Urteilsspruch.

3. Form und Ablauf einer Gerichtsverhandlung

Im ganzen nur sehr spärlich sind die Informationen über Form und Ablauf einer Gerichtstagung auf einer Papiermacherversammlung. Grundsätzlich nahmen an allen Gerichtsversammlungen gleichberechtigt Meister und Gesellen teil. Dies galt für die Zunftversammlungen in Reutlingen und Krakau ebenso wie für die Mühlenversammlungen und Kongresse. Insbesondere nimmt keine der insoweit maßgeblichen Papiermacherordnungen die Gesellen von der Mitwirkung an den Versammlungen aus. Indes verstand sich die volle Beteiligung der Gesellen an den Mühlenversammlungen ohnehin von selbst. In Reutlingen wurde hinsichtlich der Teilnahme an den Zunftversammlungen ebenfalls kein Unterschied zwischen den Zunftmitgliedern gemacht (32). Auch an den Papiermacherkongressen waren die Gesellen gleichwertig beteiligt, was nicht zuletzt der soeben behandelte Handwerksvertrag aus dem Jahre 1756 zeigt, der, wie gesehen, von Meistern und Gesellen durch ihre Unterschrift mitgetragen worden ist. Ausdrücklich stellt schließlich Art. 24 der Statuten der schlesischen Papierer noch klar, daß auch bei der Stimmabgabe volle Gleichheit zwischen Meistern und Gesellen bestand. Demgegenüber führt Wehrs aus, daß das Urteil allein von den Meistern der teilnehmenden Papiermühlen nach Stimmenmehrheit gefällt worden sei (33). Es kann daher nicht ausgeschlossen werden, daß das Gericht in bestimmten Fällen oder in einzelnen Regionen tatsächlich nur von den Meistern gebildet worden ist. Doch ist eine derartige Außerkraftsetzung der gerichtlichen Beteiligungsrechte der Gesellen wohl nicht verallgemeinerungsfähig für das gesamte Reichsgebiet. Im Gegenteil ist sogar zu konstatieren, daß die Stellung der Gesellen innerhalb der Papiermacherschaft im allgemeinen, und zwar nicht nur im Hinblick auf die Gerichtsbarkeit, vergleichsweise recht stark war.

---

(31) Siehe: Der Altenburger Papierer (1934), S. 229

(32) So verordneten Artt. 1 und 6 der Zusatzordnung von 1603 ausdrücklich sowohl für Meister als auch für Gesellen eine Teilnahmepflicht

(33) Wehrs, S. 430

Ein bestimmter Ablauf ist bei einer Gerichtsverhandlung wohl nicht immer streng eingehalten worden. Grundsätzlich ist insoweit zwischen den "Geschenken" und den übrigen Versammlungen der Papiermacher zu unterscheiden. Eine weitgehend einheitliche, feststehende Übung hat sich unter den deutschen Papierern vor allem hinsichtlich der Abhaltung des "Geschenkes" herausgebildet. Über den gerichtlichen Teil hierbei berichten Art. 7 der Reutlinger Ordnung von 1527, die Krakauer Satzung, Art. 14 der schlesischen Ordnung, Art. 21 der "Gebräuche" und schließlich Punkt II. des Nürnberger Protokolls übereinstimmend, daß der jeweilige Versammlungsleiter zunächst eine Umfrage unter den Teilnehmern hielt, ob jemand gegen einen anderen Papiermacher, der nicht einmal anwesend sein mußte, etwas vorzubringen hatte. Daraufhin war jeder berechtigt, aber auch verpflichtet, sämtliche ihm bekannten Vergehen und Streitigkeiten seiner Berufskollegen der Versammlung anzuzeigen. Die Gesellen bedienten sich hierzu ihrer Anzeichenbriefe, in die sie stets alle Vorfälle eintrugen. In Reutlingen wurde allerdings gem. Art. 4 (1603) ein fremder Geselle mit seinen Anschuldigungen gegen einen Papierer nur gehört, wenn er hierüber Brief und Siegel einer redlichen Werkstatt anbringen konnte (34). Auf einem "Geschenk" kam es mithin zu einer generellen gerichtlichen Klärung aller aktuellen Angelegenheiten; die Werkstatt wurde auf diese Weise "revidiert" (35). Ansonsten trat eine Gerichtsversammlung bei den Papiermachern auch zur Verhandlung einzelner Streitfälle zusammen. Über den dabei üblichen Verfahrensablauf vermittelt für die Zunftversammlung Art. 3 der Reutlinger Satzung von 1603 einen gewissen Eindruck. Danach trug zu Beginn erst jemand seine Klagen oder sonstigen Anliegen der Versammlung vor. Ein sogenannter "Antworter", in der Regel vermutlich der Betroffene selbst, legte sodann seinen Gegenstandpunkt hierzu dar. Beide Seiten sollten sich dabei gegenseitig ausreden lassen, und überhaupt durfte keiner einem anderen dazwischenreden. Wer hiergegen verstieß, hatte sechs Heller in eine Büchse zu zahlen. Auch die schlesische Ordnung ermahnt in Art. 26 die Teilnehmer einer Papiererversammlung zu einem geordneten Verhalten. Jeder sollte nur dann sprechen, wenn er an der Reihe war und sich dabei "großer Worte" enthalten, um nicht "Zank und Lügen" zu verursachen. An weiteren Einzelheiten nennt Wehrs noch, daß jede Partei angehört und die Aussage in einem schriftlichen Protokoll festgehalten wurde (36). Über die anhängig gemachten Sachen entschied die Versammlung durch Mehrheitsbeschluß. Dies folgt

---

(34) Siehe wegen weiterer Einzelheiten über den Ablauf des "Geschenkes": Keferstein, S. 28 ff.; A. Schulte, in Sondernr. aus Wochenblatt für Papierfabrikation (1933), S. 5 ff.; Schlieder, S. 137

(35) v. Hößle, "Hl. röm. Reich", S. 12

(36) Wehrs, S. 430

für Reutlingen schon aus der stets wiederkehrenden Formulierung "nach erkanntnus des handwercks". Als Grundlage für die Abstimmung bedurfte es eines Entscheidungsvorschlages. Einen solchen konnte offenbar jeder Versammlungsteilnehmer abgeben. Derjenige Vorschlag, der am Ende die meisten Stimmen erhielt, galt als angenommen. Diese Form der Urteilsfindung wird in Art. 24 der Ordnung für Schlesien mehr oder minder deutlich beschrieben. Entscheidend ist hier vor allem die Passage, daß die teilnehmenden Papierer nach verständiger Erörterung der Sache "die Vota od. Stimmen nacheinander herumb gehen" lassen sollten, um daraufhin zu einem Spruch zu gelangen. Auf diese Weise war jeder Teilnehmer unmittelbar und umfassend an der Urteilsfindung beteiligt. Vermutlich hat diese Verfahrensweise so oder so ähnlich für alle Arten von Papiermacherversammlungen Gültigkeit gehabt, doch lassen sich hierüber letztlich keine zuverlässigen Angaben machen.

Bemerkenswert erscheint endlich noch ein Spezifikum der Papiergerichtsbarkeit, das nahezu durchgängig immer wieder in den einschlägigen Quellen Erwähnung gefunden hat. Es betraf dies die anwendbaren Beweismittel vor Gericht. Als Beweismittel war nämlich einzig der Zeugenbeweis zugelassen, dies aber auch nur dann, wenn der Zeuge gelernter Papiermacher war. Nach Art. 22 der "Gebräuche" waren zum Nachweis eines Diebstahls sogar gleich zwei Papiermacher als Zeugen erforderlich (37). Es ist leicht vorstellbar, daß diese noch ganz in der Vorstellung von der besonderen Ehrhaftigkeit des eigenen Handwerksberufes verhaftete Regelung häufig zu Ungerechtigkeiten geführt hat. Aus diesem Grunde wurde diese Praxis in Art. 16 des "Projektes einer formalen Handwerksordnung" von 1700 auch ausdrücklich als ein Mißbrauch angeprangert, den es bei den Papierern abzuschaffen galt (38).

---

(37) Vgl. demgegenüber: Wehrs, S. 428 und Klewitz in Beckmann "Beyträge" (1784), S. 402 (397), nach denen bei Diebstahl zwar auch allein der Zeugenbeweis, allerdings ohne Beschränkung nur auf Papierer zulässig sein sollte

(38) Abdruck bei: Wehrs, S. 440-455, hier S. 448 f.; Leupold (Beyer), 2. Teil, S. 106-109, hier S. 108

IV. Berufs- und Gewerbeordnung der Papiermacher

Ganz nach dem Muster der Zunftsatzungen anderer Handwerke enthalten auch die Papiermacherordnungen eine Reihe von Vorschriften mit berufs- und gewerbeordnendem Inhalt. Im wesentlichen sollten mit ihnen einheitliche Bedingungen für eine geregelte Ausbildung und Gesellenarbeit sowie für einen ordnungsgemäßen Mühlenbetrieb geschaffen werden. Für die Papierer kam es zudem maßgeblich darauf an, die Papiermacherei auf diese Weise überhaupt als regulären Handwerksberuf zu etablieren. Deshalb lehnte man sich weitestgehend an überkommene Regelungen anderer Handwerke an.

Im übrigen war es keineswegs vorrangiges Ziel aller Arten von Maßregelungen der Berufs- und Gewerbeausübung, für eine Hebung der Produktqualität zum Wohle der Verbraucher zu sorgen, wie dies aber auf den ersten Blick den Anschein hat. In den Mittelpunkt des Interesses traten vielmehr für die Papiermacher ebenso wie für die meisten Handwerker zunehmend die Schutz- und Abwehrwirkungen, die ebenfalls regelmäßig mit derartigen Vorschriften verbunden waren. Indem man nämlich mit Hilfe dieser Vorschriften eine gewisse Restriktivität hinsichtlich der Zulassung zum Handwerk überhaupt und hinsichtlich der Art und Weise der Berufsausübung erzeugte, konnte man auch einer Übersetzung des Gewerbes entgegenwirken zum Schutze der darin Beschäftigten. Bei den Papiermachern stand dieser Aspekt der Berufs- und Gewerbeordnung darüber hinaus in unmittelbarer Beziehung zu ihrer reichsweiten Organisation. Allein die Einhaltung der insoweit aufgestellten Regeln entschied über die Zugehörigkeit jedes einzelnen Papiermachers zu dem losen Verband. Zweck des Papiermacherverbandes sollte somit gerade die Bewahrung der Berufs- und Gewerbeverfassung sein, die infolgedessen auch den eigentlichen Kern des Rechts der Papiermacher bildete.

1. Lehre

Papiermacher konnte nur werden, wer zunächst eine Lehre absolviert hatte.

a) Persönliche Voraussetzungen

Es wurde nicht jedem ohne weiteres die Aufnahme der Papiermacherlehre gestattet. Jeweils nach Art. 1 der kaiserlichen Ordnung von 1656, der Satzung Schlesiens und der "Gebräuche" sowie nach Punkt I. "In Ansehung der Lehrjungen" des Nürnberger Protokolls war hierfür übereinstimmend eine eheliche und ehrliche Geburt des Aspiranten Bedingung, was notfalls anhand eines Taufzeugnisses bzw. Geburtsbriefes zu belegen war. Wer beispielsweise wegen unehrlicher Geburt nicht in Frage kam, wird aus Art. 3 des "Entwurfes einer Papiermüllerordnung für die Churmark Brandenburg" aus dem Jahre 1745 (1) ersichtlich. Hiernach sollten die Kinder von Schindern (Abdeckern) bis in die 2. Generation von der Erlernung des Papiermacherhandwerkes ausgeschlossen sein. Wenn man bedenkt, daß erklärtes Ziel dieser Ordnung an sich die Abstellung der bei den Papiermachern eingerissenen Mißbräuche war, so wird deutlich, wie fest verwurzelt derartige Vorbehalte nicht nur in Handwerkskreisen, sondern auch in der Anschauung der Allgemeinheit noch zur Mitte des 18. Jahrhunderts waren (2). Art. 24 der "Gebräuche" erklärt außerdem noch pauschal den Stand der Scharfrichter, den der Gerichtsfrohnen und den der Schäfer bis in das dritte Glied für unehrlich (3).

(1) Abdruck bei: Wehrs, S. 455-473, hier S. 456 f.; Bergius, S. 285-294, hier S. 286

(2) Auch das Reichsgutachten wegen der Handwerksmißbräuche von 1731 behielt in Abschnitt IV noch ausdrücklich einige der Vorbehalte in bezug auf die Herkunft bei (Proesler, Anhang C., S. 54-70, hier S. 59); siehe weiterhin allgemein zum Begriff der Handwerksehre mit zahlreichen Beispielen: Wissell I, S. 146 ff.

(3) Dementsprechend war nach dieser Vorschrift einem Papiermacher auch die Eheschließung mit der Tochter eines dieser Personen verboten. Wehrs, S. 415, zufolge galten bei den Papierern die Abkömmlinge von Schließern und Schäferknechten als unehrlich

b) Lehrzeit

Sämtliche Papiermacherstatuten verordneten eine regelmäßige Lehrzeit von vier Jahren. Dies sahen etwa Art. 1 der Papiererordnung Kaiser Ferdinands III. und Art. 4 der schlesischen Satzung vor, ebenso Punkt I. des Nürnberger Protokolls (4). Etwas differenzierter behandelten diese Frage nur die älteren Ordnungen in Reutlingen und Krakau, die für die Arbeit am Legstuhl eine Lehrzeit von fünf Jahren vorschrieben, während ansonsten vier Jahre ausreichen sollten (5). Der sogenannte "Leger" nahm die geschöpften und gegautschten Papiere von den Filzen und legte sie zum Pressen zu einem Stapel zusammen. Offenbar wurde sein Anteil am Produktionsprozeß als derjenige angesehen, der im Vergleich zu den übrigen Tätigkeiten, also dem Schöpfen und Gautschen, die größte Geschicklichkeit erforderte (6). Weitere Unterschiede in der Dauer der Lehrzeit sind nicht zu verzeichnen, insbesondere läßt sich aus den Papiererordnungen insoweit keine Begünstigung der Meistersöhne herauslesen (7).

Bemerkenswert im vorliegenden Zusammenhang ist aber noch die Vorschrift des Art. 4 der "Gebräuche". Danach sollte die Lehrzeit nämlich insgesamt vier Jahre und 14 Tage betragen. Diese eigenartige Variante, die im übrigen ein Spezifikum gerade des Papiermacherhandwerkes darstellte, hat verschiedentlich auch Eingang in die papiergeschichtliche Literatur gefunden (8). Über die Bedeutung der 14-Tage-Zeit-

(4) Vgl. auch: Krünitz (Teil 106), S. 570; Wehrs, S. 415; Klewitz, in Beckmann "Beyträge" (1784), S. 401, 405 (397); Steiner, in Wochenblatt für Papierfabrikation (1939), S. 467; Bergmann, in Braunschweiger Blätter (1937), S. 17 (15), Schlieder, S. 135; v. Hößle, "hl. röm. Reich", S. 5, der noch berichtet, daß die Lehrzeit z.T. auch 6 Jahre betragen habe

(5) Art. 2 der Reutlinger Ordnung von 1527

(6) In diesem Sinne auch die Ausführungen von Keferstein, S. 21, 51 f.; vgl. auch: Bayerl I, S. 269 ff.

(7) Sich sogar ausdrücklich dagegen aussprechend: Art. 7 der "Gebräuche", der außerdem vorsah, daß ein Meistersohn mindestens 1 Jahr neben einem fremden Lehrjungen gelernt haben mußte. Ebenfalls eine Begünstigung ablehnend: Punkt I. des Nürnberger Protokolls. In Art. 2 des "Projektes einer formalen Handwerksordnung" von 1700 wurde eine Begünstigung der Meistersöhne in zeitlicher Hinsicht zu einem eigenen Programmpunkt erhoben, den es zu verwirklichen galt (Wehrs, S. 440-455, hier S. 440 f.; Leupold (Beyer), 2. Teil, S. 106-109, hier S. 106). Dies zeigt, daß es tatsächlich eine Besserstellung der Meistersöhne bis dahin nicht gegeben hat. Nichts anderes folgt aus Art. 1 des an anderer Stelle bereits erwähnten Ordnungsentwurfes des Papierers Tischendorf aus dem Jahre 1671, der ebenfalls nie zur Ausführung gelangt ist (Günther-Franz, S. 29-31, hier S. 30). Er fordert hierin eine Verkürzung der Lehre für Meistersöhne gar auf 2 Jahre. Anderer Ansicht aber in bezug auf die Meistersöhne: Kühne, in IPH-Jahrbuch (1981), S. 204 (193), der von einer nur 3-jährigen Lehrzeit der Meistersöhne ausgeht. Er will seine Ausführungen aber ausdrücklich nur auf den Raum Wittenberg beschränkt wissen, so daß sie nicht ohne weiteres verallgemeinerungsfähig sind

(8) Siehe nur: Krünitz (Teil 106), S. 570; Schaden, S. 7; v. Hößle, "Hl. röm. Reich", S. 5; Rembold, S. 17

papiergeschichtliche Literatur gefunden (8). Über die Bedeutung der 14-Tage-Zeitspanne ist dabei des öfteren gerätselt worden, eine letztverbindliche Antwort konnte indes nicht geliefert werden. Auszuschließen ist aber wohl, daß es sich dabei um eine Probezeit des angehenden Lehrjungen gehandelt hat. Zwar war eine solche durchaus üblich. Sie ermöglichte es auf der einen Seite dem unkundigen Berufsanfänger, zunächst einmal das Papiermacherhandwerk kennenzulernen und schuf auf der anderen Seite auch für den Meister die Gelegenheit, sich ein Bild über die Fähigkeiten seines etwaigen neuen Lehrlings zu machen. Doch sollte diese beiderseitige Probephase eben noch nicht als eigentliche Lehrzeit gelten, so daß sie auch nicht zu einer entsprechenden Verlängerung der Ausbildungsdauer von vier Jahren führen konnte. Die Probezeit, die im übrigen vernünftigerweise statt 14 Tage häufig 4 Wochen gedauert hat, wurde vielmehr vor Antritt der Lehre abgeleistet (9). Näher liegt es deshalb, die 14 Tage als Abschluß der Lehre anzusehen. Diese Zeit wurde an die Lehre angehangen und der Lehrling mußte sie dazu nutzen, sich zu den Nachbarmühlen zu begeben, um die dort beschäftigten Papiermacher zu seiner Freisprechung zum Gesellen förmlich einzuladen. Bei dieser Gelegenheit hatte er dann auf jeder Papiermühle eine Probe seines während der Ausbildung erworbenen Könnens abzulegen. So dokumentieren es die Artt. 9 und 10 der "Gebräuche", und eine zusätzliche Bestätigung findet dies in verschiedenen Erzählungen von Papiermachern, auf die sich noch Autoren der älteren Literatur glaubhaft beziehen konnten (10). Im Grunde war diese Einrichtung einer letzten Bewährungszeit recht sinnvoll, eröffnete sie doch für die an den späteren Freisprechungsfeierlichkeiten teilnehmenden Papierer die Möglichkeit, die Fertigkeit des Lehrjungen im Hinblick auf seine Eignung zum Gesellen zuverlässig zu beurteilen. Nach Art. 10 der "Gebräuche" hatte der Lehrling deshalb in jeder der von ihm aufgesuchten Werkstätten sämtliche Gesellen eine Zeitlang abzulösen. Zuweilen ist ihm am Ende von der jeweiligen Papiermühle sogar eine Bescheinigung darüber ausgestellt worden (11). Damit gewann der gesamte Vorgang mehr den Charakter einer regelrechten Prüfung, die ersatzweise an die Stelle des in

---

(8) Siehe nur: Krünitz (Teil 106), S. 570; Schaden, S. 7; v. Hößle, "Hl. röm. Reich", S. 5; Rembold, S. 17

(9) So: Wehrs, S. 415; dies wird in der übrigen Literatur aber nicht immer klar auseinandergehalten: vgl. Bergmann, in Braunschweiger Blätter (1937), S. 17 (15); ders., in Unsere Altmark (1931), S. 282 f. (282); Weerth, S. 25; Klewitz, in Beckmann "Beyträge" (1784), S. 405 (397), nach denen die Probezeit z.T. auch in die - dann allerdings insgesamt nur 4 Jahre dauernde - Lehrzeit miteingerechnet worden ist

(10) So etwa: A. Schulte, in Wochenblatt für Papierfabrikation (1939), S. 465; Bergmann, in Braunschweiger Blätter (1937), S. 17 (15); ders., in Unsere Altmark (1931), S. 283 (282)

(11) A. Schulte, a.a.O., S. 465

chung des Lehrjungen aufgewertet, die damit nicht länger eine leere Zeremonie zu sein brauchte.

c) Förmliche Aufnahme und Begrenzung der Zahl der Lehrlinge

Wer den Anforderungen an die Herkunft genügte, wurde, eventuell nach Absolvierung einer Probezeit, in mehr oder minder offizieller Form von der Belegschaft der Papiermühle als Lehrling aufgenommen. Dieser gesamte Vorgang wurde auch mit "aufdingen" bezeichnet. Natürlich ging dies nicht ohne einen Umtrunk ab, zu dem der Lehrling und der Lehrherr je einen gewissen Geldbetrag beisteuern mußten (13).

Der Meister einer Papiermühle war jedoch nicht frei, was die Zahl der von ihm aufdingbaren Lehrlinge anbelangte. Es bestanden vielmehr diesbezüglich Reglementierungen, deren Bestreben es durchgängig war, eine allzu extensive Lehrlingsbeschäftigung zu verhindern. Nun lief diese Absicht an sich den Interessen der Mühlenbetreiber zuwider, denn der Einsatz von Lehrlingen bescherte ihnen billige Arbeitskräfte, die zudem in manchen Bereichen durchaus in der Lage waren, gelernte Papiermachergesellen vollständig zu ersetzen. Überdies waren die Lehrlinge nicht organisiert und standen somit im Gegensatz zu den Gesellen den Meistern nahezu schutzlos gegenüber. Es steht daher zu vermuten, daß die Reglementierungen der Lehrlingsbeschäftigung letztlich auf Initiative der Gesellen und vorrangig zu deren Schutz ergangen sind (14). Im übrigen wird bei diesen Bestrebungen die Überlegung eine Rolle gespielt haben, daß eine Ausbildung in den Betrieben überhaupt nur möglich und sinnvoll war, wenn die Zahl der Lehrjungen dort eine bestimmte Grenze nicht überschritt. Die eigentliche Schwierigkeit bei der Lösung der Lehrlingsfrage bestand darin, den widerstreitenden Interessen der Mühlenbetreiber gerecht zu werden. So durften z.B. die Großen unter ihnen gegenüber den Kleinen nicht bevorzugt aber auch nicht benachteiligt werden. Unter Berücksichtigung all dessen kam man bei den Papierern überwiegend zu einer Begrenzung der Lehrlingszahl, gerechnet am Maßstab der in einer Mühle beschäftigten gelernten Gesellen oder der in dem Betrieb eingesetzten Bütten. Im einzelnen konnte dies bedeuten, daß für jeden angenommenen Lehrling mindestens zwei Gesellen in dem Betrieb beschäftigt sein mußten. Diese Regelung enthielt Art. 2 der "Gebräuche" und Punkt I. des Nürnberger Protokolls, und so legte es auch der Papierkonvent in Lehesten (Lissen) im Jahre

---

(13) Nach Art. 2 der "Gebräuche" und der schlesischen Ordnung jeder einen Taler

(14) Klewitz, in Beckmann "Beyträge" (1784), S. 405 (397)

1698 fest (15). Nach Art. 6 der schlesischen Ordnung war dagegen ein Lehrjunge je Bütte zulässig, doch durfte der Meister nach Ablauf von drei Lehrjahren bereits einen zweiten aufnehmen. Die süddeutschen Papiermacher hatten sich in ihrer Kaufbeurer Vereinbarung im Jahre 1586 von vornherein auf zwei Lehrlinge pro Bütte verständigt (16). Da für den Normalbetrieb mit einer Bütte wenigstens zwei gelernte Papiermachergesellen erforderlich und auch ausreichend waren (17), unterscheidet sich diese letzte Variante somit nicht wesentlich von der sonst gültigen, die sich unmittelbar an der Gesellenstärke orientierte. Wiederum anders hatten die Krakauer die Frage der zahlenmäßigen Beschränkung des Lehrlingeinsatzes entschieden. Nach ihrer Satzung durfte jede Werkstatt immer nur maximal zwei Lehrjungen haben (18). An sich wurden große Betriebe von dieser Regelung relativ benachteiligt. Daß man sie in Krakau gleichwohl getroffen hatte, mag ein Hinweis darauf sein, daß ins Gewicht fallende Größenunterschiede zwischen den Papiermühlenbetrieben dort offenbar nicht vorhanden waren. Im Gegensatz zu allen anderen Ordnungen sah schließlich die der Reutlinger Papierer überhaupt keine Einschränkung der Lehrlingsbeschäftigung vor. Es muß deshalb davon ausgegangen werden, daß hier den Meistern insoweit freie Hand gelassen war.

d) Freisprechung zum Gesellen und Ausrichtung des "Lehrbratens"

Ein Lehrgeld brauchte der Papiermacherlehrling in Abweichung zu den Gepflogenheiten manch anderer Handwerke nicht zu bezahlen, sieht man von der Zahlung des Eintrittsgeldes einmal ab. Art. 16 der "Gebräuche" bemerkt dazu, daß gewöhnlich auch nur die Allerärmsten zur Papiermacherei kämen. Nicht zuletzt deshalb war es üblich, den Lehrjungen von seiten des Lehrherrn sogar eine gewisse Unterstützung in Geld und Kleidung zu gewähren (19); Unterkunft und Nahrung fanden sie ohnehin auf der Papiermühle.

---

(15) Vgl. v. Hößle, in Der Altenburger Papierer (1934), S. 147

(16) Vgl. Piccard, "Memmingen", S. 245; noch anders suchten dies die Verfasser des Augsburger "Projektes einer formalen Handwerksordnung" von 1700 zu regeln. Nach Art. 4 durfte grundsätzlich nur 1 Lehrjunge je Betrieb aufgedungen werden, waren aber mindestens 6 Gesellen beschäftigt, so durften es auch 2 Lehrlinge sein (Wehrs, S. 440-455, hier S. 441; Leupold (Beyer), 2. Teil, S. 106-109, hier S. 106)

(17) Schlieder, S. 123 f.; Bayerl I, S. 570 ff.

(18) Tischendorf sah demgegenüber in Art. 1 seiner nicht verwirklichten Ordnung die Aufnahme von nur 1 Lehrling pro Werkstatt vor (Günther-Franz, S. 29-31, hier S. 30)

(19) Nach Artt. 6 und 16 der "Gebräuche" erhielt der Lehrling 2 Taler jährlich nebst Kleidung; vgl. auch: Klewitz, in Beckmann "Beyträge" (1784), S. 401, 405 (397); Wehrs, S. 415

Eine größere finanzielle Belastung kam dann gleichwohl am Ende der Lehrzeit auf den Lehrling zu. Er hatte nämlich anläßlich seiner Freisprechung zum Gesellen den dazu eingeladenen Papiermachern auf seine Kosten ein Fest auszurichten, auf dem er ihnen vor allem in reichlichem Maße eine Reihe von Mahlzeiten zu verabreichen hatte. Dieser sogenannte "Lehrbraten" war dabei durchaus als Surrogat für das nicht zu entrichtende Lehrgeld gedacht, was das Nürnberger Protokoll unter Punkt I. auch eindeutig klarstellt. Die Beschreibung des "Lehrbratens" nimmt in den verschiedenen Papiermacherordnungen regelmäßig einen breiten Raum ein, mit Ausnahme nur der Reutlinger Statuten, die ihn überhaupt nicht erwähnen. Dies bedeutet aber wohl nicht, daß man diese Einrichtung dort nicht kannte. Dafür war die Abhaltung derartiger Freisprechungszeremonien nicht nur bei den Papierern zu verbreitet, als daß die Reutlinger hiervon eine Ausnahme gemacht hätten (20). Zweifellos hat bei diesen Veranstaltungen das gesellige Beisammensein mit der entsprechenden Verköstigung im Vordergrund gestanden. Die "Gebräuche" widmen allein der Schilderung des Tagesablaufes eines "Lehrbratens" und insbesondere der dabei einzuhaltenden Speisefolge die Artt. 12 bis 16. Die Feierlichkeiten dauerten danach drei Tage und sollten den Lehrling gemeinhin zwischen 100 und 150 Rthl. kosten. Nun sind diese Angaben sicher nicht verallgemeinerungsfähig, und schon der Papiermacher Stahl aus Weende schwächt sie in seiner Vernehmung über die von seinem Kollegen Braun niedergeschriebenen "Gebräuche" dahingehend ab, daß ihm lediglich ein "Lehrbraten" zu 30 Rthl. bekannt sei (21). Dennoch bezeugen eine Reihe von authentischen Berichten über den Hergang eines "Lehrbratens" und Aufstellungen über dort verabfolgte Speisen (22), daß die gesamte Freisprechung einem Lehrling häufig doch hohe Kosten verursacht hat, die er selbst mit Hilfe seiner Eltern nicht immer sogleich abzuzahlen imstande war. Dies brachte den Lehrling und nunmehrigen Neugesellen zwangsläufig in ein zumindest zeitweiliges Abhängigkeitsverhältnis zu seinem Lehrherrn und Meister, denn soweit der Lehrling die Kosten des "Lehrbratens" nicht aufbringen

---

(20) Nicht zuletzt das Reichsgutachten von 1731 wandte sich in Abschnitt IX gerade gegen die Mißbräuche bei solchen extensiven Lossprechungsfeierlichkeiten (Proesler, Anhang C., S. 54-70, hier S. 63)

(21) Siehe das Protokoll aus dem Jahre 1798, abgedruckt im Anschluß an die "Gebräuche", Stolberg, 1934, S. 35-44, hier S. 41

(22) Vgl. etwa: Bergmann, in Unsere Altmark (1931), S. 283 f. (282); ders., in Braunschweiger Blätter (1937), S. 17 f. (15); Steiner, in Wochenblatt für Papierfabrikation (1939), S. 467 ff.; v. Hößle, "Hl. röm. Reich", S. 5 ff.; Klewitz, in Beckmann "Beyträge" (1784), S. 401, 405 (397); Wehrs, S. 433, nach dem die Lehrbratenkosten bei den "Glättern" zwischen 30 und 45 Rthlr. und bei den "Stampfern" zwischen 100 und 200 Rthlr. gelegen haben

konnte, trat der Meister gewöhnlich in Vorlage. Dem Neugesellen blieb dann nichts anderes übrig, als den entsprechenden Betrag zunächst bei ihm abzuarbeiten (23). Artt. 16 und 18 machen die Bezahlung des "Lehrbratens" notfalls in Form des Abarbeitens sogar ausdrücklich zur Bedingung für das Abgehen von der Mühle nach Beendigung der Lehre. Man rechnete dabei mit einer Abarbeitungszeit von 3 bis 4 Jahren. Nach Art. 5 der schlesischen Ordnung verlängerte sich dagegen die vierjährige Lehrzeit um ein halbes Jahr, falls der Lehrjunge aus Armut nicht in der Lage war, den "Lehrbraten" zu bezahlen (24).

Über alle Festlichkeiten konnte leicht der eigentliche Zweck und Anlaß des "Lehrbratens" in den Hintergrund treten. Es war dies die Freisprechung des Lehrjungen zum Gesellen, die in Anwesenheit sämtlicher teilnehmenden Papierer in offizieller Form vollzogen wurde. Es ist hier nicht der Ort, über den genauen Ablauf der Freisprechungszeremonie und über die dabei verwendeten Formeln und Rituale im einzelnen zu berichten, zumal sich dies regional unterschieden hat und zudem maßgeblich von der Tradition jeder einzelnen Papiermühle sowie von der Persönlichkeit des jeweiligen Meisters abhängig war (25). Hervorzuheben ist nur, daß sich die zu der Freisprechung versammelten Papierer mit der Aufnahme des Lehrjungen in den Gesellenstand auch förmlich einverstanden erklären mußten. Dem ging eine Befragung an sie über das berufliche und außerberufliche Verhalten des Lehrlings während der Ausbildung voraus. Wurde dieses insgesamt für gut befunden und regte sich sonst kein Widerspruch, so nahm der Meister nunmehr die Freisprechung vor. Er ermahnte dazu den Lehrling, sich im Sinne des Brauchtums in Zukunft als ehrlicher und tüchtiger Papiermacher zu erweisen, was der Lehrling feierlich gelobte. Nachdem dieser sich sodann mit einem Handschlag oder Zutrunk an jeden einzelnen Papiermacher gewandt und von dort gleichfalls gute Ermahnungen und Glückwünsche entgegen genommen hatte, war die Aufnahme in den Gesellenstand endgültig vollzogen (26).

Lediglich die Krakauer Satzung und die "Gebräuche" in Art. 11 gehen auf diese eigentliche Vornahme der Freisprechung während des "Lehrbratens" ein. Der Krakauer Ordnung ist dabei an wesentlichem nur noch zu entnehmen, daß die dortigen

---

(23) Schlieder, S. 135; Bayerl, S. 569

(24) Nach Krünitz (Teil 106), S. 571, dauerte die Lehrzeit in einem solchen Fall sogar insgesamt 5 Jahre

(25) Vgl. dazu die detaillierten Schilderungen von: Bergmann, in Unsere Altmark (1931), S. 283 (282); ders., in Braunschweiger Blätter (1937), S. 17 (15); v. Hößle, "Hl. röm. Reich", S. 5 f.

(26) Vgl. zu allem die vorherige Fußnote sowie noch: Weerth, S. 26

Neugesellen sogar zur Annahme und Bekräftigung der Zunftsatzung mittels ihres Eides verpflichtet waren. Nach Art. 11 der "Gebräuche" wurde dem Lehrling bei seiner Lossprechung ausdrücklich aufgegeben, "nichts Altes ab und nichts Neues aufbringen" zu lassen. Es ist allerdings zu bezweifeln, daß es sich hierbei um viel mehr als eine reine Floskel im Rahmen der Freisprechungszeremonie gehandelt hat. Im übrigen scheint sich dieser Ausspruch auch nicht so sehr gegen den technischen Fortschritt in der Papiermacherei gerichtet zu haben, wie dies aber zuweilen von Teilen der Literatur als für die Entwicklung des gesamten Gewerbes besonders verhängnisvoll beschworen worden ist (27). Zwar ist ohne Zweifel etwa den sogenannten "schwäbischen Stampfern" wegen der konsequenten Anwendung der neuen Glättechnik von seiten ihrer konventionell arbeitenden Kollegen zunächst ein gewisser Argwohn entgegengeschlagen. Doch waren derartige Tendenzen in vergleichbarer Form in anderen Handwerken ebenso vorhanden und entsprangen hier wie dort lediglich der natürlichen Furcht der Meister vor einer Bedrohung durch eine übermächtig werdende, weil technisch besser ausgerüstete Konkurrenz. Hinzu kam der Widerstand der Gesellen, soweit die neue Technik ihren Arbeitsbereich bedrohte. Von einer prinzipiellen Fortschrittsfeindlichkeit kann dabei an sich nicht gesprochen werden, und dies trifft auch auf die Papiermacher zu. Sonst hätte es hier beispielsweise schwerlich zu einer so raschen Ausbreitung der Stampftechnik sowie etwas später dann zur praktisch ungehinderten Einführung des sogenannten "Holländers" kommen können. In Anbetracht dessen erscheint der von der Literatur unter Heranziehung des genannten Ausspruches herausgestellte angeblich hemmende Einfluß des Papiermacherbrauchtums auf die technische Entwicklung in diesem Gewerbe doch eher überzeichnet (28).

In Ergänzung zu der bisher dargestellten Form der Lehrlingslossprechung gehörte nach Artt. 15 und 17 der "Gebräuche" zum "Lehrbraten" zusätzlich noch das Ansprechen des Lehrherrn um ein erstes "Geschenk" durch den Neugesellen, und zwar frühestens 14 Tage nach der Freisprechungsfeier. In dieser Zwischenzeit mußte der Neugeselle auf der Papiermühle seines Lehrherren gearbeitet haben. Auf die Bedeutung, die dieses erste "Geschenk" für den Neugesellen im Hinblick auf seine Zugehörigkeit zur Papiererorganisation nach den "Gebräuchen" hatte, wurde oben bereits hingewiesen (29). Gemäß Art. 17 gelangte der Neugeselle erst damit in den Besitz all derjenigen Rechte, die ihn zum vollwertigen Mitglied dieses Verbandes machten. Er

(27) So etwa: Renker, in Das Papier (1958), S. 654 (653); Bockwitz S. 21

(28) So auch: Bayerl I, S. 623

(29) Siehe Kap. II. 3. d) aa)

konnte fortan selbst aufdingen, freisprechen, an "Geschenken" teilnehmen, Zeuge bei Gericht sein, schelten, aber auch gescholten werden. Als sozusagen äußeres Zeichen seiner neu gewonnenen Rechtsstellung bekam er von seinem Lehrherrn auf dem ersten "Geschenk" den Anzeichenbrief ausgehändigt, auf den er Verstöße und Scheltungen anderer Papierer vermerken konnte und der ihn darüber hinaus auf der Wanderschaft in der Fremde als gelernten Papiermacher legitimierte. Die Einrichtung des ersten "Geschenkes" als unmittelbarer Bestandteil der Freisprechung hatte in den anderen Papiererordnungen nirgends eine Entsprechung. In Krakau etwa wurde der Neugeselle, wie gesehen, sogleich bei der Lossprechung auf die Satzung vereidigt und damit auch in die Zunft aufgenommen. An sich machte die andersartige Organisationsstruktur des reichsweiten Verbandes eine Aufteilung der Freisprechung in zwei Akte nicht unbedingt erforderlich. Will man daher nicht unterstellen, daß der Brauch der Abhaltung des ersten "Geschenkes" nur deshalb gepflegt wurde, weil er die Gelegenheit zur Begehung einer weiteren Festlichkeit bot, so bleibt als Erklärung noch, die 14-tägige Zwischenfrist bis dahin als eine Art letzte Bewährungszeit anzusehen, die der Neugeselle erst bestehen mußte, bevor er vollends in die Reihen der Papiermacher aufgenommen wurde.

2. Gesellenstand

Mit dem Abschluß der Lehre erlangte der Papiererlehrling den Status eines Gesellen. Jetzt erst war er fertiger Papiermacher.

a) Wanderschaft

In aller Regel ging der Neugeselle von der Mühle seines Lehrherrn ab und begab sich zunächst auf eine zuweilen mehrjährige Wanderschaft zu anderen Papiermühlen. Nach Art. 8 der Ordnung Schlesiens war der Meister sogar verbunden, den Neugesellen zu dieser Reise anzuhalten. Im weiteren erläutert dieser Artikel, aus welchem Grund auf die Wanderschaft der Gesellen Wert gelegt wurde. Dieser sollte sich unter Land und Leuten bekannt machen und andere Handwerksordnungen erfahren. Hinzuzufügen ist noch, daß er dabei natürlich auch seine handwerklichen Fähigkeiten vervollkommnen sollte, indem er fremde Fabrikationstechniken kennenlernte und dabei ebenso das Selbsterlernte weitergab. Der dadurch bewirkte Technologietransfer war ein in seiner Bedeutung nicht zu unterschätzender Faktor des Gesellenwanderns (30). Häufig mußte der zugewanderte Geselle schon gleich nach seiner Ankunft sein Können unter Beweis stellen und reihum die verschiedenen Gesellentätigkeiten übernehmen (31). Sodann übermittelte er Meister und Gesellen förmlich den Handwerksgruß der Papiermühle, von der er gerade kam und wurde seinerseits zumeist mit einem Ehrentrunk ("Willkommen") begrüßt (32). Fand der wandernde Geselle auf der Papiermühle Arbeit, so war es selbstverständlich, daß er dort wohnte und auch sonst hinsichtlich Verpflegung und Arbeitslohn den anderen Gesellen gleichgestellt war. Nach 14-tägiger Arbeit auf einer Papiermühle hatte er sich dann sein "Geschenk" verdient, das der Meister speziell für ihn ausrichtete. Hierauf wurde er bei einem Ausschank und einem zumeist ausgiebigen Essen von der gesamten Papiermühlenbelegschaft in mehr oder minder feststehenden Formeln erneut willkommengeheißen (33). Im weiteren fungierte das "Geschenk" dann als Gerichtsversammlung hinsichtlich sämtlicher Vorfälle, die dort zur Sprache gebracht wurden (34). Ungeachtet der unterschiedlichen Organisationsformen war die Abhaltung eines solchen "Geschenkes" bei allen deutschen Papiermachern üblich. Dies bezeugen die Krakauer Statuten, Art. 6 der Reutlinger Ordnung von 1527, Art. 14 der schlesischen Satzung, Artt. 20, 21 der "Gebräuche" und Punkt II. des Nürnberger Protokolls.

Auch wenn sich die Ordnungen dazu kaum äußern, bestand gleichfalls eine weitgehende Übereinstimmung in der Behandlung derjenigen Wandergesellen, die keine Arbeit auf der Papiermühle fanden, dies unter Umständen auch gar nicht anstrebten. Sie hatten in jedem Fall ein Übernachtungsrecht, worin eine entsprechende Bewirtung miteingeschlossen war. Folgt man hierzu Art. 36 der "Gebräuche", so war es sogar den wandernden Gesellen selbst überlassen, wie lange sie bei freier Kost und Logis auf einer Papiermühle verweilen wollten (35). Dem werden allerdings nicht zuletzt durch die wirtschaftlichen Verhältnisse so mancher Betriebe Grenzen gesetzt worden sein. Speziell in Reutlingen waren darüber hinaus Unterstützungsleistungen seitens der ortsansässigen Meister und Gesellen an diejenigen Papierer vorgesehen, die verarmt oder sonst beschwert in die Stadt kamen und dort keine Arbeit finden

(30) Bayerl I, S. 569; vgl. auch: Bergmann, in Braunschweiger Blätter (1937), S. 19 (15)

(31) So Art. 12 der schlesischen Ordnung; vgl. noch: Schlieder, S. 135; Bergmann, a.a.O., S. 19 (15); Kühne, in IPH-Jahrbuch (1981), S. 198 (193)

(32) Vgl. im einzelnen: Art. 33 der "Gebräuche"; Bergmann, a.a.O., S. 19 (15)

(33) Vgl. im einzelnen: Art. 21 der "Gebräuche"; A. Schulte, in Sondernr. aus Wochenblatt für Papierfabrikation (1933), S. 5 ff.; Keferstein, S. 28 ff.; Bergmann, a.a.O., S. 19 (15)

(34) Siehe dazu bereits oben Kap. III. 3.

(35) Nach Wehrs, S. 417 f., galt dies zumindest bei den "Stampfern". Dagegen habe bei den "Glättern" nur ein Aufenthaltsrecht von 24-stündiger Dauer bestanden, es sei denn, es lagen Hindernisse wie Krankheit oder Schlechtwetter vor. Im letzteren Sinne auch: v. Hößle, "Hl. röm. Reich", S. 8

konnten. Auch ihnen war es grundsätzlich freigestellt, wann sie weiterziehen wollten. So bestimmte es Art. 9 der Reutlinger Statuten von 1527.

b) Entlohnung und Arbeitsleistung

Einige der Papiermacherordnungen geben Auskunft über die Art und Weise sowie über die Höhe der Entlohnung der Gesellen. Ein wichtiger Bestandteil der Gesellenvergütung war die kostenlose Zuverfügungstellung von Obdach und Mahlzeiten auf der Papiermühle. Hierauf verweisen besonders die Artt. 30 bis 32 der "Gebräuche" und Art. 20 der Ordnung für Schlesien. Eben weil es sich bei dieser Form der Leistungserbringung durch die Meister um einen echten Arbeitslohn der Gesellen handelte, waren diese sehr auf die Einhaltung des Umfanges und der Zusammensetzung der Mahlzeiten bedacht. Dazu gehörte beispielsweise auch die Verabreichung eines Bratens an einem oder mehreren Tagen in der Woche (36).

Daneben war überwiegend die Bezahlung eines kombinierten Zeit- und Stücklohnes üblich. Dem Gesellen wurde ein Wochenlohn in bestimmter Höhe gezahlt, wofür er aber ein gewisses Tagewerk zu erfüllen hatte. Dasjenige, was er darüber leistete, wurde ihm extra nach der Stückmenge vergütet, genauso wie ihm bei Unterschreitung der festgesetzten Tagesleistung der Wochenlohn entsprechend gekürzt wurde. Eine derartige Regelung enthielten von den bisher behandelten Ordnungen ausdrücklich die "Gebräuche" in Art. 29 und die Krakauer Satzung (37). Dagegen ließ Punkt II. "Die Gesellen betreffend" des Nürnberger Protokolls die Frage der näheren Ausgestaltung der Lohnzahlung weitgehend offen, wenn dort gesagt wird, daß der Lohn "nach dem Stück oder Tagewerk ausgemacht" werden könne. Darüber hinaus hatten die dargestellte Kombination von Zeit- und Stücklohn auch der Papiermacher Tischendorf in Art. 4 seiner Ordnung von 1671 (38) und die Verfasser des "Entwurfes einer Papiermüllerordnung für die Churmark Brandenburg" von 1745 in Art. 10 (39) vorgesehen. In die gleiche Richtung geht die Beschreibung, die Krünitz zu Anfang

---

(36) Vgl. dazu Art. 30 der "Gebräuche" und Art. 20 der schlesischen Ordnung. Dagegen geißelte Art. 10 des "Projektes einer formalen Handwerksordnung" gerade das Bestehen der Gesellen auf eine bestimmte Verköstigung, in Sonderheit auf die Einhaltung des sog. "Bratentages" (Wehrs, S. 440-455, hier S. 445 f.; Leupold (Beyer), 2. Teil, S. 106-109, hier S. 107)

(37) Vgl. auch: Leupold (Beyer), 1. Teil, S. 97, der noch davon berichtet, daß in einzelnen Gegenden der volle Wochenlohn auch unabhängig von etwaigen arbeitsfreien Tagen gezahlt und daß das Arbeiten an solchen Tagen zusätzlich sogar noch vollständig nach dem Stückwerk entlohnt wurde

(38) Abdruck bei: Günther-Franz, S. 29-31, hier S. 30

(39) Abdruck bei: Wehrs, S. 456-473, hier S. 462 f.; Bergius, S. 285-294, hier S. 289

des 19. Jahrhunderts über die Entlohnung der Papiermachergesellen gibt (40). Auch er berichtet von einem festen Wochenlohn, für den ein gewisses Tagewerk, nämlich 10 Ries Papier (1 Ries = 480 bzw. 500 Bogen), geliefert werden mußte. Für 6 Ries konnte der Geselle aber von vornherein keine Entlohnung in Geld beanspruchen, vielmehr mußte er sich diese Produktionsmenge auf sein tägliches Essen und Trinken anrechnen lassen. Jedes darüber hinausgehende Ries gefertigen Papiers wurde ihm gesondert bezahlt. Daneben hat es durchaus auch andere Varianten der Gesellenbezahlung gegeben. So ist auf einigen Mühlen etwa statt eines wöchentlichen Lohnes ein festes jährliches Entgelt gezahlt worden, zu dem dann nicht noch ein besonderer Stücklohn hinzukam (41).

Eine ins einzelne gehende Regelung der Gesellenvergütung beinhaltet schließlich noch eine Papiererordnung aus dem Jahre 1552, die speziell für die Papiermühle in Regensburg aufgestellt worden war (42). Bemerkenswert an dieser Mühlenordnung ist, daß sie nicht eine starre Form der Entlohnung kennt, sondern den Zahlungsmodus teilweise nach der Art der von dem Gesellen auszuübenden Tätigkeit unterscheidet. Den bisher dargestellten kombinierten Zeit- und Stücklohn erhielten lediglich der Meisterknecht, der Mühlenbereiter, der Büttengeselle, der Gautscher und der Leger (43). Dabei war der sogenannte Mühlenbereiter für die Lumpenaufbereitung und die Wartung des gesamten Mühlengeschirrs zuständig (44), und der Meisterknecht versah als gelernter Papiermachergeselle die Stelle eines Meisters (45). Es ist somit festzustellen, daß die genannten Personen allesamt die qualifizierteren Arbeiten in einer Papiermühle verrichteten. Einfachere Tätigkeiten dagegen, wie das Lumpenreißen bzw. -zerschneiden oder das Glätten, die in der Regensburger Papiermühle anfangs von den Gesellen miterledigt, später dann aber durch besondere Hilfskräfte ausgeführt worden sind (46), sollten nach der Mühlenordnung allein nach dem Stückwerk bezahlt werden (47).

Eine Differenzierung nach der Art der Tätigkeit wurde im allgemeinen auch bei der Bemessung der Lohnhöhe vorgenommen. Es macht indes wenig Sinn, an dieser Stelle

(40) Krünitz (Teil 107), S. 161 f.
(41) Krünitz (Teil 107), S. 162
(42) Abdruck bei: Schottenloher, S. 105-112
(43) Schottenloher, S. 111
(44) Schottenloher, S. 109; Rembold, S. 17
(45) Schaden, S. 9; Rembold, S. 17; näheres dazu unten im Abschnitt 3. c)
(46) Bayerl I, S. 575 f.
(47) Schottenloher, S. 111

nun die in den verschiedenen Papiermacherordnungen und in der älteren Literatur hierzu angegebenen Beträge im einzelnen aufzuführen, da diese allein, ohne gleichzeitige Feststellung ihrer damaligen Kaufkraft, nahezu ohne Aussagewert wären. Es läßt sich aber bei vergleichender Betrachtung der unterschiedlichen Lohnhöhen eine gewisse Wertigkeitsrangfolge hinsichtlich der einzelnen Tätigkeiten in einer Papiermühle aufstellen. Eine höhere Bewertung, die sich entsprechend in einer höheren Vergütung niederschlug, konnte sich freilich auf verschiedene Kriterien stützen. So konnte es bei einer Tätigkeit beispielsweise auf eine erhöhte Geschicklichkeit ankommen, während eine andere eine besondere körperliche Kraft verlangte. Ein Papiermacher mußte grundsätzlich über beides verfügen, doch wurde seine Arbeit letztlich mehr von der Geschicklichkeit bestimmt. Hieran wird sich auch primär die Honorierung der verschiedenen Arbeitsbereiche in einer Papiermühle ausgerichtet haben. Nimmt man alle Zahlenangaben hierüber zusammen, so kommt man insoweit innerhalb der Papiermacherschaft zu einer Hierarchie, die vom Büttengesellen über den Gautscher und Leger nach unten bis zum Glätter reichte. Je nach konkreter Ausgestaltung seines Aufgabengebietes konnte allen aber noch der Mühlenbereiter vorangehen (48).

Schließlich war auch der Umfang der geforderten Tagesleistung je nach Tätigkeit verschieden groß. Er orientierte sich in etwa an dem unterschiedlichen Leistungsvermögen in den einzelnen Tätigkeitsbereichen. Wie bereits erwähnt, sollte das Tagewerk des Büttengesellen, des Gautschers und des Legers nach den Angaben von Krünitz (49) bei 10 Ries liegen, was im Vergleich zu den Mitteilungen der vorliegenden Papiermacherordnungen recht viel war. Hiernach betrug nämlich die Tagesmenge dieser Gesellen im Durchschnitt nur 6 Ries und diejenige der Glätter sogar nur 3 Ries. Der niedrige Wert für die Glätter resultiert dabei zweifellos daraus, daß die Arbeit des Glättens pro Papierbogen relativ mehr Zeit benötigte als die Beschäftigungen an der Bütte (50). Nur Art. 29 der "Gebräuche" gibt das Tagewerk für den Büttengesellen und Gautscher, ähnlich wie Krünitz, mit 9 Ries an. Allerdings ist in Rechnung zu stellen, daß die Tagespensen in den Statuten zum Teil bewußt niedrig angesetzt worden sind, um auf diese Weise eine qualitativ noch einwandfreie Produktion zu gewährleisten. Kam es dagegen auf die Qualität des Papiers weniger an, so konnte

---

(48) Siehe dazu: Bayerl I, S. 575
(49) Krünitz (Teil 107), S. 161 f.
(50) Schlieder, S. 118

entsprechend die Rieszahl heraufgesetzt werden (51). Insbesondere das Schöpfen und Glätten erforderten ausreichend Zeit und Ruhe, sollte dabei die gewünschte Gleichmäßigkeit erzielt werden. Ein hoher Leistungsdruck vertrug sich damit nicht. Die Regensburger Mühlenordnung aus dem Jahre 1552 riet daher mit Blick auf die Büttengesellen: "Sie sollen auch von der arbeit nit eilen, damit ain fein gleich papier und nit ains dick, das ander dinn gemacht werde" (52). Ganz ähnlich äußert sich auch die Krakauer Ordnung (53). Diese Überlegungen konnten in den Ordnungen zu voneinander abweichenden Angaben über die Tagesmenge bei gleicher Tätigkeit führen.

c) Arbeitszeit

Ein gewöhnlicher Arbeitstag eines Gesellen auf einer Papiermühle begann etwa um 2 Uhr morgens und dauerte bis etwa 18 Uhr am Abend (54). Abzüglich einer Stunde Mittagspause entsprach dies einem 15-Stunden-Arbeitstag. Es kamen aber je nach Jahreszeit auch kürzere Arbeitszeiten von 11 bis 15 Stunden vor. Dies hing letztlich von den jeweils unterschiedlichen Lichtverhältnissen am Tage ab. Im Sommer konnte insgesamt länger gearbeitet werden als im Winter. Diese auf den ersten Blick starke Arbeitsbelastung der Papierer relativiert sich in gewisser Weise, wenn man berücksichtigt, daß den Arbeitstagen auf das Jahr gerechnet zum Teil erhebliche Stillstandzeiten der Papiermühlen gegenüberstanden. In Anbetracht zahlreicher Feiertage, Papiererversammlungen und der Begehung des "blauen Montages", daneben aber auch infolge häufig herrschender Lumpenknappheit konnten diese sogar mehr als die Hälfte des Jahres ausmachen. Eine Jahresarbeitszeit einer Papiermühle von nur 180 Tagen war daher nicht unbedingt eine Seltenheit (55). Den Gesellen verkürzten die arbeitsfreien Tage freilich in aller Regel auch entsprechend den Verdienst.

d) Kündigungsschutz

Zumindest die Krakauer Ordnung sah sogar einen regelrechten Kündigungsschutz vor, der sowohl für die Gesellen als auch für die Meister wirksam werden konnte. Im

---

(51) Krünitz (Teil 107), S. 161 f., meinte etwa: "Von ordinairen Schreib- und Druckpapier kann der deutsche Büttgeselle 12, 15 auch wohl 20 Ries alle Tage machen"

(52) Schottenloher, S. 108

(53) Vgl. dazu auch Anm. 9. von T. Schulte, in Papiergeschichte (1952), S. 40 (36)

(54) Ähnlich: Krünitz (Teil 107), S. 161

(55) Siehe im einzelnen noch über die Arbeitszeiten: Bayerl I, S. 586 ff., mit zahlreichen weiteren Angaben. Die vorliegenden Papiermacherordnungen enthalten hierüber keine Bestimmungen

einzelnen bedeutete dies, daß den Gesellen, die sich für eine bestimmte Zeit zur Arbeit verpflichtet hatten, ohne triftigen Grund vorzeitig nur unter der Voraussetzung gekündigt werden konnte, daß der Meister ihnen auch den vollen Lohn für diese Zeit bezahlte. Kündigte umgekehrt der Geselle die Arbeit vor der festgesetzten Zeit ohne glaubhaft gemachte, billigenswerte Gründe auf, so durfte er bis zum Nachweis seiner Rechtfertigung nirgends in Arbeit genommen werden. Noch darüber hinausgehend planten die Verfasser des Augsburger Ordnungsprojektes von 1700 in Art. 14 generell die Einführung einer Kündigungsfrist von 14 Tagen, die allerdings nach dem Wortlaut nur von den Gesellen einzuhalten gewesen wäre (56). Demgegenüber entschied man sich in Art. 9 des preußischen Ordnungsentwurfes für Brandenburg von 1745 für gestaffelte Kündigungsfristen. Ein Geselle sollte 4 Wochen und ein Meister 14 Tage vorher kündigen müssen (57). Da beide Papiermacherordnungen jedoch nie in Kraft getreten sind, und zudem die gültigen Satzungen zum überwiegenden Teil keinerlei Bestimmungen über Kündigungsfristen oder dergleichen enthielten, ist anzunehmen, daß derartige Schutzrechte bei den Papierhandwerkern tatsächlich zu keiner Zeit wirksam gewesen sind.

3. Meisterstand

Sobald ein gelernter Papiermachergeselle gewillt und imstande war, selbst die Leitung einer Papiermühle zu übernehmen, konnte er Meister werden. Zur Erlangung des Meisterrechtes mußte er weder wie in anderen Handwerken ein Meisterstück fertigen, noch mußte er sich einer sonst wie gearteten Eignungsprüfung unterziehen (58).

a) Voraussetzungen der Meisterwerdung

Für den angehenden Meister ergab sich in mehrfacher Weise die Möglichkeit der Übernahme einer Papiermühle. Zunächst konnte er natürlich durch Kauf bzw. Neuerrichtung eine Mühle zu Eigentum erwerben, was allerdings wegen des erforderlichen beträchtlichen Kapitaleinsatzes für einen einfachen Gesellen, der nicht Meistersohn war oder sonst die Möglichkeit besaß, sich das Geld zu leihen, wohl so gut wie

---

(56) Wehrs, S. 440-455, hier S. 448; Leupold (Beyer), 2. Teil, S. 106-109, hier S. 107

(57) Wehrs, S. 456-473, hier S. 461; Bergius, S. 285-294, hier S. 288

(58) Bergius, S. 272, Anm. a; Krünitz (Teil 106), S. 571; Leupold (Beyer), 2. Teil, S. 97; Marabini, S. 12; Weiß, in Wochenblatt für Papierfabrikation (1949), S. 424

nicht in Frage gekommen ist (59). Häufiger war es da schon, daß er eine Papiermühle durch Erbgang erwarb oder aber im Wege der Heirat einer Meisterwitwe oder Papiermachertochter in den Besitz eines Betriebes gelangte. Dem Gesellen kam dabei entgegen, daß für die Witwe eines Papiermachermeisters die Wiederverheiratung nach den Regeln des reichsweiten Brauchtums durchaus einer ökonomischen Notwendigkeit entsprechen konnte, zumindest dann, wenn sie keine Kinder hatte. Für diesen Fall war es der Witwe nach Art. 43 Abs. 2 der "Gebräuche" nämlich verboten, die Mühle länger als ein Jahr mit Hilfe eines von ihr eingesetzten Meisterknechtes weiterzuführen. Sollte der Betrieb danach nicht zum Erliegen kommen, mußte sie ihn entweder rechtzeitig verkaufen oder eben einen Papierer heiraten, damit dieser den Betrieb weiterleiten konnte. In den weitaus überwiegenden Fällen erlangte ein Papiermacher die Meisterstellung jedoch durch die pachtweise Übernahme einer Papiermühle. Eigentümer solcher Pachtbetriebe konnten Feudalherren, Stadtgemeinden, Kaufleute und zuweilen auch Buchdrucker sein (60). Die Leitung des Mühlenbetriebes oblag aber stets mehr oder minder eigenständig dem Papiermachermeister als Pächter (61).

Eine nahezu selbstverständliche Voraussetzung für die Meisterwerdung war natürlich, daß der Betreffende Papiermacher war, der seine vierjährige Lehrzeit ordnungsgemäß absolviert hatte. Ausdrücklich erwähnt dies die Ordnung Kaiser Ferdinands III. in Art. 3 und die Ordnung Schlesiens in Art. 11, aber nichts anderes galt auch nach den "Gebräuchen". Dort heißt es lediglich beiläufig hierzu in Art. 39, daß ein gelernter Papiermacher durch Kauf oder Pacht einer Papierfabrik Meister werde. Im übrigen verlangte Art. 11 der schlesischen Satzung noch zusätzlich, daß der angehende Meister sich auf anderen Werkstätten sein "Geschenk" verdient haben mußte, also als Geselle eine Zeitlang gewandert war. Hinter diesem Erfordernis stand zweifellos das Bemühen um Schaffung einer möglichst qualifizierten Führungsschicht, die eben nicht nur über fachliches Können, sondern ebenso über die auf der Wanderschaft gewonnene Erfahrung und Reife verfügen sollte. Diese Frage wurde auch bei den Verhandlungen über die Augsburger Papiermacherordnung im Jahre 1700 ventiliert, doch hat sich dies letztendlich in der Entwurfsfassung konkret nicht niedergeschlagen (62).

---

(59) Siehe dazu: Schlieder, S. 143 f.; Bayerl I, S. 561 ff.

(60) Schlieder, S. 139 ff.

(61) Vgl. Bayerl I, S. 559 ff.

(62) Weiß, in Wochenblatt für Papierfabrikation (1949), S. 425 (424)

nicht nur über fachliches Können, sondern ebenso über die auf der Wanderschaft gewonnene Erfahrung und Reife verfügen sollte. Diese Frage wurde auch bei den Verhandlungen über die Augsburger Papiermacherordnung im Jahre 1700 ventiliert, doch hat sich dies letztendlich in der Entwurfsfassung konkret nicht niedergeschlagen (62).

b) Förmliche Aufnahme

Die förmliche Erhebung in den Meisterstand erfolgte nach Art. 39 der "Gebräuche" 14 Tage nach Übernahme der Papiermühle. Der angehende Meister richtete dazu seinen Gesellen ein "Geschenk" aus, wozu auch die Belegschaften der Nachbarmühlen geladen wurden. Das "Geschenk" ging in der gewohnten Form vonstatten, d.h. es wurde "ausgeschenkt" und bei dieser Gelegenheit wurden die anstehenden Handwerksangelegenheiten erledigt. Der Meisteranwärter mußte im Beisein sämtlicher Teilnehmer erneut feierlich versprechen, das Herkommen der Papiermacher und deren Handwerksartikel weiterhin unverbrüchlich zu halten. Damit war er offiziell in den Meisterstand aufgenommen (63). Nun erst war er im Vollbesitz des Meisterrechtes, d.h. fortan durfte er den Mühlenbetrieb in jeder Beziehung selbständig führen. Dazu gehörte u.a., daß er Gesellen beschäftigen und Lehrlinge ausbilden durfte.

c) Meisterknecht

In einer grundlegend anderen Position als der Meister befand sich dagegen der sogenannte Meisterknecht. Wie die Bezeichnung schon nahelegt, war der Meisterknecht an sich Geselle. Als solcher versah er aber auf einer Papiermühle für eine andere Person und in deren Auftrag die Stelle eines Meisters (64). Er war mithin so etwas wie ein angestellter Betriebsleiter. Die Notwendigkeit zur Beauftragung eines Meisterknechtes konnte sich aus vielerlei Umständen ergeben, hatte aber letztlich ihre Ursache allein in dem bei den deutschen Papierern gültigen Postulat, daß lediglich ein gelernter Papiermacher einem Mühlenbetrieb vorstehen durfte.

---

(62) Weiß, in Wochenblatt für Papierfabrikation (1949), S. 425 (424)

(63) So Punkt III. "Die Meister concernirend" des Nürnberger Protokolls. Siehe auch: Weiß, in Wochenblatt für Papierfabrikation (1949), S. 424 f.

(64) Weiß, a.a.O., S. 426 (424); Schaden, S. 9; Rembold, S. 17

gen hinnehmen, daß die Einsetzung eines gelernten Meisterknechtes durch einen fachfremden Mühlenbesitzer allenfalls dann erfolgte, wenn dieser auf die Leitungsfunktion selbst freiwillig verzichtete oder sich dies möglicherweise aus Mangel an Fachwissen nicht zutraute. Ähnlich lagen offenbar auch die Verhältnisse bei der im Eigentum der Stadt stehenden Papiermühle in Regensburg, die von einem Meisterknecht geleitet wurde. Dieser stand im Dienste der Stadt, die nicht selbst durch eigene Bedienstete die Betriebsleitung übernehmen konnte oder wollte (66). Der genaue Aufgabenbereich des Meisterknechtes wird im ersten Abschnitt der Regensburger Ordnung aus dem Jahre 1552 im einzelnen beschrieben (67). Er umfaßte in der Hauptsache die Beaufsichtigung der Arbeit der Gesellen. Fehlte es aber einmal an der genügenden Zahl von Gesellen, so mußte er auch selbst mitarbeiten. In allem wurde er von einem Mitglied der städtischen Kanzlei, dem sogenannten Gegenschreiber, überwacht, dem im übrigen die Führung der Geschäfte der Papiermühle aufgetragen war. In Abwesenheit des Gegenschreibers war der Meisterknecht aber zum Kauf der Lumpen befugt.

Gänzlich ablehnend eingestellt gegenüber dem Mühlenbetrieb durch Nichtpapierer und der Indienstnahme eines Meisterknechtes durch diese Personen waren indes ausdrücklich die Krakauer und Reutlinger Statuten. In diesem Sinne war für Krakau bestimmt: "Niemand darf selbst oder durch einen Stellvertreter das Meisteramt des Papiermachergewerbes im Königreich und in den Besitzungen Polens ausüben, außer, wenn dieses Handwerk ehrenhaft, wie es seit langem Sitte, Gewohnheit und Brauch ist, und genau gelernt hat". Lediglich gegenüber einigen Krakauer Bürgern, die wohl bereits seit längerem als Fachfremde eine Papiermühle besaßen, wurden Ausnahmen zugelassen. Sie sollten weiter unbehindert bleiben. Für Reutlingen verbot Art. 4 der Ordnung von 1527 ebenfalls die Treibung des Papiermacherhandwerkes durch Ungelernte. Diesen sollte es auch nicht erlaubt sein, einen Meisterknecht einzusetzen. Keinem war es zugelassen, in einem solchen Betrieb zu arbeiten. Den fachfremden Mühlenbetreibern wurde aber freigestellt, "die Mülin zu verleihen einem Gesellen / so des Handtwercks redlich / vnd das nach Ordnung erlehrnt hat". Der Betrieb sollte mithin nur bei regelrechter Verpachtung an einen gelernten Papiermacher zulässig sein.

Weithin üblich und unter den Papierern auch unumstritten war die Einsetzung eines Meisterknechtes dagegen in zwei weiteren Fällen. Die Artt. 41 bis 43 der "Gebräuche"

(66) Siehe über die Regensburger Papiermühle: Schottenloher, S. 28 ff.
(67) Abdruck bei: Schottenloher, S. 105-112, hier S. 105 f.

enthalten hierüber ins einzelne gehende Bestimmungen. Die Ernennung eines Gesellen zum Meisterknecht war danach zum einen für den Fall vorgesehen, daß ein gelernter Papiermachermeister von der aktiven Leitung seines Betriebes zurücktrat, um nunmehr nur noch als "Eigenthumsherr" zu agieren, und zum anderen für den Umstand, daß ein Papierermeister starb und seine Witwe beabsichtigte, den Mühlenbetrieb weiter fortzuführen (68). "Eigenthumsherr" und Witwe wählten sich dann einen Gesellen ihres Vertrauens und übertrugen diesem die Stellung des Meisters in ihrer Papiermühle. Allerdings schränkt Art. 41 Abs. 2 der "Gebräuche" die Befugnisse des Meisterknechtes insoweit ein, wenn dort gesagt wird, daß er nicht mehr Gewalt habe, als ihm sein Herr über die Werkstatt gebe. Auf die eigenartige Festlegung in Art. 43 Abs. 2 der "Gebräuche", daß eine Witwe ohne Kinder einen Meisterknecht nur begrenzt auf ein Jahr halten durfte, wurde schon hingewiesen (69). Ansonsten bestand für sie nach Art. 43 Abs. 1 zusätzlich noch die Besonderheit, daß nicht sie den Meisterknecht auf einem "Geschenk" förmlich einsetzte, sondern ein außenstehender Papiermachermeister, der zuvor, gleich nach dem Tode ihres Ehemannes, gem. Art. 42 zum "Werkstattherr" bestimmt worden war. Ein größeres Zutrauen gegenüber der Witwe eines verstorbenen Meisters hegten da schon die Verfasser der Ordnung für Schlesien. Art. 22 gestattete der Witwe nämlich, die Werkstatt wie ehedem ihr Ehemann weiterzubetreiben, sofern sie sich dabei an den Handwerksbrauch hielt. Die Berufung eines Meisterknechtes konnte hier also ganz unterbleiben, was indirekt auch Art. 21 dieser Ordnung bestätigt, der die Gesellen zu Treue und Arbeitsamkeit ausdrücklich gegenüber der Witwe und deren Kinder ermahnt.

Eine andere Konstellation, aus der sich für einen Papiermacher die Notwendigkeit der Übergabe der Betriebsleitung an einen Meisterknecht auch noch ergeben konnte, zeigt schließlich Weiß auf (70). Ein Papierer konnte nämlich durchaus auch zwei oder mehrere Papiermühlen besitzen und betreiben, doch war die praktische Ausübung des Meisterrechtes stets nur auf einen Betrieb beschränkt. Nahm er also in einem Betrieb die Stelle des Meisters persönlich wahr, so mußte er die Leitung der übrigen ihm gehörenden Mühlen zwangsläufig anderen Papiermachern übertragen.

---

(68) Schaden, S. 9 und das im Anhang befindliche Fachwörterverzeichnis von J.M. Becker, S. 12; Rembold, S. 17; vgl. auch: Weiß, in Wochenblatt für Papierfabrikation (1949) S. 425 f. (424)

(69) Siehe oben Abschnitt 3. a)

(70) Weiß, in Wochenblatt für Papierfabrikation (1949), S. 425 f. (424)

d) Wettbewerbsbeschränkende Klauseln

Abschließend sollen in dem vorliegenden Zusammenhang noch kurz drei einzelne Bestimmungen angesprochen werden, die gleichfalls unmittelbar Belange der Meister betrafen. Es waren dies Klauseln, mit denen die deutschen Papiermacher im Ergebnis eine schädliche Konkurrenz der Meister untereinander zu verhindern gedachten.

In diesem Sinne untersagte zum einen Art. 27 der schlesischen Satzung den Meistern bei Strafe, sich gegenseitig die Gesellen abzuwerben, so etwa durch das Versprechen eines höheren Lohnes. Ein Meister sollte also nicht in den Beschäftigtenbestand eines anderen eingreifen dürfen. Statt dessen sollte ein jeder darauf verwiesen sein, seinen Bedarf an Arbeitskräften aus dem Kreis derjenigen Gesellen zu decken, die jeweils auf seine Papiermühle gewandert kamen. Die Behandlung der Wandergesellen auf den Papiermühlen muß somit auch unter diesem besonderen Aspekt gesehen werden. Nur derjenige Meister, der dafür Sorge trug, daß genügend Gesellen seine Werkstatt auf ihrer Wanderschaft besuchten, schuf auf Dauer die Voraussetzung für einen kontinuierlichen Erhalt der für seinen Betrieb notwendigen Personaldecke. Im übrigen gibt diese Klausel nicht zuletzt auch einen Eindruck von der besonderen Bedeutung, die den Gesellen als qualifizierten Arbeitskräften für die Mühlenbetreiber zu kam.

Des weiteren war nach Art. 32 der Ordnung Schlesiens und ebenso nach Punkt III. des Nürnberger Protokolls einem jeden Meister und Gesellen verboten, einen anderen Papiermacher, der eine Papiermühle gepachtet hatte, durch ein höheres Pachtangebot entweder von der Mühle vorzeitig zu vertreiben oder zu verhindern, daß dieser nach Ablauf der Pachtzeit zum bisherigen Zins weiter dort bleiben konnte. Auch diese Absprache hatte zum Ziel, den Wettbewerb der Papiermachermeister untereinander auf wichtigem Feld einzuschränken. Allerdings ist insoweit zu berücksichtigen, daß regelmäßig die Existenz eines Meisters davon abhing, ob er imstande blieb, seine Papiermühle weiterzubetreiben. Hierfür hatte er in erheblichem Umfange seine eigene Arbeitsleistung und finanzielle Mittel eingebracht. Vor diesem Hintergrund muß auch das Verbot der gegenseitigen Auspachtung gesehen werden. Man wollte verhindern, daß es durch rücksichtslose Überbietungen zu vermeidbaren Existenzvernichtungen einzelner kam. Ohne Zweifel richtete sich das Verbot gerade gegen die vermögenden Kaufleute. Ihnen sollte es nicht ohne weiteres erlaubt sein, einen Papiermachermeister einfach durch ein höheres Pachtangebot um seine mühsam aufgebaute Papiermühle zu bringen.

Eine Wettbewerbsbeschränkung ganz anderer Art findet sich schließlich noch in Art. 15 der Reutlinger Ordnung aus dem Jahre 1527. Es handelt sich hierbei um die Festsetzung eines Höchstpreises für den Bezug des Papierrohstoffes Lumpen. Kein Reutlinger Meister sollte für einen Zentner Lumpen mehr als 12 Batzen ausgeben dürfen. Solche Preisabsprachen, und zwar sowohl im Hinblick auf den Rohstoffeinkauf als auch auf den Verkauf des fertigen Produktes, waren bei anderen Gewerbezünften durchaus nichts Ungewöhnliches (71). Man hatte deshalb auch in der Reutlinger Papiermacherzunft keine Veranlassung, auf die Anwendung dieses wettbewerbshemmenden Mittels zu verzichten. Angesichts des zu allen Zeiten und Orten knappen Angebotes an Lumpen tat eine Festschreibung des Marktpreises auf ein bestimmtes Niveau, wie dies die Absprache in Art. 15 bewirkte, sogar besonders not. Nicht zuletzt versprach man sich hiervon seitens der Reutlinger Papierer eine beträchtliche Kostenersparnis.

(71) Siehe hierzu nur: Neuburg, S. 105 ff. und Ennen, S. 40 ff., mit zahlreichen weiteren Angaben

V. Anhang

1. Reutlinger Papiermacherordnung von 1527

(Der Text wurde übernommen aus: Lore Sporhan-Krempel, "Vier Jahrhunderte Papiermacherei in Reutlingen" (1975), S. 2-7)

Ordnung, so dass Papyrer Handtwerck fürgenommen und gesetzt hat

Zuwissen dass zu fürstandt / auffgangs / und mehrung des gemeinen Handtwercks der Bapyrer / habend allhie zu Reutlingen / Meister / mitsampt den Gesellen / des obgenanten Handtwercks sich vereint / dise Ordnung und Artickel gesetzt / fürgenommen und beschlossen / dieselben zu halten / darbey zubleiben / und stracks zugeleben /on all einträg / widerred / unverwegenlich / auff das sollich obgemeldet Handtwerck / in rechtem Wesen / wirden und brauch / bleib und erhalten werde / wie dann in Form und Weise von Artickel / hernach begriffen und verlegt ist.

1. Item / Damit das Handwerck / in wirden vnd auffrechtlich gehalten / auch solliche angefänckte Ordnung desto trewlicher verstreckt vnd volfiert werd / So sollen die gemeinen Gesellen alle Jar vnd Järlich / drey auss ihnen verordnen vnd erkiesen / vnnd was dieselbigen zu Nutz / Notturfft vnnd Frommen / des Handtwercks / handlen vnd fürnemen / mit verwilligung vnd wissen gemeiner Gesellschaft / dem soll gelebt vnd nachkommen werden.

2. Item / So es sich begeb / das einer willens were / das Handtwerck zulernen / vnd also an Leib vnnd Jaren vnvermögens höhere Arbeit zuuolbringen / dann vngenarlich über den Legstüll zustellen / so soll er dann auffs wenigst fünff Jar zulernen angenommen werden. So einer aber des vermögens den Guschtstüll wer zuuersehen / vnnd vber denselben gestelt wurde / so mag er alsdann vier Jar angenommen vnd bestelt werden. Wa aber einer hie oder anderstwo / nach aussgang vnnd bekrefftigung diser gegenwärtigen Ordnung / dise obbestimpte Lehrjar nit volstreckte / vnd sich nachmals vnderstünd auff dem Handtwerck zu arbeiten / So sollen dann in keinen weg die

Gesellen zugelassen werden / bey ihm zu arbeiten / auch keinerley weiss / sollicher in die Gesellschafft soll genommen werden / sonder des Handtwercks stracks feiren vnd müssig stehn.

3. Item / So einer oder mehr / frembd oder heimsch / auff dem Handtwerck zu dienen fürnem / der seinem Lehrnmeister die obgemelten Jar verpflicht / jm nicht ausslehrt / sonder entlieff / oder sonst in einerley weg von jm kem vor verschinen Jaren / So soll er niendert zu dienen auff dem Handtwerck zugelassen werden. Auch keinem Gesellen bey sollichem zu arbeiten vergöndt / biss er die vorbeschribne Jar volendet vnnd verstreckt hat. Wa aber einer es wer Gesellen oder Lehrknecht seinem Meister nit redlich vnnd getrewlich gedient / oder ettwas enttragen / oder sonst sich in ander weg nit Erbarlich noch Redlich gehalten het / der keiner soll hie auff dem Handtwerck zu dienen zugelassen / sonder hinweg gewisen / vnnd nit Arbeit gegeben werden. Wa aber ein Meister ein sollichen wöllt halten / vber willen gemeiner Meistern vnnd Gesellen / so soll dem obgemelten Meister kein Gesell arbeiten / biss er sich des entschlecht / oder aber sich der obgenante Gesell dem gemeinen Handtwerck zu straffen begibt. Aber vierzehen tag mag jm wol Arbeit geben werden / biss er weitter kommen mag.

4. Item / Wann einer wer / es were vber kurtz oder lang / der das Handtwerck nit erlehrnt / auch nit lehrnen wölt doch dasselbig durch ein Meisterknecht / treiben vnnd handlen fürnem / so soll alsdann sollichem keinem zu dienen vergündt vnd zugelassen werden. Aber dem obgemelten Herren oder Meister würdt zugeben / die Mülin zu verleihen einem Gesellen / so des Handtwercks redlich / vnd das nach Ordnung erlehrnt hat.

5. Item / Wer es sach / das einer diss Handtwercks bey einem diente / der sollicher Stuck eines oder mehr auff ihm het / das jm wissent vnd kundtpar wer / derselbig soll hie nit zu dienen angenommen werden / es sey dann das er nach der dreier geordneten Erkanntnuss gestrafft sey.

6. Item / Wann einer oder mehr herkemen auff dem Handtwerck zu dienen / so sollen jm die drey verordneten trewlich vmb Arbeit besehen / vnd sich jres müglichen fleiss gebrauchen Arbeit zu vberkommen vnnd erlangen. So dann einer vierzehen tag Arbeit findt / so soll man jm ein Gesellenschencken haben / vnd darzu beruffen all so auff dem Handtwerck dienen / vnnd wölcher in obgemelter Schencke nit erscheint der würdt on alles mittel ein Pfennig zu Peen geben derselbig soll dann in gemeine Jrte vnd Zech gelegt werden / vnd zu Stewr kommen / so da seind vnd bleibend. Es soll auch die Schencke erbarlich vnd freindtlich gehalten vnd verendt werden / nach

bedunckend vnnd erkanntnuss der drey erwöhlten. Auch soll auffs aller wenigste einer auss der genanten verordneten dreyen allweg bey der Schencke erscheinen vnd gegenwertig bleiben. (Handschriftlich an der Seite: Sovill schenckh Gesellen sinnd, so vill schilling geben)

7. So einer die Schenck annimpt / vnd weitter hie zu arbeiten vermeindt / so soll alsdann einer auss den drey erwöhlten fragen / erfordern vnd erfaren / in beiwesen der Gesellschafft / / ob jm auff einichen so in der Gesellschafft gegenwertig etwas vnredlichs oder vnehrlichs wissent vnnd kundtbar sey / alsdenn ein yetlicher bey Pflicht vnd Gelipt der Gesellschafft beschehen / zu emblössen / offenbaren / vnd anzuzeigen schuldig ist.

8. Item / Wann eim ein Schencke gehalten würdt / soll ihm in Jars frist fürohin keine mehr gehalten werden.

9. Item / Wann einer her kem der mit Armüt beladen vnd beschwert wer / vnd nit Arbeit findt oder in einigerley weg verhindert / durch Kranckheit / oder schonst wie es wer / das er nit arbeiten kündt oder möcht / so sollend die drey jm hilfflich sein / vnd mit jm zu Meister vnd Gesellen mit gebett anhalten / jme ein Stewr zuerlangen / weitter zuziehen vnd kommen / ists sach das er sollichs an sie begert.

10. Item / Wölcher hie auff dem Handtwerck dienen will / der soll erstmals acht Pfennig in die Gesellschaft geben / vnd darzu mit seiner Trew an Ayds statt globen vnd verheissen / die Stuck vnd Artickel hierin begriffen / zuhalten / den zugeleben vnd nachzukommen bey den Peenen vnd Straffen / so ein gemein Gesellschaft für gut ansicht fürnimpt vnd bestimpt.

11. Item Alles obgemelt Gelt / es sey Anstandt oder Straffgelt sollendt die drey verordneten vnd erwöhlten / getrewlich einbringen vnd samlen / das niemand schencken vnd nachlassen / Auch Järlichs Meistern vnd Gesellen ein erbar aussrichtung vnd redlich Rechnung vmb eingenommens vnd aussgebens thun / vnd das Gelt soll niendert hin gebraucht vnd verwendet werden / dann mit wissen vnd verwilligung gemeiner gesellschafft / Auch sollent das Gelt die Meister / vnd den zedel die Gesellen haben.

12. Item / Wölcher der Ordnung nit nachkommen noch die satzung halten wölt / der soll hinweg geschickt / vnnd allhie auff dem Handtwerck zu dienen nit zugelassen werden.

13. Item / Es habent sich die Meister bewilliget vnnd ergeben / auff das dise angefänckte Ordnung desto freündlicher vnd fürderlicher gehalten werd / Nun fürohin nit mehr dan siben Buch / vnd siben Filtz für ein Bost zu halten / vnd soll für das Tagwerck gehalten werden /vnnd sein zweintzig / so einer ein Müleberaitter hat / wa keinen / achtzehen Bost / doch steht sollichs zumehren oder zumindern / mit verwilligung eines Meisters gegen seinen Gesellen vngevarlich / Doch sollend die Gesellen hinfürt desto fleissiger der Arbeit obligen / nit eilen / sonder zu rechter vnd bequemer Zeit Feirabendt haben vnd machen / getrewlich vnd vngevärlich.

14. Item / Es sollen auch alle die obbestimpten Artickel gehalten werden / hier zu Reütlingen vnd andersswo / von allen denen die in der Gesellschafft seind / vnnd fürohin dareinkommen werden. Wo aber einer oder mehr wer / der sollichs hie oder dort nit helt oder halten wölt / der soll nach gelegenheit der Sach gestrafft werden.

Item / Dise obgeschribne Ordnung / ist durch bit vnd anhalten des gemeinen Handtwercks / von den Ersamen vnd Weisen Burgermeistern vnd Rhat zu Reütlingen bekrefftiget vnd zugelassen / auff Mitwoch vor Reminiscere / vnd nachmals von Meistern vnd Gesellen angenommen auff den Palmtag / im 27. Jar der mindern Zaln.

15. Haben sich Meister vnnd gesellen Noch volgende Artickel zuhalten vestiglich verbunden als denn kein Meister alhie zu Reutling mehr den 12 batzen vmb ein Zentner weis Lumpen geben soll, an straff 4 fl vnd so ein gesell solches von seinem Meister weiss vnd nit Antzeigt sol einem Handtwerkh 2 fl verfellen sein, desgleichen sol auch gehalten werden wen ein Meister Lumpen von einem kauffe, der keinem anderen Meister schulding wehre.

Zusatzartikel von 1603

(Der Text wurde übernommen aus: Lore Sporhan-Krempel, "Vier Jahrhunderte Papiermacherei in Reutlingen" (1975), S. 66-69)

1. Item, so dass Handwerckhs erwehlter Vater ein Handwerckh zusammen auff ein Stund beruffn liess, solle alsdann ein Viertell stund ein Uhr auffgesetzt werden, so es an einem feyertag geschicht, aber an einem werktag zweymal umkehrt werden soll, und fürbringen, was er fürzubringen hat, wer bey solcher geloffener Uhr nicht kompt

oder erscheint, der solle, es sey Meister oder gesell, 1 Schilling Heller, so er nicht selber von dem Vater Urlaub hat, zue straff und peen unnachlesslich geben.

2. Item, so einer zue dem Vater keme, und In anruefft, Ime ein Handtwerckh zufordern, es sey Maister oder gesell, ist er der Bruderschafft verwandt und einverleibt solle er alsbald das Handwerckh heissen zusamen kommen, ehe er etwas fürbringt, vierhalben Schilling Heller aufflegen, so aber einer der Bruderschafft nicht verwandt, siben schilling Heller unnachlesslich erlegen. Steht einer in Arbeit, mag Ime vierzehen tag geborgt werden, Und solle solcher articull keiner nicht beuor haben, dan der Vater.

3. Item so ein frembder oder der in arbeyt, etwas vor einem Handtwerckh fürbracht, solle weder der Antwortter noch keiner in dem ganzten Handwerckh im wenigsten nichts darum reden sondern Ime fleissig auffmerckhen, hernacher auch der Antworter solle der Kläger noch keiner einreden, darmit man dem gerechten zur wahrheit guete Audientz geben köndte. So aber einer oder mehr solches überfehrt, so offt es beschicht, solle er allwegen sechs Heller Unnachlesslich in die Büchsen geben.

4. Item, ob es sich begebe, dass ein fremder Gesell herkeme, und wollte vil nachtheiliger Reden ausgiessen, von einem andern, es sey Maister oder Gesell, solle ein Ersames Handwerckh im wenigsten nichts darauff geben, er habe dann brieff und Sigell von einer redlichen werckstatt, Maister und Gesellen, an ein gantzes Handwerckh, so er aber in arbeyt einstünde, vierzehn tag, mag er, so Ime in dem geschenckh, wass befolhen, wol aussrichten, so er dessen geschenckh wehrt ist, Ime nach handwerckhsgebrauch dass geschenckh anzubieten, So er vill reden ausstosst in den vierzehn tagen. Und hernacher in dem geschenckh vill daruon schwigt, solle er nach erkanntnuss des handwerckhs gestrafft werden.

5. Item, so einer einen handell vor dem handwerckh hat, und für straffellig erkennt wurdt, und dem Vater oder dem handwerckh aus die Henden gehn wolte, oder sonsten böse reden ausstossen, der solle mit zwyfacher straff nach erkanntnus des handwerckhs durchzogen werden.

6. Item, so man einem gesellen, der nach handwerckhsbrauch vierzehn tag gearbeyt, ein geschenkh hielte, und einer nicht darbey erscheint, laut unserer alten articull, der solle seine oder sein schenckh schilling in die Zech schicken, weyl das geschenckh wehret, oder vor einem handwerckh, so man noch bey einander, aufflegen, So solches

nicht beschicht, solle er morgen drey pfennig weyter geben, zu einer unnachlesslichen straff, es sei Maister oder gesell.

7. Item, so das handwerckh bey einander, und wass da gehandelt wird, so einer aussgestanden oder ausstehen müssen, keiner nichts auss dem handwerckh zu schwetzen, so solches beschehen würde, solle einer zimlicher massen nach erkanndtnus dess handwerckhs gestrafft werden.

8. Item, es tregt sich auch zue grosse Uneinigkeit mit grossen straffen, daher grosse Feindschafften ervolgen, dem zue vorkommen, so hat ein Ersames handtwerckh beschlossen, so ein handel fürfällt, da etwan einer den Andern gescholten, mit reverentz zu melden, ein hundsfutt oder ein schelmen, es sey Maister oder gesell, so es in einem trutz oder zorn geschehe, ein halben guldin straff geben, so es aber schwer hendel, solle ein Ersames handwerckh nach erkanndtnus auch ein billiches einsehen haben, darmit gutter frid erhalten möge werden.

9. Item, so einer in einer Zech oder geschenckh, da dass handwerckh bey einander, ein Zankh, hader oder Schlaghandel anfieng, der solle vor dem handwerkh steiff und hertiglich gestrafft werden.

10. Item, so einer von dem handwerckh gestrafft worden, es seye Maister oder Gesell, so in arbeyt steht, der soll bey still stehung des handwercks die straff in vierzehn tagen erlegen, und soll ein gleiches darmit gehalten werden, aber ein frembder in puncto die straff erlegen.

11. Item, es fellt auch grosse spaltung und abbruch den Maistern von wegen dess leimens für, dass man so ungleich auf den Boden kompt, so wohl bey den Lehrjungen, als bey den gesellen, solchem zu fürkommen, haben die Maister beschlossen, dass so einer vor mitnacht leimt, es sey winter oder Summer, umb siben Uhr auf dem leimboden erscheinen solle, So aber einer nach mitnacht leimen will, so solle er umb halben zwölff Uhr ungeuärlich auff dem Boden erscheinen, so solches fahrlessig beschehen würde, wirdt solches einem vor dem Handwerckh auch nicht geschenkht werden.

12. Item, so ein Maister einen Gesellen oder Lehrjungen gewint zue leimen, und er nicht absagt, ehe man dass feuer under dem Kessel macht, es seye dan leybs oder Herren noth, der solle es seye Buob oder gesell, ein gantzes wochen lohn verfallen sein.

So aber einer erst ein gewint, so der leim gesotten, solle bey solchem ein einsehen gehalten werden, so aber ein Maister einem nicht absagt oder still liegen lasst und nicht weckht, solle er, oder dem ers bevolhen, Zwue wochen geben. Auch sollen die gesellen und Jungen etwas fleissiger seyn, als bisshero beschehen.

13. Item, es solle dise ordnung, wie auch Unsere Andern Alten Articull, steiff und fest, zur sterckung, besserung und nutzlichen fürderung dess gantzen handwerckhs fleissig gehalten werden.

Geben und vermehret vor einem gantzen Ehrlichen handtwerckh der Bruderschaft allhie in Reutlingen beschehen den Sibenden Monatstag Augusti, nach dem Alten Calender diss Ablauffenden sechzehenhunderten und dritten Jahrs.

2. Krakauer Papiermacherordnung von 1546

(Es handelt sich um eine deutsche Übersetzung des polnischen Textes von Toni Schulte aus: Papiergeschichte (1952), Nr. 3, S. 38-40)

10. Oktober 1546

Bestätigung der Satzungen des Papiermachergewerbes

Wir, Sigismund, von Gottes Gnaden König von Polen, Oberster Herzog, Herr und Erbe von Litauen, Rußland, Preußen, Masovien usw., zum ewigen Gedächtnis.

Da allein durch den Gebrauch der Lettern die Unvergänglichkeit unterstützt und die Dinge, die wert sind, in der Erinnerung zu verbleiben, vor Vergessenheit bewahrt werden, deshalb verordnen wir, Sigismund etc., durch gegenwärtigen Erlaß für alle, die es angeht, alle Gegenwärtigen und Zukünftigen, weil uns durch die ehrenwerten Meister und Gesellen des Papiermachergewerbes, die diese Kunst ausüben, die Satzungen vorgelegt sind, die auf Grund einstimmiger Zustimmung, durch Gebrauch und Gewohnheit gebilligt sind, und weil uns durch die genannten Handwerker bittweise nahegelegt worden ist, wir möchten geruhen, diese Satzungen zu bestätigen, zu ratifizieren und zu billigen, deren Wortlaut ist wie folgt:

Niemand darf selbst oder durch einen Stellvertreter das Meisteramt des Papiermachergewerbes im Königreich und in den Besitzungen Polens ausüben, außer, wenn dieses Handwerk ehrenhaft, wie es seit langem Sitte, Gewohnheit und Brauch ist, und genau gelernt hat, ausgenommen nur die Papiermühlen der berühmten Herren vormals Johann Haller, krakauischer Ratsherr, und Markus Scharffenberg, Bürger und Buchhändler, auch von Krakau, und Georg Hertfeller, Färber der Bürgerschaft von Krakau, welche Mühlen auch deren Rechtsnachfolger - einschließlich des Rechts der Lehrlingshaltung - nach ihrem Gutdünken, mit Erlaubnis und Zustimmung aller Meister und Gesellen, die dann leben werden, frei ohne jede Behinderung betreiben dürfen, und weiterhin dürfen nicht mehr Papiermühlen zum Vorteil der genannten Herren errichtet und erbaut werden.

Die Eigentümer der genannten Mühlen dürfen nur einen Lehrling, der Meister aber darf deren zwei zum Zwecke des Erlernens des Handwerks bei den Gesellen unter der Bedingung annehmen, daß, wer die Arbeit am Gautschstuhl leisten kann, auf vier

Jahre, wer aber zur Arbeit am Legstuhl geeignet ist, auf fünf Jahre angenommen werden darf.

Dann muß sowohl Meister wie auch jeder beliebige Lehrling zwei Groschen in die Lade ober die Büchse legen und der Herr selbst mit seinem einen Lehrling und der Meister mit seinen beiden bis zum letzten Lehrjahr zufrieden sein. Wer aber als Lehrling die Lehrzeit durch Geldhingabe oder durch irgend eine andere Zuwendung abgekürzt haben sollte, oder wer in dieser Lehrzeit nicht ausgehalten haben oder dem Meister entlaufen und innerhalb zweier Monate nicht zurückgekehrt sein sollte, der darf darüber hinaus durch keinerlei Vertrag zur Arbeit angenommen werden, sondern wird gehalten sein, von neuem mit der Ausbildung zu beginnen; und wenn ein Meister wissentlich einen solchen von der vorgeschriebenen Lehrzeit Abweichenden zur Arbeit angenommen haben sollte, dann darf diesem Meister keiner der Gesellen Arbeit leisten.

Jedes Jahr sollen zwei ältere Gesellen aus der Mitte der Gesellen einstimmig gewählt werden, und sie werden gewissenhaft für alles in der Zunftgemeinschaft sorgen, und was sie zum Besten der Gemeinschaft mit Zustimmung der Meister und Gesellen bestimmt haben, das muß gelten und endgültig sein.

Wer die Lehrlingsjahre, wie es löbliche Gewohnehit ist, bei seinem Meister zurückgelegt hat, wird einen halben Gulden Geld in die Lade legen, und wenn er um seines Ansehens willen etwas mehr den Gesellen zu einem gemeinsamen Mahl oder zu einem Umtrunk spenden will, dann steht das in seinem Belieben; und dann sollen er selbst und die anderen Gesellen, soviele auch immer sich irgendwo in Polen um der Arbeit willen versammeltund zwei Wochen Arbeit geleistet haben, dort von den anwesenden älteren Gesellen gefragt werden, ob sie die Satzungen dieser unserer Zunft annehmen und sie mittels Eides bekräftigen und nicht zulassen wollen, daß sie erschüttert werden. Alle und jeder einzelne, der dieser Satzung zustimmt, sollen zwei polnische Groschen in die Lade legen, zu welcher die gewählten Vorstandsmitglieder, der Altgeselle den einen, der Obermeister den anderen Schlüssel besitzen werden. Dann werden sie die Gesellen mit einem Gastmahl freundschaftlich bewirten und ehren. Wer von den Meistern oder Gesellen ohne triftigen Grund an dem Mahl nicht teilnimmt, hat vier Groschen zu zahlen, und wer während dieses Mahles Streit hervorruft, und nicht zuvor beim Vorstand Abbitte leistet, der soll mit zwei polnischen Gulden bestraft werden ober so, wie alle nach der Stärke des Verstoßes es beschließen sollten; wenn der Vorstand den entstandenen Steit nicht beilegen kann, dann sollen irgendwelche rechtschaffenen Meister zur Unterstützung bei der Schlichtung der Angelegenheit herbeigezogen werden und sie sollen sich ohne viel Umstände zur Verfügung stellen.

Danach sollen sie die Parteien, die es angeht, mit ausreichender Einlassungsfrist vorladen, ihre Klage vorbringen, ihre Darstellung und die Entgegnung der Gegenseite anhören und sorgfältig prüfen, und wer als im Unrecht befindlich erkannt wird, der soll ohne jedes Ansehen der Person, ohne daß damit zu Gunsten der einen oder der anderen Partei der endgültigen Entscheidung vorgegriffen wird, eine in dem Einzelfall gerecht und billig erscheinende Strafe zahlen; wenn solche Streitigkeiten aber nicht haben beigelegt werden können, dann soll die Streitigkeit vor die örtliche Behörde und ihre Rechtsprechung gebracht werden und durch deren Spruch endgültig zur Ruhe kommen.

Kommt ein Geselle an, dann soll ihn nach erfolgtem Zutrunk einer der älteren Gesellen in Gegenwart aller anderen öffentlich im Namen aller Gesellen ausforschen: wenn irgendwer von ihnen etwas Schlimmes von ihm wisse, dann müsse er jetzt kundtun, inwiefern der Betreffende seine Handwerksehrlichkeit verloren habe, und wenn einer davon Kenntnis hatte und diesen Ehrverlust verschwieg, dann soll dieser nach dem Schuldspruch der älteren und anderen Gesellen Strafe erleiden.

Wenn zwei oder mehrere Gesellen in irgendeinem Betrieb des Königreichs Polen sich verdungen haben und einer den andern an der Aufnahme der Arbeit hindern und ihn einer Schuld bezichtigen will (was öfter aus Neid als der Wahrheit entsprechend geschieht), dann darf das in keinem Falle zugelassen werden, außer wenn die Anzeigenden zuvor ausreichende Bescheinigungen und schriftliche Beweise von den Betriebsinhabern, wo diese gearbeitet haben, vorlegen; während der Anhängigkeit des Streites sollen sie von der Arbeit beurlaubt werden.

Hat einer der Gesellen sich bei einem Meister auf eine bestimmte Zeit zur Arbeit verpflichtet und will dieser ihn ohne gesetzlichen Grund vor der vereinbarten Zeit entlassen, dann muß der Meister diesem Gesellen den vereinbarten Lohn unverkürzt bezahlen. Umgekehrt, will ein Geselle aus Bosheit oder aus anderen nicht billigenswerten und vorgeschützten Gründen und ohne erwiesene oder glaubhaft gemachte triftige Gründe dem Meister vor der festgesetzten Zeit den Dienst aufkündigen, dann soll dieser Geselle im Königreich Polen solange nicht anderwärts zur Arbeit zugelassen werden, bis er den Grund, den er zur Arbeitsniederlegung hatte, vor allen

Meistern und Gesellen hinreichend dargetan und bewiesen hat und bis er sich mit eben diesem seinem Meister (den er verlassen hatte) geeinigt hat.

Was nun die Arbeit im Betriebe angeht, so soll nach Zeit geschafft werden, und die Meister und Gesellen, die mit gemeinsamer Arbeit befaßt sind, sollen fried- und freundschaftlich zusammenwirken. Dabei soll jener löbliche Brauch gewahrt werden, daß jeder sein tägliches Tagewerk nicht in einer ihm hindirtierten Zeit erledigen muß, sondern sie in der üblichen Weise, das heißt in angemessener Frist, bei entsprechendem Fleiß, nach seinem Können schaffen darf, und zwar müssen folgende Leistungen erzielt werden: Jeder Geselle muß pro Tag 6 Ries, am Tage vor Feiertagen aber 5 Ries jeder Art von Papier fertigstellen; der Glätter muß von Mediocrispapier 3 Ries, am Tage vor Feiertagen 2 1/2 Ries, von Schreibpapier 2 1/2 Ries, von Regalpapier 3 Ries glätten und planieren; die Länge eines Bogens soll dabei 28, die Breite 20 Zoll betragen; bei Median-Papier von 24 Zoll Bogenlänge und 17 Zoll Bogenbreite muß er 5 Ries schaffen.

Überdies, wie niemand zween Herren dienen kann, so ist es auch nicht richtig, sich in zwei Handwerksarten zu betätigen. Sollte daher ein Meister oder Geselle, der mit seinem einen Handwerk nicht zufrieden ist, in einer Papiermühle entgegen allem Brauch auch das Handwerk eines Kartenmachers betreiben wollen, dann soll er, gleich, wie er sich auch entschuldigt, fristlos entlassen werden.

Schließlich müssen die gewählten Altgesellen die Strafgelder oder jedwede andere Art von Geldern von allen und jedem einfordern und sorgsam zusammentragen, und sie sind verpflichtet, jedes Jahr über die Geldeinnahmen und -ausgaben allen Gesellen Rechenschaft abzulegen. Und wenn ein Geselle von Not oder Krankheit so stark bedrängt sein sollte, daß er nicht arbeiten kann, dann sollen ihm die Altgesellen mit Geld aus der oben erwähnten Lade unter die Arme greifen, mit der Maßgabe jedoch, daß er nach Wiedererlangung seiner früheren Gesundheit den leihweise vorgestreckten Betrag, ohne daß es ihn zu sehr belastet, zurückzahlen soll.

Jeder Geselle, der irgendwo im Königreich Polen sich während seiner Jünglings- und Mannesjahre fleißig mit Arbeit geschunden hat und Alters wegen nicht mehr arbeiten kann, soll von der Papiermacherzunft besonders geehrt werden, und man soll ihm das Gnadenbrot geben.

In der Erkenntnis, daß die hier aufgeführten Artikel dem Papiermacherhandwerk zum Vorteil gereichen und daß sie, wie bei anderen Handwerksbetrieben, in ein

Regulativ gebracht werden müssen, bestätigen, billigen und ratifizieren Wir sie in allen ihren Punkten, Artikeln und verschiedenen Kapiteln, und Wir verordnen, daß sie in Unserem Königreich und Unseren Besitzungen überall, soweit sie der Verfassung und den öffentlichen Gesetzen nicht zuwiderlaufen, die Kraft einer verbindlichen und dauernden Satzung haben sollen. Diesen Satzungen sollen Meister und Gesellen jetzt und in Zukunft immer sich unterwerfen; sie sollen sich ja nicht unterstehen, diese Satzungen im ganzen oder teilweise auch nur im geringsten zu übertreten oder zu verletzen, bei Strafe von 100 Goldstücken guten und richtigen Gewichtes, wovon die Hälfte in unsere Staatskasse, die andere in ihre Zunftgemeinschaft durch den Übeltäter ohne Gnade wird bezahlt und geleistet werden müssen.

Damit nun die Meister und Gesellen dieses Papiermachergewerbes anderen Zünften gleichgestellt werden und ihre Geschäfte mit Erfolg rechtmäßig und als solche betont mit urkundlichem Zeugnis abwickeln können, verleihen, verfügen und verordnen Wir ihnen, daß als ihr Zeichen das Bild des stabhaltenden und glöckchentragenden heiligen Antonius, des gemeinsamen Schutzpatrons der Handwerker dieser Kunst in anderen Ländern anerkannt (gebraucht?) werde und sie das Bild als ihr Zunftsiegel auf ewig verwenden dürfen.

Wir tun unsere Bestätigung und Bekräftigung der Satzungen allen und jedem einzelnen von unseren Paladinen, Hofleuten, Burgvögten, Hauptleuten, Vicehauptleuten, Burggrafen, Obrigkeiten, Statthaltern, Bürgermeistern, Vögten, ihren Stellvertretern und allen anderen unseren Untertanen, gleichviel welchen Ranges und Standes, hiermit kund und befehlen ihnen an, sie sollen die Meister und Gesellen dieses Handwerks nicht daran hindern, diese Satzungen auszuführen und anzuwenden, und sollen auch nicht die Behinderung durch andere zulassen; sondern sie sollen auf Ersuchen ihnen Hilfe leisten, unter schwerer Verpflichtung, so und nicht anders zu handeln, zur Vermeidung einer Ahndung und Mißbilligung durch Uns und Unsere Nachfolger.

Zu dessen Bekräftigung und Bezeugung ist dem Gegenwärtigen Unser Siegel angehängt. Gegeben zu Krakau, am Sonntag vor dem Fest der Heiligen Hedwig, im Jahre des Herrn 1546, im 40. Jahre Unserer Regierung.

Auf Vortrag des ehrwürdigen Vaters in Christo Samuel, Bischof von Krakau und Vicekanzler des Königsreichs Polen.

3. Gebräuche der Papiermacher nach einer Niederschrift von Carl Friedrich Braun aus dem Jahre 1796

(Der Text wurde übernommen aus: "Die Gebräuche der Papiermacher wie solche in teutschen Landen einst mündlich überliefert gewesen" (1934), S. 13-34)

1. Die Lehrlinge betreffend:

Wenn ein Lehrling aufgedinget wird, so muß er ein Taufzeugnis haben, daraus wird ersehen, ob er ehelicher und ehrlicher Geburt ist, ist er in der Ehe zu früh gebohren, und es fehlten mehr als 1 Monat, so ist er untüchtig.

2. Das Aufdingen kostet 2 Thlr, darzu muß der Lehrherr 1 Thlr und der aufzudingende Lehrpursche 1 Thlr geben, dieses Geld wird vertheilet oder verschmauset.

3. Zum Aufdingen muß ein Meister 2 unpartheiische Gesellen haben, es darf ein Meister nicht mit denen Gesellen, und auch die dürfen nicht mit einander in der Blutsfreundschaft verwandt seyn, die beiden Gesellen müssen auch zuvor ihre Geschenke vom Meister erhalten haben; ist dieses alles in Richtigkeit, so können sie einen Lehrjungen aufdingen und lernen, und werden hernach vor eine vollgültige Werkstatt erkannt.

4. Der Meister dinget den Lehrpurschen zu 4 Jahren und 14 Tagen auf, im Namen der Heiligen Dreyeinigkeit Gottes, dabei hält er dem Lehrpurschen eine Vermahnung, wie er sich in seinen Lehrjahren zu verhalten hat, in Gegenwart seiner zwei oder mehrerer Gesellen, dabei die 2 Thlr erlegt werden müssen.

5. Der Lehrpursche muß sich in seiner Lehrzeit getreu, gehorsam und ehrerbietig gegen seinen Lehrherrn, aber noch mehr gegen die Gesellen verhalten, denn die Gesellen haben das Recht, bei jedem Versehn den Jungen mit Schlägen zu traktieren, welches auch oft in Mißhandlungen ausfällt.

6. Begeht ein Junge einen Diebstahl, und wenn es nur 4 gr beträgt, so ist er verstoßen, setzt er sich zur Wehr gegen einer seiner Lehrgesellen, so ist er verstoßen. Beschläft er eine Weibsperson in seinen Lehrjahren, und wenn er auch schon als Geselle

angenommen ist, so ist er verstoßen. Ein Lehrpursche bekömmt jährlich 2 Thlr Lehrgeld von seinen Lehrherrn oder Lehrmeister.

7. Eines Herrn oder Meisters Sohn muß auch 4 Jahre lernen, hat aber 1 Jahr neben einen fremden Lehrpurschen frei zu lernen, außerdem muß er sich eben so verhalten, wie schon angeführet worden.

8. Will der Vater nicht, daß er in der Werkstatt die Jungen-Arbeit verrichten soll, z.E. den Legestuhl versehen, und die Gesellen zu bedienen, wie es ein fremder thun muß, so muß eben auch ein Herrn- oder Meisterssohn thun, so muß dessen Vater einen Gesellen zum Legestuhl halten, und ein Laufjunge oder Hausknecht muß für ihm die gröbere Arbeit mit verrichten, und denen Gesellen mit aufwarten.

9. Wenn die Lehrzeit des Lehrpurschen vorbey ist, so läßt der Lehrherr oder Lehrmeister 2, 4 auch mehrere Papiermühlen, nämlich

Die Herrn Meister und Gesellen zum Freysprechen oder Lehrbraten einladen, diese Einladung geschieht 8 auch 14 Tage zuvor, der Lehrpursche muß gemeiniglich diese Einladung selbst mündlich verrichten.

10. In jeder Werkstatt, wo bei der Bütte gearbeitet wird, muß er jeden Gesellen ablösen, um zu zeigen, was er gelernt hat.

11. Wenn am bestimmten Tage die fremden Herrn Meister und Gesellen beysammen sind, so treten die in einen Kreyß zusammen, ein Herr oder Meister bekommt Auftrag von dem Lehrherrn oder Werkstatts-Meister den Ausgelernten frei zu sprechen. Dieser macht eine Anrede an die versammelten Meister und Gesellen, darauf wird eine Umfrage gehalten, ob einer oder der andere was vorzubringen habe, das dem ehrlichen Freisprechen oder sonst einem Mitglied nachtheilig oder ein unanständiges Betragen wider die Gebräuche einem Mitglied erwiesen werden kann, das wird gemeldet und abgethan, wenn denn nichts Widriges weiter statt findet, so spricht der Herr oder Meister frei, dem es aufgetragen ist im Rahmen der heiligen Dreyeinigkeit Gottes, und erkennet den Purschen für einen ehrlichen Gesellen, wünschet ihm Glück mit dem Zusatz: Daß er nichts Altes ab und nichts Neues aufbringen soll. Diesen Glückwunsch thut ein jeder an den Neugesellen, mit eben gleich genannter Ermahnung.

12. Nun geth das Schmausen oder der Lehrbraten an, dieser besteht in 2 Vorgerichten, 1 Gericht Fische, 3 bis 4erley Braten, Schinken, Gebackenen, auch Kuchen, Semmel und Pflaumen.

13. Dem andern Morgen wird CAFFE getrunken, in einer kurzen Zeit darauf, wird Kuchen und Brandtwein nebst Weißbrodt und Butter vorgesetzt, unterdessen wird ein Frühstück zubereitet. Das bestehet in einer Suppe, ein Gericht Fleisch mit Zugemüse und Wurst. Gegen Abend wird wieder ein TRACTAMENT gehalten, eben so wie den ersten Tag beschrieben ist.

14. Den dritten Tag wird eben so verfahren bis mit dem Frühstück, alsdann wird der Lehrbraten aufgehoben, dann treten die versammelten Papiermacher wieder in einen Kreis zusammen, halten wieder eine Umfrage, ob einer oder der andere etwas wider den Lehrbraten, oder Einer den Anderen beleidigt habe, dieses wird gemeldet und abgethan.

Alsdann werden die Anzeigen-Briefe vorgenommen, diejenigen welche ihre Sache ausgemacht haben, werden ausgestrichen, und andere, die das Anzeichnen verdienet haben, und nicht zugegen sind, werden angezeichnet.

15. Der Neugesell muß seinen Herrn um ein ehrlich Geschenk zu verdienen, ansprechen, welches er in 14 Tagen soll, dieses ist die letzte Verrichtung bey dem Lehrbraten.

16. Ein solches Freisprechen und Lehrbraten kostet gemeiniglich 100 Rthlr auch 150 Thlr, welches der Geselle bezahlen muß; unter Hundert Neugesellen ist kaum einer der die Mittel hat, soviel mit baarem Gelde zu bezahlen; es sind gemeiniglich die allerärmsten Menschen, die zum Papiermachen als Lehrjungen kommen, sie haben oft nicht so viel, daß sie sich noch das Nötigste in den Lehrjahren schaffen können; denn die 2 Thlr jährlich Lehrgeld, sind nicht hinlänglich, im Gebrauch der Kleidung sich zu unterhalten. Der Lehrherr muß da schon sorgen und der Lehrbraten-Schmaus ganz auf seinen Vorschuß oder Bürgschaft ausgerichtet werden. Der Neugesell muß bei seinem Lehrherrn diese Schuld abarbeiten.

17. Vom Verhalten derer Gesellen

Ein Neugesell muß 14 Tage bey seinem Lehrherrn arbeiten, damit er sein Geschenk bekommt; denn ehe er sein erstes Geschenk noch nicht bekommen hat, kann er keinen aufdingen, keinen freisprechen, auch keinem andern Geschenke beiwohnen, er gilt keinen Zeugen bei einer Streitsache, er kann nicht schelten, auch nicht gescholten werden, dahero auch der Lehrherr dies Geschenk nicht aufhalten darf, /: wenn es erforderlich ist :/ damit der Neugesell aller Rechte fähig wird; Sein Lehrherr und die beiden unpartheyischen Gesellen, die bei seinem Geschenke, eine vollgültige Werkstatt ausmachen, müssen ihm bei Aufhebung seines Geschenks einen Anzeigen-Brief ausstellen, alsdann ist der Neugeselle vollkommen.

18. Hat der Neugesell seinen Lehrbraten bezahlt, so kann er von seinem Lehrherrn abgehen, ist er aber noch schuldig, so muß er so lange arbeiten, bis er bezahlt hat, darzu braucht der Neugeselle 3 bis 4 Jahre Zeit, wenn er sich ganz darauf einschränkt, ehe er den Lehrbraten bezahlen kann. Geschieht es, daß ein Neugesell von seinem Lehrherrn, abgeht, ehe er bezahlt, so muß er bestimmen wenn und wie er bezahlen will.

19. Trifft die Zahlung nicht zu gesetzter Zeit ein, so zeichnet ihn sein Lehrherr bei einem Geschenk, oder Lehrbraten an, und er wird bey aller Gelegenheit einem jeden Gesellen auf seinen Anzeichen-Brief gegeben, bis ihn einer antrifft, der ihn auf den Anzeichen-Brief hat; da wird er getrieben, d.h. der Gruß wird aufgehalten, es heißt auch gescholten, bezahlt er, so muß er für das Gruß-Aufhalten ein Scheltwort erlegen, das besteht in 10 gr; wenn der Geselle bei der Bütte ist, /: dieses ist die oberste Stelle in der Werkstatt /: hat er aber eine mindere Stelle, so erlegt er 8 gr, bezahlt er nicht, so muß ihn sein Herr oder Meister, bey dem er arbeitet Feyerabend geben, und bleibt so lange ungültig und verstoßen, bis er bezahlt.

20. So oft ein Geselle in Arbeit kömmt, so muß er um ein Geschenk zu verdienen, ansprechen, oder angesprochen werden, wenn er 14 Tage gearbeitet, hat er sein Geschenk verdient, will er nicht länger bei dem Meister arbeiten, so fordert er sein Geschenk und der Meister muß es ihm ohne Anstandt geben.

21. Ein Geschenk wird auf folgende Art gehalten und geschieht gemeiniglich des Sonnabends. Der Meister der schenken will, oder soll, sagt des Sonnabends früh beim Frühstück zu seinen Gesellen, daß er heute dem oder mehreren Gesellen, welche er bei Nahmen nennt, schenken will, daher sich die Gesellen darnach richten und zeitlich Feyerabend machen sollen. Wenn die Zeit darzu da ist, so kleidet sich der Meister und die Gesellen jeder ordentlich an; wenn sie bereit sind, so sezen sie sich zusammen, und muß Bier, Brandtwein, Brot, und Butter aufgetragen seyn, da wird denn nach Belieben gegessen und getrunken. Alsdann tritt der Meister mit entblößtem Haupt

vor dem Tisch, und die Gesellen treten auch alle mit entblößten Häuptern um den Tisch herum, der Meister fängt also an zu sprechen:

Wohledle, großachtbare und kunsterfahrene Meister und Gesellen - es ist ihnen bekannt, daß, wenn ein Gesell 14 Tage gearbeitet, er ein ehrl. Geschenk verdienet hat; da nun gegenwärtiger N.N. schon 14 Tage oder drüber bei mir gearbeitet, so bin ich Willens, ihm sein ehrlich Geschenk zu überreichen; dahero ich ihm N.N. gefraget haben will, ob er es von mir, und in Beyseyn seiner Kameraden annehmen will? darauf der Schenkgeselle mit Ja antwortet, wenn er nichts einzuwenden hat.

Darauf spricht der Meister, so ist es nöthig, eine Umfrage zu halten, wenn einer oder der andere etwas vorzubringen hätte, das dem ehrlichen Geschenk nachtheilig, oder einem unter uns zu wieder seyn könnte, der beliebe es jetzt zu melden. Ich für meine Person weiß nichts, als alles Liebes und Gutes, und was der Ehren zusteht, weiß einer oder der andere was auf mich, so kann ers melden; so spricht auch jeder Geselle, wenn keiner nichts vorzubringen hat.

Nun spricht der Meister: so will ich hiermit das ehrliche Geschenk angesagt haben, der Meister sezt sich und nöthigt die Gesellen zum Sizen und fleißigen Herumtrinken. In einer Zeit stehet der Schenkgeselle auf, da denn der Meister und andere Gesellen auch mit aufstehen müssen und spricht.

Wohledle, großachtbare und kunsterfahrene Meister und Gesellen, da mir mein ehrlich Geschenk ist angesagt worden, so will ich bitten mich nicht länger aufzuhalten;

auf diese Art muß er 3 mal anhalten, er wird allemal zur Geduld verwiesen, man trinkts ihm fleißig zu, weil man viel Durst bei ihm vermuthet. Wenn das dritte Anhalten vorbei ist, so bringt der Meister den Willkommen, bei Öfnung desselben fängt er an:

Wohledle, großachtbare Meister und Gesellen, da N.N. zum dritten male um sein ehrlich Geschenk angehalten, so will ich ihn nicht länger aufhalten, sondern ihm sein ehrlich Geschenk einschenken. Nun überreicht er ihm den Willkommen voll eingeschenkt, mit den Worten: Hiermit will ich ihm sein ehrlich Geschenk überreichen, auf 3 schmale Züge auszutrinken, trink ers dem zu, der nach ihm kommt, oder der auf grüner Heyde geht.

Darauf spricht der Schenkgeselle: Wohledle, Großachtbaare und Kunsterfahrene Meister und Gesellen, da mir mein ehrlich Geschenk ist überreichet worden, auf drei schmale Züge auszutrinken, so will ich mir vors erste 1 oder 2 Züge mehr ausbitten, fürs 2te einem ehrlichen Frauenszimmer daraus zu schenken fürs 3te wenn mir mein ehrlich Geschenk nicht wohl bekömmt, einen höflichen Abtritt zu nehmen.

Das alles wird ihm zugestanden, nun spricht er, indem er den Willkommen öffnet:

So will ichs dem zutrinken, der nach mir kommt, oder dem der auf grüner Heyde geht, dieses thut er stehend, und in bloßem Kopf, der Meister und die Gesellen stehen auch in bloßen Köpfen, und singen ihm ein Saufs-Stückchen dazu, das geschieht allemal, so oft er trinkt, und so lange der Willkommen auf dem Tisch ist darf sich keiner bedecken. Wenn er den Willkommen ausgetrunken hat, so zeigt er ihn Meister und Gesellen vor, daß er seinem ehrlichen Geschenk zur Genüge gethan hat.

Darauf übergiebt er den Willkommen dem Meister mit den Worten: hiermit will ich ihnen das ehrliche Geschenk wieder überreichen, und wünsche daß sie das Glück haben mögen, noch vielen ehrlichen Gesellen ein ehrlich Geschenk zu überreichen; dabei er sich für sein ehrlich Geschenk bedankt.

Nun giebt der Meister ein kleines TRACTAMENT das besteht in einer Suppe ein Gericht Fleisch, und 1 oder 2 Braten; nachdem wird getrunken, gespielt oder gesungen und lustig gelebt, gemeinigl. bis zum andern Morgen; dann wird CAFFEE getrunken, nachdem wird Brandwein kalter Braten Brod und Butter aufgesetzt; Wenn das Frühstück vorbei, so wird das Geschenk wieder aufgehoben. Da fängt der Meister an zu sprechen: Wohledle, Grosachtbare, und Kunsterfahrene Meister und Gesellen, es ist ihnen bekannt, das wir gestern ein ehrlich Geschenk gehabt haben, da wir nun Willens sind dieses ehrliche Geschenk wieder aufzuheben, so will ich den Schenkgesellen gefragt haben, ob er mit seinem ehrlichen Geschenk zufrieden ist? Welches der Schenkgeselle mit Ja beantwortet. Darauf hält der Meister noch eine Umfrage, ob währender Zeit etwas vorgefallen wäre, daß dem ehrlich Geschenk oder einem Mitglied nachtheilig oder zuwieder wäre? Wenn die Umfrage vorbey, so ist das Geschenk aufgehoben.

Nun werden die Anzeichen-Briefe vorgenommen, ist einer anzuzeichnen so wird er angezeichnet, oder es ist einer auszustreichen so kann es auch geschehen.

22. Wenn ein Papiermacher einen Diebstahl begeht, und wenn es nur 4 gr beträgt, so ist er verstoßen, es muß ihm aber durch 2 Zeugen, die Papiermacher sind, erwiesen werden können.

23. Wenn einer ein Frühkind heyratet, oder eine geschwängerte Person von einem andern, er sey ein Papiermacher oder ein anderer, so ist er verstoßen.

24. Scharfrichters Töchter, Gerichtsfrohn Töchter, Schäfers Töchter darf kein Papiermacher heyrathen, auch keine Tochter von einem verstoßenen Papiermacher, wenn sie erst gebohren, nachdem der Vater verstoßen worden. Der Schafrichters-Gerichtsfrohn, und Schäfer Stand ist bis in 3te Glied unehrlich. Ein Ehebrecher ist auch verstoßen.

25. Wenn einer ein ehrlich Frauenzimmer beschläft, so muß er 6 Thlr Strafe das 2ten Mal 12 das 3te mal 18 Thlr geben, das 4te mal wird nicht angenommen, da ist er verstoßen.

26. Heyrathet einer und sein Weib komt unter 36 Wochen ins Kindbette, so muß 6 Thlr Strafe geben, ist es ein Sohn so darf er kein Papiermacher werden, eine Tocher darf keinen Papiermacher heyrathen!

27. Kömmt ein solcher Fall in eine Werkstatt vor, und der Meister schaft den Menschen nicht gleich fort, so müssen die andern Gesellen sogleich abgehen, und es darf auch kein Geselle wieder in der Werkstatt arbeiten, bis der Straffällige seine Strafe erlegt, oder der Verstoßene abgeschaft ist.

28. Darf der Meister einen Straffälligen oder der verstoßen ist, oder nach denen oben besagten Gebräuchen verstoßen werden muß nicht länger als 13 Tage halten, behält er ihn länger so muß er Woch für Woche ein Scheltwort legen, das kostet 1 Rthlr für einen Meister, arbeiten die Gesellen mit einen solchem fort, so müssen die auch für jede Woche ein Scheltwort legen, das kostet 10 gr auch 8 gr und dem Lehrpurschen seine Lehre ist ungültig, so lange diese Scheltung fortdauert.

29. Das Gesellenlohn und deren Arbeit betrefend:

Bei Bütte können nicht anders als 2 Gesellen und 1 Lehrling arbeiten. Ein Büttgeselle hat wöchentlich 18 gr Lohn, der 2te den man Gautscher nennt, hat wöchentlich 16 gr., dafür müssen sie täglich 9 Rieß zu Tagewerck machen, nach dem ordinairen Schreib oder Druck Format, dieses soll Fehler frey gearbeitet seyn. Es ist aber ein sehr seltener Fall 2 solche Gesellen in eine Werkstatt zusammen zu bringen, die ihre Pflichten hierinne ausüben wollen oder ausüben können.

Ist es größer Format zum Druck oder Pack Papieren, so bekommen sie für 1 Rieß 1 1/2 Pf. auch 2 bis 3 Rieß auch noch mehr, nach Verhältniß des Formats nach dem ordinairen gerechnet. Nun kömt es auf die Gesellen an, wenn sie viel oder wenig über das genannte Tagewerck machen wollen: sie können täglich 5 bis 6 Rieß darüber machen. Der Bütgesell bekömmt für ein Rieß drüber 6 Pf. der Gautscher 5 Pf. wollen die Gesellen nichts drüber machen, so kann sie der Meister auch nicht zwingen, und wenn er darauf dringen will, so können ihm die Gesellen die Arbeit liegen lassen, und den Meister auch noch schelten.

30. Von der Kost derer Gesellen:

Sontags und Donnerstags solle eine Suppe ein Gericht Fleisch und Braten nebst 1 Kanne Bier für jeden Gesellen gegeben werden, die übrigen Tage in der Woche alle Tage 2 mal Fleisch; da aber die mehrsten Meister dieses unmöglich halten können, und müssen die Kosten für ihre Person sowohl als für die Gesellen einschränken, nach jetziger Zeit und Umständen, Es giebt aber auch Gesellen die die wenigsten Mahlzeiten in Fleisch verlangen, aber die meisten sind damit unzufrieden und machen denen Meistern die bittersten Vorwürfe! wenn die Meister ihnen wegen ihrer schlechten Arbeit Vorstellungen machen, und die Gesellen zu Ausübung ihrer Pflichten erinnern, da heißt es wir werden auch nicht so gehalten wie sich gehört, wer es besser haben will, mag sich seine Arbeit selber machen.

31. Die Gesellen müssen auch reinliche und ordentliche Betten bekommen, und ihre Wäsche muß mit gewaschen werden.

32. Zu Martini und Fastnacht müssen die Meister ihren in Arbeit stehenden Gesellen einen Schmaus geben, will sich der Meister nicht in Schmausereyen einlassen, so bekömmt jeder Geselle jedes mal 12 gr.

33. Von denen fremden Gesellen oder reisenden Papiermachern

Wenn ein fremder Gesell in einer Werkstatt einwandert, so spricht er den Herrn oder Meister um ein ehrlich Nachtlager an, und bringet ihm den gewöhnlichen Gruß. Dieser lautet also: Der Gesell fängt an, Herr oder Meister N.N.: ich will sie angesprochen haben um ein ehrlich Nachtlager, der Meister sagt ganz willig und gern, wenn sie wollen damit vorlieb nehmen, seyn sie mir schon willkommen wegen der löblichen Kunst Profession, oder Handwerk. Der Geselle: schönen Dank wegen der löblichen Meister und Gesellen von N.N. lassen Sie auch freundlich grüßen wegen der löblichen

Kunst. Der Meister: Ich sage Meister und Gesellen zu N. fleißigen Dank. und ihm desgl., daß sie den Ehren-Gruß haben ausgericht wegen den - -.

Diesen Gruß bringt der fremde Geselle einem jedem Gesellen in der Werkstatt besonders des Abends nach Tische, wird dem fremden Gesellen ein Ehrentrunk angethan in Bier, und des Morgens in Brandtwein der Meister und seine Gesellen bezahlen gemeinschaftlich diesen Ehrentrunk, und kommt auf sie an wieviel sie dafür geben wollen. Aber Alte und zur Arbeit unbrauchbare lassen sich den Ehrentrunk bezahlen, und kommt auch auf die Werkstatt an wieviel sie dafür geben wollen; auch sonst Verunglückte lassen sich den Ehrentrunk bezahlen es bekömmt jeder verhältnismäßig dafür bezahlt.

Haben nun ganze Werkstätte oder auch einzelne Glieder, etwas wider einander, so lassen sie durch die fremden Gesellen einander den Gruß aufhalten das heißt: getrieben; oder es hat ein fremder Geselle eine ganze Werkstatt, oder einzelne Glieder derselben auf den Anzeichen-Brief, so muß er, vermöge des Anzeichens, den Gruß aufhalten oder treiben.

Die Getriebenen müssen alsdann ihre Sache binnen 13 Tagen ausmachen, lassen sie es länger anstehen, so mussen sie Woche für Woche ein Scheltwort legen, wenn die Getriebenen denken, es ist ihnen Unrecht geschehen, so gehen sie auf eine unpartheyische Werkstatt, tragen die Sache vor, wie sie denken, Recht zu erhalten; legen ihre Scheltwörter wegen des Grußaufhaltens, und die unpartheyische Werkstatt erkennt ihnen das Recht zu, ihre Gegner zurück zu treiben lassen und ihre Scheltwörter wieder zurück zu fordern.

Wenn das Gegentheil zurück gescholten worden durch Grußaufhalten, so gehen diese auch auf eine unpatheiische Werkstatt, tragen die Sache auch so vor, wie sie denken, das Recht zu erhalten, legen ihre Scheltwörter, und es wird ihnen zuerkannt, die Erstere mit ihrer unpartheyischen Werkstatt zurückzuschelten, ihre Scheltwörter zurück zu zahlen, und für sich, und die Gegenparthey besondere Scheltwörter zu erlegen.

Dieses Hin- und Herschelten dauert oft Jahre lang, und es werden jedesmal mehrere Werkstätte darein gezogen, und erstreckt sich solcher Streit wohl in viele Länder; es ist mancher Papiermacher drein verwicklet, er weiß nicht einmal die rechte Ursache von dem Streit, kurz das Schelten und Treiben dauert so lange durch einander, bis sie es selbst überdrüssig werden, wenn sie einander rechten Schaden und Geldkosten zugefügt haben, so nimt die Sache ein Ende, wie sie sich angefangen hat.

34. Um weitläuftige und langwierige Streitigkeiten zu vermeiden, fallen auch CITATIONES vor, das CITIREN müssen 2 fremde Gesellen übernehmen, die heißen alsdann CITIR Gesellen, es bekommt jeder für die Meile 8 gr., die sie wegen des CITIRENS reisen müssen, es werden wenigstens 3 Werkstätte in einer kleinen Sache CITIRET, nach Verhältniß der Sache werden auch 6 bis 10 und noch mehrere Werkstätte CITIRET, dieses ist gemeiniglich der kürzeste und sicherste Weg, eine Streitsache bei den Papiermachern zu beendigen.

35. Das schlechteste CITIREN kommt gegen 30 Thaler zu stehen auch manches über 10 und über 200. Derjenige Theil der Unrecht behält, muß bezahlen, kann oder will er nicht bezahlen, so wird er verstoßen, und die zusammen citirte Werkstätte müssen unter einander die Kosten selber tragen.

36. Die fremden Gesellen können in einer Werkstatt so lange liegen bleiben, als es ihnen gefällt: sie bekommen nebst LOGIE Essen und Drinken; wenn sie fortgehen so sprechen sie zu dem Meister: ich will sie dem lieben Gott befehlen und thue mich zum schönsten bedanken für das ehrliche Nachtlager, für den Ehrentrunck und alle angethane Ehre, kann ich es heut oder morgen gegen Sie oder die lieben Ihrigen wieder verschulden, werd ichs nicht unterlassen.

Der Meister erwiedert: Es ist Ihnen von mir schlechte Ehre angethan worden, bitte so vorlieb zu nehmen grüßen Sie fleißig Meister und Gesellen wegen des ..... Handwercks; auf gleiche Art nimmt man von jedem Gesellen in der Werkstatt Abschied, und jeder giebt auf diese Art den Gruß mit.

37. Ist den fremden Gesellen nicht recht geschehen von der ganzen Werkstatt oder von einem einzelnen Glied, so kann er ohne Abschied von ihnen gehen, das heißt auch gescholten.

38. Ein fremder Gesell gilt bey einem Aufdingen, Freysprechen Geschenk und Beilegung einer Streitsache so viel als eine vollgültige Werkstatt, und kommt mehrentheils bei Streitigkeiten auf den Ausspruch fremder Gesellen an.

39. Von denen Herren oder Meistern.

Wenn ein gelernter Pappiermacher eine Pappier Fabrick kauft oder pachtet, so muß er zwo Gesellen haben in seiner Arbeit, binnen 14 Tagen muß er denen Gesellen das Geschenk geben, nach Art und Weise, wie oben das Geschenk ist umständlich beschrieben worden, darzu muß er eine unpartheyische Werkstatt bitten, wenn dieses Geschenk vorbey ist, alsdann ist er Meister, und kann wenn er immerfort 2 Gesellen hält, Jungen lernen, hält er aber nur 1 Gesellen so darf er keinen Jungen lernen.

40. So oft als andere Gesellen in die Werkstatt in Arbeit treten, so muß der Meister einem jeden sein Geschenk geben, wenn er 14 Tage gearbeitet hat. Komt unter Jahr und Tag keiner in Arbeit, daß geschenkt werden kann, so soll der Meister denen Gesellen, die schon über Jahr und Tag bei ihm gearbeitet haben, das Geschenk von neuen halten, und dazu eine unpartheiische Werkstatt bitten, komt aber ein fremder Gesell, so kann dieser die Stelle vertreten, gemeiniglich läßt man den fremden Gesellen ein Geschenk verdienen, und so ist das jährliche Geschenk auch verrichtet.

41. Will ein Meister in seiner Werkstatt als Herr agiren, so sezet er einen Gesellen, zu dem er das Zutrauen hat, welcher als Meister seiner Werkstatt vorstehen kann, zum Meister über seiner Werkstatt. Der nunmehrige Eigenthumsherr giebt seinen Gesellen Feyer-Abend, und den er zum Meister eingesezt hat, muß die Gesellen, um sich ein Geschenk bei ihm zu verdienen, wieder um Arbeit ansprechen wenn 14 Tage um sind, so schenkt der VICE Meister auf Kosten seines Herrn, dabei muß eine unpartheiische Werkstatt seyn oder fremde Gesellen.

Wenn dieses Geschenk verrichtet, so sind der Werkstattsherr, und VICE Meister fertig. Ein solcher Meister hat nicht mehr Gewalt, als ihm sein Herr über die Werkstatt giebt und bekömt wöchentlich 1 Thlr Gehalt und muß in der Kost und andern zufälligen Dingen besser als ein Gesell gehalten werden.

Wird ein solcher Meister gescholten, so muß er auch 1 Thlr fürs Scheltwort legen, wird aber der Herr gescholten, so muß derselbe 2 Thlr dafür legen.

42. Stirbt ein Herr oder Eigenthumsmeister, und die Witbe will das Papiermachen fortsezen, so wählt sie sich einen Gesellen zu einen Meister. Ein unpartheyischer Eigenthumsherr, Meister oder Pachter darf es nicht seyn, diese muß sie zum Oberhaupt als Werkstattsherr oder Meister über ihre Werkstatt auffordern. Dieser muß kommen, und denen Gesellen, die in ihrer Werkstatt sind im Namen des Verstorbe-

nen, Feyerabend geben, und die Gesellen in der ihm anvertrauten Werkstatt, ein Geschenk bei ihm zu verdienen, um Arbeit wieder ansprechen.

43. Wenn 14 Tage um sind so muß er mit seiner Werkstatt, nämlich mit seinen Gesellen hinreisen, und denen Gesellen schenken, darunter der Geselle seyn muß, der Meister werden soll; Wenn das Geschenke aufgehoben ist, so sezt er den erwählten Gesellen zum Meister ein. Der Werkstattsherr giebt den Gesellen Feyerabend, und der Meister spricht sie, um ein Geschenk bei ihm zu verdienen, wieder um Arbeit an. In 14 Tagen muß der Meister schenken, und dann ist die Werkstatt vollgültig, und darf ein Junge gelernet werden.

Hat die Witbe Kinder, so wird ihr so lange sie wirthschaftet, und ihre Kinder groß erzieht, ein Meister eingesezt, so oft es nöthig ist; hat sie aber keine Kinder, so ist ihr nicht länger als 1 Jahr ein Meister zu halten erlaubt, alsdann muß sie verkaufen, oder sich an einen Papiermacher wieder verheyrathen.

44. Wenn ein unverheyrateter Meister eine ehrliche Weibsperson schwängert, so muß er 12 Rthlr geben, zum 2ten Mal 24 Rthlr zum 3ten mal 36 Thlr das 4te mal ist er verstoßen, er darf keine Jungen lernen, und ehrliche Gesellen dürfen nicht bey ihm arbeiten.

45. Schwängert er ein Frühkind, oder unehrlich gebohrne oder geschwängerte Person, so ist er verstoßen. Es darf auch keiner ein Frühkind, geschwängerte oder unehrlich gebohrne Person heyrathen.

46. Bricht ein Meister die Ehe, so ist er verstoßen.

Alle diese Gebräuche müssen von Meister und Gesellen gehalten werden, wer dawider handelt wird abgestraft, was aber nicht zu bestrafen ist, wird verstoßen.

47. Wer sein Recht bei der Obrigkeit suchen will, der ist verstoßen, er sei Meister oder Geselle.

48. Wer die Gebräuche der Papiermacher schriftlich aufsetzt und DENUNCIRT ist auch verstoßen.

4. Schlesische Papiermacherordnung von 1686

(Der Text wurde übernommen aus: "Das Papier. Eine Berufschronik" (1935), S. 31-39)

1. Wann Einer oder der ander die Pappiermacher Kunst zu lernen in Willens, so soll Er anfänglich dem anwesenden Meistern und Gesellen, seinen richtigen und untadelhafften Geburthsbrieff von der Obrigkeit, worunter seine Eltern gewohnet und gebohren, daß Er von redlichen, auffrichtigen und rechtmeßigen Geschlechts und Wandels gewesen, und Er von Ihnen entsproßen sey, ordentlich beyzubringen verbunden seyn.

2. Soll ein jeder Junge, wann er sich zuvor, wie oben angeführet, legitimiret hat, In beyseyn ehrlicher Meister und Gesellen auff Vier Jahr auffgedinget werden und keiner unter solcher Zeit wieder angenommen, bey welcher auffgedingung der Lehrmeister 1 Thlr. und der Junge gleichfalls einen Thlr. dem anwesenden Meistern und Gesellen in Bier oder Wein zuvertrincken zugeben schuldig seyn.

3. Damit sich der Meister bey welchen der Junge auffgedinget werden soll, nicht zu befahren haben möge, daß Er Ihme etwas entwende, Ungehorsam, oder durch leichtfertige Nachläßigkeit großen Schaden zufügen und nach dem mit dem Schelm davon lauffen möge. So soll der Junge zwey Bürgen, die bey dem Meister gegen ein gewißes St:geld caviton wann daß sichs als wieder Verhoffen zutragen solte, zuschaffen höchst obliegen; Es were denn Sache, daß es der Meister nicht begehren und ohne solchen Bürgen annehmen wolte.

4. Soll ein jedweder Junge (: wie vor alters und auch jederzeit bräuchlich gewesen :) nach Ausgang seiner 4 Lehr Jahren, den anwesenden Meistern und Gesellen einen Lehrbraten zugeben schuldig seyn, worzu Er auch andere Leuthe und Ehrliche Personen auff seine Spesen zubitten und einzuladen macht haben soll.

5. Wann daß aber der Junge aus Armuth und Dürfftigkeit nicht darzugelangen könte, so soll Er dem Meister ein halb Jahr über seine 4 Lehr Jahr nachzulernen verbunden seyn; und nach Verflißung der 4 1/2 Jahre, so soll der Meister den Lehrbrathen ausrichten, dem Jungen seinen Lehrbrief, welchen Er auff seine Kosten, wenn Er ihn haben will, schreiben laßen soll, wie ingleichen das versprochene Zubußgeld, wieviel

deßen bey Anfang der Lehr beniemet, sondern einige Wiederrede und Auffenthalt auszustatten und zugeben verhafftet seyn.

6. Soll keinen Meister zugelaßen seyn, zwey Jungen zugleich anzunehmen, sondern so Er nur auf einer Bitte arbeiten läßet, so soll Er auch nur einen Jungen fördern und keinen andern annehmen; Es habe denn der erste 3 Jahr gelernet, nach solcher Zeit soll Er wiederumb einen neuen zulernen, Da aber der Meister auff zweyen Bütten zugleich arbeiten laßen würde; so soll Ihm auch vorgeschriebener Maßen zwey Jungen zulernen zugelaßen seyn.

7. Soll auch einem jeden Meister bey Vermeidung großer Straffe höchst obliegen, jederzeit auff seinen Büthengesellen, und da derer auff einer Bütte zum wenigsten auch nur einer were, zufördern, und sich ja hütten wo Er anders unsere Handtwercks-gewohnheit mithalten und in unserer Zunfft ehrlich angesehen seyn will, daß Er nicht mit Knechten, Mägden oder gesinde über solchen Arbeiten und darbey Jungen auslernen wolte, welche Jungen-Lehr-Jahre dann, wo Es in seiner Lehr-Werckstadt über Jahr und Tag, allso getrieben worden, nicht gelten und der Meister dafür in großer Straffe seyn soll.

8. Auch soll ein jeder Meister verbunden seyn, seine ausgelerneten Jungen od. vielmehr Gesellen, dahin anzuhalten, daß er in frembde Örter und Lande reise, auff andern ehrlichen Werckstädten das Geschenck verdienen, und nicht stets bei seinem LehrMeister verbleibe; Damit Er sich unter solchen Leuthen und Ländern bekandt machen und Handwercks Ordnung allda auch erfahren möge.

9. Da auch in Fall (: dafür Gott alle in Gnaden behüten wolle :) es sich zutrüge, daß Meister, Gesellen oder Junge des Diebstahls, Mordens, Hurerey oder anderen bösen Thaten sich belieben laßen solten, so sollen nach Beschaffenheit der Sachen, wenn zuförderst der Delinquent bey der Obrigkeit gebührend bestrafft worden, zwey oder drey Werckstädte auff seine Uncosten an einen gewißen Orth zusammen kommen, die Sache untereinander wohlerwegen und alsdann nachgestalten Sachen Ihme eine gewiße Straffe aufferlegen; Da Er sich aber derer Zugaben wegern, auch bey E:E: Handwerck nicht anmelden und bestraffen laßen wolte, soll Er gäntzlich von unser Innung excludiret seyn.

10. Soll auch hinfüro keinem Meister oder Gesellen zugelaßen seyn, einige unehrliche Wittfrau oder Jungfer, die entweder von unehrlichen Eltern od. aber durch Hurerey oder andern bösen Lastern sich beflecket hatte, zu heyrathen, da aber sich

einer deßen belieben laßen würde, so soll er entweder mit hoher Straffe beleget, oder gar aus dem Handtwercke gestoßen werden.

11. Soll kein Geselle begehren od. erzwingen Meister zu werden, Er habe denn seine 4 Jahre völlig ausgelernet, auff andern Werckstädten das Geschenck verdienet und auch sonsten jederzeit an allen Orthen sich ehr- und redlich verhalten.

12. Ein jeder frembd Geselle, der auff eine Werckstadt oder Pappier Mühle gereiset kömmet, soll alter Gewohnheit nach, erst in die Mühle und Werckstadtstube gehen, allda ein Pusch herum machen, den befohlenen Gruß von den Meistern und Gesellen, wo Er gelernet, gearbeitet od. sonsten sich auffgehalten, ablegen und entbitten; wo aber Leim auffgehangen od. sonsten Pappier zugerichtet würde, so soll Er gleichfalls helffen Feyer Abend machen.

13. Sollen Meister und Gesellen, wann daß sie Feier Abend gemacht, den frembden Gesellen hernachmahls wenn Er dem Meister umb Nacht Lager angesprochen, mit zu Tische nehmen, Ihme darbey einen Ehren Trunck entweder in Bier od. Wein nach Landes Art und Gewohnheit halten, wie es jederzeit gebräuchlich gewesen.

14. Wann daß der Geselle nun Arbeit bekommen und 14 Tage in der Werckstadt gearbeitet hat, so sollen nach Ausgang derer Meister und Gesellen nach Handtwercks Gebrauch und Gewohnheit Ihme das Geschencke halten. Da aber einige Streittigkeiten zwischen Meister und Gesellen nach Handtwercks Gebrauch und Gewohnheit lediret hatte, so soll entweder der Meister oder Geselle auf solch des Gesellen auf der Werckstadt wo das Geschencke gehalten wird anzeigen, und dem Verbrecher schelten, Jedoch aber daß es wichtige Ursachen habe, sonsten ehrliche Meister und Gesellen solche Scheltworte nicht anzunehmen schuldig seyn sollen. So aber ein Meister oder Geselle sich unterfangen würde, bey einen ehrlichen Geschenck einen Streit anzuheben, so soll der Anfänger Meistern und Gesellen das gantze Gelack bezahlen.

15. Auch sollen die Gesellen wenn Sie es wißen und erfahren haben, nicht lenger als 14 Tage bey einem solchen gescholtenen Meister Arbeiten und auch das Geschenck nicht von Ihm nehmen so Er ihm selbsten in einem vorigen Geschenck ist angezeichnet; wie hingegen auch ein jeder Meister über solche Zeit keinen angezeigneten Gesellen Arbeit geben, und die andern Gesellen auch nicht länger neben Ihme arbeiten sollen, wie auch Meister und Gesellen Ihme das Geschenck zu halten nicht schuldig seyn sollen, Er habe denn zuvor seine Streitigkeiten vertragen.

16. So nun wie angeführet entweder Meister od. Geselle aus erheblichen Ursachen von einem dieses Gewercks gescholten, und auff denen Werckstädten angezeignet worden wäre, so soll der Gescholtene verbunden seyn, dem Meister oder Gesellen der Solches gethan an den Orth wo Er seine Mühle haben od. da der Geselle Arbeiten würde, nachreisen, auff solcher Werckstadt sich dieser Sachen wegen anmelden, und sich in Beyseyn der anwesenden Meister und Gesellen mit dem Schelter vergleichen, die Straffe welche Sie ihm aufferlegen werden, willig erlegen und nach dem Theils von Solcher vertrincken helffen.

17. Damit aber die Meister wann daß Sie gescholten worden es erfahren, solches nicht achten und keine ehrlichen Gesellen fördern, wann Sie solche gleich haben können, sondern mit Knechten, Mägdten, Kindern od. Gesinde Arbeiten und lange Zeit vorbeystreichen, alsdann erst kommen und bey dem Handwerck sich bestraffen laßen wolten, so soll zwar solcher Verbrecher einmahl angenommen, jedoch aber mit großer Straffe und Bitte, wo Sie aber auff solche Maße noch einmal darwieder handeln würde, Jahr und Tag vorbeystreichen laßen wolten, so sollen Sie zum andern von unser Innung gant excludiret seyn.

18. So kan kein einiger Geselle, der das Hadersamlen treiben und die Ehren Trüncke und Geschencke dem andern Gesellen gleich nicht mit halten wolte, Einen Ehrlichen Meister oder Gesellen schelten, wann Er in dem Samlen begriffen ist, es were denn Sache daß Er 14 Tage gearbeitet und das Geschencke hinwiederum verdienet hette, alsdann kan Er, wann Er wichtige Ursachen hat einen schelten, und den Gruß hinwiederumb empfangen und weg geben, wo Er nur bloß 14 Tage und nicht länger arbeiten bey dem Geschencke einen schelten und den Gruß hinwiederumb empfangen und weggeben, nach dem gleich wieder Hadern samlen wolte, so soll sein Schelten ungültig und umbsonst seyn.

19. Weil dann aber Zeithero ein unerhörlicher Mißbrauch unter Meistern und Gesellen des Scheltens entstanden, und vielmahl einer dem andern aus Haß gegen einander und Solcher geringen Ursach willen gescholten, so fast nicht werth ist daß man davon reden soll, dardurch denn der Gescholtene verursachet worden zuweilen einen fernen Weg zureigen und großen Unkosten darüber aufzuwenden, damit um solcher nichtigen und bösen Sache welche Meistern und Gesellen versäumnüs und auffwendung der Spesen höchst schädlich fället, gesteuret werden möge, so soll hinführo ein Solcher der unrechtmäßig und aus keinen erheblichen Ursachen einen andern gescholten hat, und Er nach dem Ihme nachgereiset, dem Gescholtenen, wann

daß es Meister und Gesellen vor gut erkennen und die Sache, daß es nicht recht und billiger Weise geschehen, aussprechen werden, dem Handtwercke zuförderst eine Straffe und nach dem Ihme seine Versäumnüs und Unkosten wieder zugeben schuldig seyn, darwieder Ihme auch kein eintziges wieder reden schützen soll.

20. Ein jeder Meister wird sich zwar selbst zu bescheiden wißen wiewohl Er auch solches zuthun verbunden sein soll, seinen bey sich in Arbeit habenden Gesellen mit bräuchlicher Kost und Mahl, als alle Mahlzeitten ein Zugemüß und Fleisch, od. aber billig Fische und dergleichen Speisen, wie auch ingleichen die Woche zweymahl und jedesmahl zweyerley Gebratens, benebst über der Mahlzeit, wann Sie solche haben auch mit einen gewöhnlichen Trunck Bier od. Wein nach Landes Art und Gewohnheit, wie es vor diesen bräuchlichen gewesen, Sie zuversehen, und auch ein solch Lager zugeben, wiedenn auch rein Zeug zuhalten, daß Sie darmit friedig seyn können, und keine Klage darüber führen mögen.

21. Hingegen sollen die Gesellen sich gegen dero Meister hinterlaßene Wittib und Kinder allezeit treufleißig und Arbeitsam bevor aus wann Sie ihr gehörendes und verdientes Lohn richtig bekommen erweisen, des Müßiggang und übrigen Truncks in der Woche und WerckelTagen sich gäntzlich enthalten, wann daß Ihme solches zuthun nicht zugelaßen od. vergönnet wird.

22. Wann nun im Fall nach Gottes Willen ein Meister der eigen od. Pacht Pappier Mühle hette, und nach dem mit Todte abgehen solte, so ist seine nachgebliebene Wittib das Handtwerck mit ehrlichen Gesellen jederzeit, wann Sie Handtwercks Gebrauch und Gewohnheit, wie sichs gebühret mit hält, gleich ihren Manne wie Er es gearbeitet, nicht ungültig ferner zutreiben.

23. So einige wichtige Dinge in Handtwercks Sachen vorfallen solten, die auff einer Werckstadt allein nicht beygelegt werden könten, so sollen die benachbahrten Werckstädte so viel derer hiezu erfordert werden möchten, auf dem benimten Ort, unfeilbar und zwar bey hoher Straffe erscheinen und die Sache, wann daß nicht etwa eine böse That so der Obrigkeit billich zurichten und auszusprechen zukehne, beylegen helffen.

24. Wann daß nun ehrliche Meister und Gesellen wegen einiger Sachen, die dem Handtwercke wiederumb auff richtigen Fuß zustellen zu kömmet, zusammen kommen seyn, sollen Sie die Sache untereinander wohl beobachtig auch fein nüchtern und verständig erwegen, die Vota od. Stimmen nacheinander herumb gehen laßen, darauff

er Ständig schlüßen, und da es eines Verbrechens wegen geschehen Ihme sämptlich ein gewiße Straffe aufferlegen.

25. Da nun dieses Gewercks der wieder Handtwercks Ordnung gelebet und gebührende Straffe verschuldet hätte, Solche ihm auch von den anwesenden Meistern und Gesellen aufferleget werden solte, so soll Er wo Er lenger als 14 Tage bey einen Meistern zu Arbeiten willens ist, selbe allsobalden erlegen, wenn Er aber allso geschwinde darzu nicht gelangen könte, soll Er solches Geld bey seinen Meister borgen und allsobald folgends richtigkeit zumachen verbunden seyn.

26. Wann das Meister und Gesellen beysammen und Handtwercks Sachen mit einander vorhaben, so soll Einjeder seinen Mund fein in Zaum und sich darbey bescheiden halten, auch nicht ehe reden, bis es an Ihme sey, darmit nicht durch zuviel und große Worte, Zanck, Lügen, Straffe, Fluchen und Gottes Lästern Verursachet werden, und Er dadurch in Handtwercks Straffe fallen möge.

27. Es soll kein Meister oder Geselle einen andern Meister seine Gesellen oder Gesinde abhalten, und zusich ziehen, und da dieses von ein od. den andern erfahren werden solte, soll derselbe anfänglichen mit einer hohen Straffe beleget werden und da Er noch einsten allso kommen würde, und sich darüber betretten laßen, soll Er gäntzlich von unser Innung excludiret werden.

28. Nach dem itziger Zeit sich vielleicht Meister und Gesellen finden, welche Herrn und Obrigkeit fälschlich und ohne Grund der Wahrheit überreden und süße vorlegen, daß Sie neue Stenff und Mühlen erbauen laßen, als wann Sie großen Nutzen trügen und viel einbringen solten, da doch denen Meistern, welche lange Jahre Hauß gehalten, und Solches Gewercks von Grund aus kundig seyn, am besten bewußt ist daß etwas davon zugewinnen unmöglichen, sondern mit höchster Mühe und großen Sorgen sich und die seinigen dahin bringen, und fast gar nichts übrigen können. Damit nun Solche Handtwercks-Verterber und Leichtfertig Gesinde abgeschaffet, und ihr unrechtmäßiges Beginnen an Mühlen und Stenffbauen verbotten seyn möge, haben wir sämptlich einhellig nach folgender Gestalt allso geschloßen.

29. Es soll auch hinführo keinen eine neue Mühle zuerbauen, od. einen anderm unter dem Fuß zugeben, auch keine dergleichen Stadt anzunehmen zugelaßen seyn, Er habe sich dann zum wenigsten mit 3 od. 4 Werckstädten unter Meistern und Gesellen deswegen besprochen und von ihme die Zulaßung erlanget, damit keinen dem andern zu nahe komme, und hernachmahls ein jeder Mangel und Schaden an

Hadern, Gezeug, Lein Leder und andern darzu gehörigen Stück haben möge, es würden auch, wenn der Mühlen noch mehr werden solten, die Abfuhre und Verkauffung des Pappieres ziemlich ermangeln und ein jeder froh seyn, wann daß er einen Ballen gleich umbs halbe Geld mit seinen eusersten Schaden verkauffen könte, dadurch Er denn Anlaß geben würde, daß die andern mit dem Kauffe folgen, und allso einer mit dem andern zum Bettlern werden müßen, auch würde durch die vielen Mühlen denen Gesellen ein großes wegen ihrer Arbeit entgehen, indem kein Meister Theils aus Armuth auch theils aus Mangelung des Gezeugs, auch andern Pertinentien einigen fordern od. aber Arbeit würde geben können, dadurch Sie dann ohne Arbeit fernere Wege würden reisen, das ihrige Verzehren und andere ehrliche Leuthe (: welches lange Zeit nicht erhöret worden :) umb eine Gabe ansprechen müßen, und was den sonsten mehr vor Ungelegenheiten daraus entstehen, dadurch denn unsere Kunst zu grund und nichte gehen, und ein jeder derselben Zugethaner in Verachtung kommen würde.

30. Damit nun solch Unheil Schaden und Verachtung unterbleiben möge, so soll der solche Nahrung abschneiderisch und solch leichtfertiges Stück thun und wieder unser wohl geneigte Ordnung handeln würde, gantz und gar nicht zunfftmäßig sondern von unser Innung ausgeschloßen und auff allen Werckstädten von unehrlich erkläret werden, und seiner bey Einen Ehrentrunck od. Geschenck nichts anders als eines leichfertigen und losen Menschen gedacht werden.

31. Wann auch einiger ehrlicher Gesell der dieses wüste, bey einen solchen ungültigen Meister über 14 Tage arbeiten und auff andern Werckstädten nach diesen das Geschenck verdienen wolte, so soll Er wo es erfahren werden würde, nicht wie sonsten wann einer bey einen andern zunfftmäßigen Meister der auf andere Orthe wieder Handtwerckordnung mißhandelt hätte, und darüber gescholten worden were, bestraffet, sondern viel ein größere pöen welche Ihnen von zweyen Werckstädten zuerkant, damit er sich nicht zubeschweren, als wann ihm von einer zuviel geschehen, aufferleget werden. Auch sollen diejenigen Jungen, welche bey einen Solchen Tadelhafften ungültigen Meister od. vielmehr Pfuscher gerlernet, auff einer Werckstadt nicht über Nacht geduldet, sondern gleich abgewiesen und vor ungültig erkandt worden.

32. Es soll auch nunmehro kein Meister od. Geselle dem andern der eine Pappier Mühle von der Obrigkeit od. Mühl Herren gepachtet hätte, bey solchen auspachten, und wie biß anhero zu unterschiedenen mahlen geschehen mit dem Pachtgelde den andern übersetzen, sondern dem vorigen Pacht und insitzenden Meister seine völlige

Pachtzeit aushalten, und da die Mühl Herrn ins künfftige weiter mit ihme und seinen Pachtgelde, welches Er vorgegeben, zufrieden seyn wolte, Ihn unausgepachtet laßen und sich nicht eines darumb bewerben, da nun einiger darwieder Handeln und solch Verboth brechen würde, so soll das halbe Pacht-Geld so viel Er ein Jahr giebet dem Handwerck zur Straffe verfallen seyn.

33. Auch soll ins künfftige keinen Meister zugelaßen seyn, selbsten Hadern zusamlen sondern seine Leuthe halten, die Ihm solche einbringen mögen, damit darauß nicht allein Ihme sondern auch denen andern eine Verachtung unter den Leuthen zukommen mögen.

34. Ob nun wohl bey denen vorgeschriebenen Artickeln und Punckten an einen jeglichen die Straffe zugleich mit beniemet hette seyn sollen, so haben es doch nicht füglichen thun können, weil die verbrecher darwieder unterscheidlich fallen, und allso die Straffe darnach eingerichtet werden muß.

5. Papiermacherordnung Kaiser Ferdinands III. von 1656

(Der Text wurde übernommen aus: Georg Friedrich Wehrs, "Vom Papier, den vor der Erfindung desselben üblich gewesenen Schreibmassen, und sonstigen Schreibmaterialien" (1789), S. 482-487)

Wir Ferdinand der Dritte, von Gottes Gnaden, erwählter römischer Kaiser, zu allen Zeiten Mehrer des Reichs, in Germanien, zu Hungarn, Böheim, Dalmatien, Croatien, Gelavonien u.u. König, Erzherzog zu Oesterreich, Herzog zu Burgund, zu Braband, zu Steyer, zu Kärndten, zu Crain, zu Luxenburg, zu Würtemberg, Ober- und Nieder-Schlesien, Fürst zu Schwaben, Marggraf des heiligen römischen Reichs, zu Burgau, zu Mähren, Ober- und Nieder-Laußnitz, Gefürsteter Graf zu Habsburg, zu Tyrol, zu Pfürd, zu Kyburg, und zu Görz, Landgraf in Elsaß, Herr auf der Windischen Mark, zu Portenau und zu Salins u.u.

Bekennen hiermit öffentlich mit diesem Brief, und thun kund männiglichen: Demnach bei Uns unser getreuer Sebastian Haupt, Buchbinder und Buchhändler in unserer Stadt Grätz, gehorsamst angebracht, wie daß das Papiermachen fast der ganzen Welt am nothwendigsten zu haben, ganz unentbehrlich sey, und Unsere sowohl, als anderer Könige, Potentaten, Fürsten und Herren, Höfe und Canzleyen, wie auch das ganze gemeine Wesen, sich dessen zu gebrauchen hätten, daraus zu geist- und weltlichen Sachen, Universitäten, hohen und niedern Schulen, sehr große Nutzbarkeiten erwachseten, auch in unterschiedlichen Königreichen, Fürstenthümern, Landen und Städten, im heiligen römischen Reich, die Papierer, als nemlich Meister und Gesellen, so viel was ihrem Artificio anhängig, uneingreiflichen der Gerichts Obrigkeiten, (außer sonderbaren Delicten und Verbrechen, welche für sich selbst einem Gericht abzustrafen gebühren,) ihrer gewissen Zünfte, Ordnungen, und Zusammenkünfte, ohne Irrung und Anfechtung sich zu bedienen hätten, und Uns dahero unterthänigst gebeten, daß Wir, (weilen er nunmehro in die 25 Jahre lang, nicht allein Unsere drinnige Höfe und andere Canzleyen, sondern auch Klöster, Collegia, zu sonderbarem Nutzen, sowohl in Druckereien, als auch der lieben Jugend, alles Eifers versehen habe, und unterdessen auch seiner eheleiblichen Söhne einen, Namens Sebastian Haupten, besagte Papiererkunst erlernen lassen, damit er als ein ordentlicher Papierer dieselbe genießen möge, ebenfalls zu Erhaltung einer Ordnung, wie es hinfüro bei ihnen Papierer, in Unsern Fürstenthum und Landen, solle gehalten werden, als jetzt regierender Herr und Landesfürst, nachfolgende Artikel allergnädigst zu verleihen, und zugleich zu confirmiren geruhen wollen, welche von Wort zu Wort also lauten:

Als nemlich und für das erste:

Wann einer oder der andere das Papiermachen zu lernen bedacht, so solle derselbe ordentlich beibringen, daß er von ehelichen sowohl, als ehrlichen Aeltern gebohren sey.

Zum andern soll ein jedweder 4 Jahre lang zu lernen haben, ehe daß er für einen Gesellen erkennet oder gemacht werde.

Drittens soll von keinem zu begehren oder zu erzwingen seyn, ihn für einen Meister auf und an zunehmen, oder zu befördern, welcher nicht vorhero seine 4 Lehrjahre ordentlich erstreckt und vollzogen hat.

Zum vierten sollen die Gesellen bei ihrem alten Herkommen das Geschenk zu halten, wie solches vor diesem gehalten worden ist, hinfüro erhalten werden.

Zum fünften und letzten, weilen dieses Artificium (welches ohne allen Ruhm, wohl für ein kunstreiches Werk zu achten), gleichsam der ganzen Welt nutzbar und ersprießlich ist, und wie oben bereits ausgeführt, daß in unterschiedlichen Königreichen und Landen, auch im heiligen römischen Reich denen Papierern frei gelassen ist, daß unterschiedliche Wandel und Fälle (doch mit Vorbehalt und ohne Präjudiz und Nachtheil der Magistraten, Jurisdiction, Instanz und Obrigkeiten), durch die Zunftgenossen der Papierer allein, so viel, was von denselben dependirt und concerniren thut, geschlichtet, und abgehandelt werden.

Wenn Wir denn dergleichen gute Gebräuche, Ordnungen, und Aufnehmen Unserer Unterhanen in Unsern Fürstenthümern und Landen zu befördern, mit Gnaden gewogen: als haben Wir angesehen, solch sein gehorsamstes Bitten, und ihm darauf, in Ansehung seiner nunmehr eine lange Zeit Unsern Fürstenthümern und Landen treuesten Fleißes gelieferten Papiers, solche Ordnung und Artikel gnädigst verliehen, confirmirt und bestätiget; verleihen, confirmiren und bestätigen die auch aus Landesfürstlicher Machtsvollkommenheit, hiermit öffentlich in Kraft dieses Briefes, so viel Wir von Recht und Billigkeit wegen daran zu verleihen, zu confirmiren, und zu bestätigen haben, und es denen Magistraten an ihrer Jurisdiction, Instanz und Obrigkeit auch Fürständen unschädlich, und meinen, setzen, und wollen, daß dieselben in allen ihren Begreiffungen von dem Handwerk der Papierer also festiglich gehalten, und von keinem dawider gehandelt werde.

Gebieten darauf N. allen und jeden Unsern nachgesetzten geist- und weltlichen Obrigkeiten, Unterthanen, und Getreuen, was Würden, Standes, oder Wesens die seynd, insonderheit denen Burgermeistern, Richtern, Räthen, und sonst männiglichen, hiemit gnädigst und ernstlich, daß sie mehrgemeldete Papierer bei diesen ihren Artikeln, und Unserm Landesfürstl. ertheilten und gnädigst confirmirten Privilegio, obverstandenermaßen, jederzeit schützen und handhaben, und dabei ungeturbirt und unangefochten verbleiben lassen, auch darin einigen Eintrag oder Hinderung nicht zu fügen, noch das jemands andern zu thun, gestatten, in keine Weis noch Weg, als lieb einem jeden sey, Unsere schwere Ungnad und Straf zu vermeiden, doch wie gemeldt, den Magistraten an ihren Jurisdictionen, Judicaturen, Instanz, Respect, und Obrigkeit, wie auch sonsten männiglichen an ihren Gerechtigkeiten unpräjudicirlich. Behalten Uns und Unsern Nachkommen bevor, gedachte Artikel und Ordnung, nach Gelegenheit der Zeit und Läuf, zu mindern, zu mehren, oder gar abzuthun. Das meinen wir ernstlich, mit Urkund dieses Briefes, besiegelt mit Unserm anhängenden Kaiserlichen Insiegel, der gegeben ist in Unserer Stadt Wien den sieben und zwanzigsten Novembris nach Christi unsers Herrn und Seligmachers gnadenreichen Geburt, im sechszehn hundert sechs und funfzigsten, Unserer Reiche, des Römischen im zwanzigsten, des Hungarischen im ein und dreißigsten, und des Böheimischen im neun und zwanzigsten Jahre.

FERDINANDUS — Ad Mandarum S.C.

Majestatis proprium

Herr Graf von Sizendorf

(L.S.) — Gregor Schidentsch

6. Nürnberger Protokoll über die Befragung einiger Papiermacher aus dem Jahre 1753

(Der Text wurde übernommen aus: Papier-Zeitung (1889), Nr. 100, S. 220)

Dato wurden einige der Papiermacher in dem hiesigen Gebiet und ihrer habenden Ordnung und Observanz wegen umständlich vernommen, welche dann folgendes vermeldet: Sie hätten in Ansehung ihrer Profession keine besondere Ordnung, welche von Obrigkeitswegen ihnen vorgeschrieben und ertheilt worden wäre; sondern das Herkommen auf ihrem Handwerk würde, wie bei ihnen allhier, so auch bei allen Papiermachern im ganzen römischen Reiche durch mündlichen Unterricht und Anweisung fortgepflanzet und durchgehend beobachtet. Es könnten auch in keinem Lande die dasigen Papiermüller für sich allein etwas thun, zugeben oder übersehen, indem sie sonsten sogleich von jeglichem anderen Orte, in allen Provinzen und Ländern (Deutschlands) für unredlich erklärt, auch bisweilen, zumalen in nachtheiligen Sachen, grosse Zusammenkünfte (dergleichen im Jahre 1698 zu Lissen in dem Thüringischen, wo über 100 Meister und Gesellen zusammen gekommen, gehalten worden) angestellt würden. Diese unter ihnen sämmtlichen Papierern herkömmliche Gebräuche bestünden nur darinnen und zwar:

I. In Ansehung der Lehrjungen.

Wenn ein Lehrjung zur Erlernung der Papiermacherkunst auf- und angenommen wird, muss er sattsam und gründlich erweisen können, dass er von ehrlich- und ehelichen Aeltern erzeugt und geboren worden sei. Demnächst soll und muss ein Meisterssohn, wie ein Fremder, ohne einigen Vorzug vier Jahre lernen. Wobey aber absonderlich dieses zu beachten, dass wenn ein Meister einen Jungen in der Lehre hat, er zwey Gesellen, lernt er aber zwei Jungen auf einmal, vier Gesellen in der Werkstatt haben darf. Hat nun ein solcher in besagten 4 Jahren ausgelernter Junge seine Zeit ohne einigen Abgang ehrlich, redlich und aufrichtig erstanden, so wird selbiger von seinem Lehrmeister angewiesen, die in etlichen benachbarten Werkstätten befindlichen Meistern und Gesellen, nach Handwerks-Gebrauch und Gewohnheit, zu einer desfalls anzustellenden Mahlzeit, der Lehrbraten genannt, (welchen er oder seine Aeltern auszurichten schuldig, weil er zumal einig Lehrgeld nicht zu geben hat) in eigner Person einzuladen und zu bitten, selbigen mit verzehren zu helfen: da er denn, als ein ausgelernter Junge, von den anwesenden sämmtlichen Meistern und

Gesellen, erstbesagten Handwerks gebrauch und Gewohnheit gemäss, frey und zu einem Gesellen gesprochen wird. Mit sothanem Lehrbraten wären aber alle Unkosten, was nemlich sonst bei einem Gesellenmachen, oder auch bey dem Antritt des Meisterrechtes gefordert werden möchte, getilgt, so, dass er, wenn er nach göttlicher Vorsehung entweder durch eigene Mittel, oder durch Heyrath, oder sonst auf eine ehrliche und erlaubte Art zu einer Papiermühle gelangte, davon, ohne einig fernern Aufwand und Unkosten von Handwerks wegen Possession zu nehmen und darauf das Meisterrecht zu exerciren vermag.

II. Die Gesellen betreffend.

Wenn ein Geselle, nach Handwerks-Gebrauch und Gewohnheit, einen Meister um Arbeit anspricht, und selbige erhält, so wird mit ihm der Lohn nach dem Stück oder Tagewerk ausgemacht. Ausserdem beruht aber fast der ganze Grund ihrer Profession, ratione der Gesellen, in diesen zweyen Punkten, nemlich im Geschenk und im Anzeigen, indem ein Geselle, wenn er 14 Tage in einer Werkstatt gearbeitet, von dem Meister und den sich allda befindenden Gesellen, nach Landes Art und Gebrauch, mit einem Trunk beschenket und beehret, und ein Verbrecher auf dieser Profession, sowohl seinem Namen nach, als seines Verbrechens halber, ordentlich angezeigt werden muss, der, wenn er nicht gegenwärtig, von den fremden und einheimischen Gesellen auf den Werkstätten, es mag sich derselbe befinden, wo er immer will, aufgetrieben zu werden pfleget, und an keinem Ort arbeiten kann und darf, ehe und bevor er von dem Handwerk um seines Verbrechens willen abgestraft worden, und dem gebührende Genüge und Satisfaction geleistet.

III. Die Meister concernirend.

Wenn ein neu angehender Meister der Papiermacherkunst das erste Geschenk hält, so muss er einen Meister einer anderen Werkstatt, nebst dessen Gesellen dazu bitten, vor welchen, als Gezeugen, er, nach altem Gebrauch und Gewohnheit, zu versprechen verbunden ist, dass er alle handwerksmässige Artikel unverbrüchlich halten, und in keinerley Wege davon abweichen, sondern selbigen allen nachkommen wolle. Worunter in specie mit begriffen und scharf verboten, dass kein Meister den andern, zumal auf Pachtmühlen, weder durch Versteigerung des Pachts, noch andere Intriguen, ausstechen und vertreiben solle, massen ein solches zuweilen grosses und mit vielen Requisitis versehenes Werk vieles Geld erfordert, und ein Meister nicht sogleich eine andere Werkstatt oder Papiermühle habhaft werden kann, dadurch aber samt Weib und Kindern in den grössten Schaden, ja wohl gänzlichen Ruin gesetzet werden kann.

Literaturverzeichnis

Sämtliche Schriften werden grundsätzlich allein nach dem Autor zitiert, Zeitschriftenaufsätze zusätzlich noch unter näherer Bezeichnung der Fundstelle. Soweit notwendig werden mehrere Schriften eines Autors durch Hinzufügung eines Stichwortes aus dem Titel unterschieden.

Adler, Max: Die Anfänge der merkantilistischen Gewerbepolitik in Österreich, in: Wiener Staatswissenschaftliche Studien, 4. Band, 3. Heft, Wien, Leipzig 1903.

Bayerl, Günther: Die Papiermühle. Vorindustrielle Papiermacherei auf dem Gebiet des alten deutschen Reiches - Technologie, Arbeitsverhältnisse, Umwelt, 2 Teile, Diss., Frankfurt a.M. 1987.

Bayerl, Günther / *Pichol*, Karl: Papier, Produkt aus Lumpen, Holz und Wasser, in der Buchreihe: Kulturgeschichte der Naturwissenschaften und der Technik, Hamburg 1986.

Bechtel, Heinrich: Wirtschaftsstil des deutschen Spätmittelalters. Der Ausdruck der Lebensform in Wirtschaft, Gesellschaftsaufbau und Kunst von 1350 bis um 1500, München, Leipzig 1930.

von Below, Georg: Probleme der Wirtschaftsgeschichte. Eine Einfühung in das Studium der Wirtschaftsgeschichte, Tübingen 1920.

– Die Entstehung der deutschen Stadtgemeinde, Düsseldorf 1889.

Bergius, Johann, Heinrich, Ludwig: Papiermanufaktur, in: Neues Policey- und Cameral-Magazin, 4. Band, S. 230 - 308, Leipzig 1778.

Bergmann, Ernst: Von Leben und Bräuchen des alten Büttenpapiermachers, in: Unsere Altmark, 12. Jg.(1931), Nr. 40, S. 282-285, Salzwedel 1931.

– Von alten Papiermachern, Papiermühlen und vom Brauchtum der Büttenpapierer, in: Braunschweiger Blätter (1937), Folge 5, S. 15-19.

Beyerling, Magdalene: Das Papier und sein Zeichen, Hrsg. von Johann Wilhelm Zanders, Bergisch-Gladbach, Köln 1940.

Birkenmeyer, A.: Die Krämer in Freiburg i.Br. und Zürich bis zur Wende des 16. Jahrhunderts, Diss., Freiburg 1913.

Bockwitz, Hans, Heinrich: Lehrlinge, Gesellen und Meister in der alten Papiermacherei, in: Zellstoffabrik Waldhof (Firmen- und Festschriften), Wiesbaden 1954.

Böhme, Helmut / *Viefhaus*, Marianne: Druck und Papier. Anmerkungen zu klassischen Kommunikationstechniken von der Reformation bis heute, Darmstadt 1984.

Boesch, Hans: Scheltung eines fränkischen Papiermüllers im 18. Jahrhundert, in: Papier-Zeitung, Jg. 12 (1891), Nr. 57, S. 1477-1478.

Bogdán, István: Miszellen zur Papiererzeugung vor 200 Jahren, in: Papiergeschichte, Jg. 14 (1964), Nr. 1/2, S. 8-16.

Breuer, Heinz: Das Wesen der deutschen Zünfte im Mittelalter, Diss., Würzburg 1942.

Castorf, Heino: Bilder aus der Papierer Vergangenheit, in: Sondernummer aus 'Wochenblatt für Papierfabrikation', Jg. 56 (1925), Nr. 24a, S. 71-74.

– Die Geschichte des Vereins mit einem kurzen Rückblick auf die Entwicklung der Papierfabrikation, in: Festschrift zum 50-jährigen Jubiläum des Vereins Deutscher Papierfabrikanten, S. 5-50, Berlin 1922.

Das Papier. Eine Berufschronik, Berlin, Leipzig 1935.

Die Gebräuche der Papiermacher wie solche in teutschen Landen einst mündlich überliefert gewesen, Hrsg. von den Asten'schen Filztuchwerken, nach einem Manuskript aus dem Nachlaß des Hermann Steinlin, S. 1-44, Nachschrift von Alfred Schulte, S. 45-52, Stolberg (Rhld.) 1934.

Dietz, Alexander: Frankfurter Handelsgeschichte, 3. Band, S. 107-114, Frankfurt a.M. 1921.

Eberstadt, Rudolf: Der Ursprung des Zunftwesens und die älteren Handwerksverbände des Mittelalters, 2. Auflage, Leipzig, München 1915.

Eineder, Georg: The ancient Paper Mills of the former Austro- Hungarian empire and their watermarks, Band 8, Hilversum 1960.

Engels, Johann, Adolf: Über Papier und einige andere Gegenstände der Technologie und Industrie, Duisburg, Essen 1808.

Ennen, Reinald: Zünfte und Wettbewerb. Möglichkeiten und Grenzen zünftlerischer Wettbewerbsbeschränkungen im städtischen Handel und Gewerbe des Spätmittelalters, Diss., Köln, Wien 1971.

Fischer, Wolfram: Handwerksrecht und Handelswirtschaft um 1800. Studien zur Sozial- und Wirtschaftsverfassung vor der industriellen Revolution, Berlin 1955.

Fricke, D. Johann, Heinrich: Grundsätze des Rechts der Handwerker, Göttingen, Kiel 1771.

Geering, Traugott: Handel und Industrie der Stadt Basel. Zunftwesen und Wirtschaftsgeschichte bis zum Ende des 17. Jahrhunderts, Basel 1886.

von Gierke, Otto: Das deutsche Genossenschaftsrecht, 1. Band (Rechtsgeschichte der deutschen Genossenschaft), Graz 1954.

Göttmann, Frank: Handwerk und Bündnispolitik. Die Handwerkerbünde am Mittelrhein vom 14. bis zum 17. Jahrhundert, Wiesbaden 1977.

Gothein, Eberhard: Wirtschaftsgeschichte des Schwarzwaldes und der angrenzenden Landschaften, Band 1 (Städte- und Gewerbegeschichte), Straßburg 1892.

Günther, Ernst / *Franz*, Günther: Die Papiermühle und die Papiermüller im Göltzschtal bei Greiz. 360 Jahre im Dienste der deutschen Papiermacherei, Darmstadt 1953.

Herold, Georg, Eduard: Die Rechte der Handwerker und ihrer Innungen. Nach den im Königreiche Sachsen gültigen Gesetzen zusammengestellt, Leipzig 1835.

von *Hößle*, Friedrich: Geschichte des alten Papiermacherhandwerks im weyland Heyligen Römischen Reich, Wien 1921.

– Die alten Papiermühlen der freien Reichsstadt Augsburg, Augsburg 1907.

– Württembergische Papiergeschichte. Beschreibung des alten Papiermacher-Handwerks, sowie der alten Papiermühlen im Gebiet des Königreiches Württemberg, Biberach-Riß 1910-14.

– Ein großer Papierer-Convent in Lehesten 1698, in: Der Altenburger Papierer, Jg. 8 (1934), Folge 4, S. 147.

Hof, Hagen: Wettbewerb im Zunftrecht. Zur Verhaltensgeschichte der Wettbewerbsregelung durch Zunft und Stadt, Reich und Landesherr bis zu den Stein-Hardenberg'schen Reformen, Diss., Köln 1983.

Isenberg, Heinrich: Altes Brauchtum im Handwerk. Das Gesellenwandern und was damit zusammenhing, Münster 1936.

Jaffé, Albert: Zur Geschichte des Papieres und seiner Wasserzeichen. Eine kulturhistorische Skizze unter besonderer Berücksichtigung des Gebietes der Rheinpfalz, in: Sonderdruck aus 'Pfälzisches Museum' (47. Jg.) und 'Pfälzische Heimatkunde' (26. Jg.) Heft 3/4, Kaiserslautern 1930.

Karpinski: Zur Geschichte der polnischen Papierindustrie, in: Papier-Zeitung, Jg. 61 (1936), S. 560.

Keferstein, Georg, Christoph: Unterricht eines Papiermachers an seine Söhne, diese Kunst betreffend, Leipzig 1766, Neudruck: Stolberg (Rhld.) 1936, mit Erläuterungen von Alfred Schulte.

Keutgen, F.: Aemter und Zünfte. Zur Entstehung des Zunftwesens, Jena 1903.

Klewitz, Wilhelm, Anton: Ein Beytrag zur Kenntnis der Handwerksmißbräuche, in: Beyträge zur Oekonomie, Technologie, Polizey und Cameralwissenschaft (Johann Beckmann), 9. Teil, S. 397-408, Göttingen 1784.

Klöss, Eberhard, Heinrich, Georg: Der Frankfurter Drucker-Verleger Weigand Han und seine Söhne, in: Börsenblatt für den Deutschen Buchhandel, Frankfurter Ausgabe, 15. Jg. (1959), Nr. 22a (Archiv für Geschichte des Buchwesens XIII), S. 299 ff.

Koelner, Paul: Baseler Zunftherrlichkeit. Ein Bilderbuch der Zünfte und Gesellschaften, Basel 1942.

Kötzschke, Rudolf: Allgemeine Wirtschaftsgeschichte des Mittelalters, Jena 1924.

Krünitz, Johann, Georg: Ökonomisch - technologische Encyklopädie, oder allgemeines System der Staats-, Stadt-, Haus- und Landwirtschaft, und der Kunstgeschichte in alphabetischer Ordnung, Teil 106 und 107, Berlin 1807.

Kück, Otto: Die vier alten Gewerke in der Provinz Hannover, in: Wochenblatt für Papierfabrikation, Jg. 65 (1934), Nr. 34, S. 616-618, Nr. 37, S. 664-665.

Kühne, Heinrich: Lutherstadt Wittenberg DDR - Streiflichter auf die soziale Lage der Papiermacher (Wittenberger Gebiet), in: IPH - Jahrbuch (1981), Band 2, S. 193-209.

Leupold, Jacob: Theatrum machinarium molarium oder Schauplatz der Mühlenbaukunst (1. Teil) oder Kern des Mühlenrechts (2. Teil), 9. Band (ausgearbeitet von Matthias Beyer u.a.), Leipzig 1735.

von Loesch, Heinrich: Die Kölner Zunfturkunden nebst anderen Kölner Gewerbeurkunden bis zum Jahre 1500, in: Publikationen der Gesellschaft für rheinische Geschichtskunde XXII, 1. Band (Allgemeiner Teil), Bonn 1907.

Marabini, Edmund: Die Papiermühlen im Gebiete der weiland freien Reichsstadt Nürnberg, in: Bayerische Papiergeschichte, Teil 1, Nürnberg 1894.

Merbach, J.D.: Theorie des Zunftzwanges oder des Zunft-Verbietungsrechtes nach allgemeinen deutschen und besonderen königlich sächsischen Rechten und Versuch einer Kritik der jetzt in Deutschland bestehenden Zunftverfassung, Leipzig 1808.

Meyne, Willi: Die ehemalige Hausvogtei Moisburg. Geschichte ihrer Dörfer und Höfe, Buxtehude 1936.

Mickwitz, Gunnar: Die Kartellfunktionen der Zünfte und ihre Bedeutung bei der Entstehung des Zunftwesens. Eine Studie in spätantiker und mittelalterlicher Wirtschaftsgeschichte, in: Commentationes Humanarum Litterarum VIII. 3., Helsingfors 1936.

Neuburg, C.: Zunftgerichtbarkeit und Zunftverfassung in der Zeit vom 13. bis 16. Jahrhundert. Ein Beitrag zur ökonomischen Geschichte des Mittelalters, Jena 1880.

Ordnung der Papiermüller im 18. Jahrhundert (Nürnberger Protokoll über die Befragung einiger Papiermacher aus dem Jahre 1753), in: Papier-Zeitung, Jg. 14 (1889), Nr. 100, S. 2220-2221.

Ortloff, J.H.: Das Recht der Handwerker nach den allgemeinen in den deutschen Staaten geltenden Gesetzen und Zunft- und Innungsverordnungen, 2. Ausgabe, Erlangen 1818.

Patje: Kurzer Abriß des Fabriken-, Gewerbe- und Handlungs-Zustandes in den kurbraunschweig-lüneburgischen Landen, Göttingen 1796.

Petzold, Helmut: Aus sächsischen Archiven: Notizen zur Geschichte der Papiermühlen, in: Zellstoff und Papier, 23. Jg. (1974), Nr. 3, S. 89-92, Nr. 6, S. 186-189, Nr. 8, S. 249-252.

Planitz, Hans: Grundsätze des deutschen Privatrechts, in: Enzyklopädie der Rechts- und Staatswissenschaft, 2. Auflage, Berlin 1931.

Piccard, Gerhard: Papiererzeugung und Buchdruck in Basel bis zum Beginn des 16. Jahrhunderts, in: Archiv für Geschichte des Buchwesens (Sonderdruck), Band VIII, Lieferung 1/2, Frankfurt a.M. 1966.

– Zur Geschichte der Papiererzeugung in der Reichsstadt Memmingen, in: Börsenblatt für den Deutschen Buchhandel, Frankfurter Ausgabe, 17. Jg. (1961), Nr. 13a (Archiv für Geschichte des Buchwesens XXIV), S. 239-247.

Proesler, Hans: Das gesamte Handwerk im Spiegel der Reichsgesetzgebung von 1530-1806, in: Nürnberger Abhandlungen zu den Wirtschafts- und Sozialwissenschaften, Heft 5, Berlin 1954.

Ptasnik, Joannes: Frühe Papiermacherei in Polen, in: Papiergeschichte, Jg. 3 (1953), Nr. 5, S. 62-69.

Raiser, Günther H.: Die Zünfte in Württemberg. Entstehung und Definition, interne Organisation und deren Enwicklung, dargestellt anhand der Zunftartikel und der übrigen Normativbestimmungen seit dem Jahre 1489, Diss., Tübingen 1978.

Rembold, J.J.: Das nützliche und künstliche Papier, Berlin, Leipzig 1750.

Renker, Armin: Vom Brauchtum der alten Papiermacher, in: Imprimatur zu 'Das Buch vom Papier. Vom Wesen und Werden des Papiers',S. 115-120, Wiesbaden 1950/51.

– Brauch und Mißbrauch im alten Papiermacherhandwerk, in: Das Papier, Jg. 12 (1958), Heft 23/24, S. 653-658.

Rudel, Alwin: Geschichtliches über die Versammlungen der Papierfabrikanten, in: Central Blatt für deutsche Papierfabrikation, 15. Jg. (1864), Nr. 6, S. 81-85, Nr. 7, S. 98-103.

Schaden, Frantz, Henning: Entwurf und Beschreibung von der Papiermacherey, worinnen der Ursprung des Papiermachens, der Fortgang, wie heutiges Tages das Papier gemacht wird, wie solches viele Mühe und Arbeit hat, benebst denen bey den Papiermachern befindlichen Wörtern, denen kayserlichen Verordnungen und andern dahin eingeschlagenen Dingen, hierin auch: Anhang oder alphabetischer Zeiger derjenigen unterschiedlich gebräuchlichen Nahmen und Wörter, so die Papiermacher sich bedienen, und wie sein jegliches in denen Papier-Mühlen heissen, von Johann Michael Becker, Erfurt 1740, Neudruck: Darmstadt 1962.

Schlieder, Wolfgang: Zur Geschichte der Papierherstellung in Deutschland von den Anfängen der Papiermacherei bis zum 17. Jahrhundert, in: Beiträge zur Geschichte des Buchwesens, Band 2, hrsg. von K.H. Kahlhöfer und H. Rötzsch, S. 33-168, Leipzig 1966, (Bearbeitete Fassung der Dissertation: Die Geschichte der Papierherstellung in Deutschland. 1. Teil: Probleme der Wechselbeziehungen zwischen Produktivkräften und Produktionsverhältnissen in der Papiermacherei in Deutschland in der Zeit bis zum 30-jährigen Krieg, Berlin(Ost) 1963).

Schmoller, Gustav: Die Straßburger Tucher- und Weberzunft. Urkundendarstellung. Ein Beitrag zur Geschichte der deutschen Weberei und des deutschen Gewerberechts vom 13. bis 17. Jahrhundert, Straßburg 1879.

Schottenloher, Karl: Das Regensburger Buchgewerbe im 15. und 16. Jahrhundert, in: Veröffentlichungen der Gutenberggesellschaft XIV-XIX, Mainz 1920.

Schulte, Alfred: Die hannoverschen Papiermacher und die jüdischen Lumpensammler. Ein Handwerksbeschluß aus dem Jahre 1756, in: Der Altenburger Papierer, Jg. 8 (1934), 5. Folge, S. 228-230.

– Das ehrliche Geschenk, in: Sondernummer aus 'Wochenblatt für Papierfabrikation', Jg. 64 (1933), S. 5-13.

– Die gestohlene Uhr oder viel Lärm um nichts. Eine Papiermacher-Scheltensache der 1170er Jahre aus der Lausitz, in: Sondernummer aus 'Wochenblatt für Papierfabrikation', Jg. 65 (1934), S. 41-45.

– Die Gesellenprüfung im alten Handwerk, in: Wochenblatt für Papierfabrikation, Jg. 70 (1939), S. 465-467.

Schulte, Toni: Eine Papiermacherordnung aus dem Jahre 1546, in: Papiergeschichte, Jg. 2 (1952), Nr. 3, S. 36-41.

Sombart, Werner: Gewerbewesen, 1. Teil, Leipzig 1904.

Sonntag, Willy: Der Zunftzwang in Köln bis zum Ausgang des Mittelalters, Diss., Würzburg 1937.

Sporhan-Krempel, Lore: Vier Jahrhunderte Papiermacherei in Reutlingen (c.a. 1465-1863), in: Archiv für Geschichte des Buchwesens (Sonderdruck), Band XIII, Marburg 1975.

– Papiermühlen und Papiermacher in Lindau und Oberschwaben, Lindau, Konstanz 1957.

– Die Geschichte der Papierindustrie im Kreis Wangen, in: Börsenblatt für den Deutschen Buchhandel, Frankfurter Ausgabe, 14. Jg. (1958), Nr. 95a, S. 1606-1624.

– Ochsenkopf und Doppelturm. Die Geschichte der Papiermacherei in Ravensburg, Stuttgart 1952.

Steiner, Gerhard: Der Lehrbraten der Papiermacher, in: Wochenblatt für Papierfabrikation, Jg. 70 (1939), Nr. 22, S. 467-469.

Stieda, Wilhelm: Zur Entstehung des deutschen Zunftwesens, Jena 1876, Neudruck: Vaduz 1977.

Tacke, Eberhard und Irmgard: Zur Entstehungs- und Frühgeschichte der "vier alten Gewerke", in: Sonderdruck aus 'Harburger Jahrbuch des Helms-Museums' 1959/60, S. 69-74.

Thiel, Viktor: Papiererzeugung und Papierhandel vornehmlich in den deutschen Landen von den älteren Zeiten bis zum Beginn des 19. Jahrhunderts, in: Sonderdruck aus 'Archivalische Zeitschrift', 3. Folge, 8. Band, S. 106-151, München 1932.

– Über die Organisation der alten deutschen Papierer, in: Zeitschrift für Papier, Pappe, Zellulose und Holzstoff (1938), Heft 22, S. 303-305.

– Geschichte der Papiererzeugung und des Papierhandels in Steiermark, in: Sonderdruck aus 'Zentralblatt für die Papierindustrie' (1926), Nr. 1-7, Graz 1926.

Voigt, August: Handwerk und Handel in der späten Zunftzeit. Versuch einer quellenmäßig-systematischen Darstellung der Wirtschaftsanschauungen des Gewerbes und Handels in ihrem Wandel vom Beginne des 16. bis zum Ende des 18. Jahrhunderts nach Quellen zur Wirtschaftsgeschichte der Stadt Trier, Stuttgart 1929.

Weerth, Otto: Das Papier und die Papiermühlen im Fürstentum Lippe, in: Sonderdruck aus 'Mitteilungen aus der Lippischen Geschichte und Landeskunde', Detmold 1904.

Wehrs, Georg, Friedrich: Vom Papier, den vor der Erfindung desselben üblich gewesenen Schreibmassen, und sonstigen Schreibmaterialien, Halle 1789.

Weichs, Engelhardt, Freiherr von: Studien zum Handwerksrecht des ausgehenden 17. Jahrhunderts unter besonderer Berücksichtigung der Schriften von Adrian Beier, in: Beiträge zur Wirtschaftslehre des Handwerks, Heft 17, Stuttgart 1939.

Weiß, Wisso: Von der alten Papiermacherei: Unter welchen Voraussetzungen konnte ein Papiermachergeselle Meister werden?, in: Wochenblatt für Papierfabrikation, Jg. 77 (1949), Nr. 15, S. 424-426.

Weisser, Johann, Friedrich, Christoph: Das Recht der Handwerker nach allgemeinen Grundsätzen und insbesondere nach den Königlich-Württembergischen Gesetzen, (neubearbeitet von Christlieb), Ulm 1823.

Wissell, Rudolf: Des alten Handwerks Recht und Gewohnheit, 2. Ausgabe, hrsg. von Ernst Schraepler, Band I, Berlin 1971, Band II, Berlin 1974, Band III, Berlin 1981.

Zeltner, Eugen: Gerber und Papierer in Freiburg i.Br. bis zum Ende des 16. Jahrhunderts, Diss., Freiburg i. Br. 1913.

Zuman, Franz: Die Anfänge und die Entwicklung der Papiermacherei in Europa, in: Sonderdruck aus 'Der Altenburger Papierer', Jg. 12 (1938), Schotten 1938.

Kolibri 360 GmbH
Ferdinand-Jühlke-Straße 7
99095 Erfurt, Deutschland
produktsicherheit@kolibri360.de

Druck:
CPI Druckdienstleistungen GmbH
im Auftrag der
Kolibri 360 GmbH
Ferdinand-Jühlke-Str. 7
99095 Erfurt